『韓国の文化遺産 上巻』 正誤表

頁	訂正箇所	行	誤	正
18	太祖李成桂	見出し	イソンゲロ	イソンゲ
40	文化駅ソウル284	左4行目	延建坪	延面積
75	韓国民俗村	住所	민즉촌로	민속촌로
126	百済軍事博物館	住所	부적면	부적면
150	陵山里古墳群	左8行目	長台石	長太石
155	白村江の戦い	右4行目	檄収	檄集
155	同上	右14行目	ぐだらのこにしき	ぐだらのこにきし
160	聖興山城	交通	保寧総合バスターミナルから東へ9km、車で17分。	扶余総合バスターミナルから北へ16.2km、車で28分。
165	見学の手引き	コース4	余市	扶余市
190	益山双陵	右1〜2行目	木棺彫刻、蓋棺輪	木棺蓋の釘と把手
207	南原邑城跡と万人義塚	見出し	읍성직외	읍성직과
240	和順雲住寺	右13行目	約13m	約13mの
240	同上	右14行目	約10m	約10mの
278		9行目	東方の星名前	東方の星の名前
303	順天大学校博物館	12行目	32,2の	32の
306	年表 西暦	2行目	10万年	1万年

光化門（景福宮、ソウル）

光化門前の世宗大王像（ソウル）

東大門（ソウル）

明政殿 全景（昌慶宮、ソウル）

芳荑洞古墳群（ソウル）

景福宮 全景（ソウル）

王の行幸を模したイベント（景福宮）

楽善斎(昌徳宮、ソウル)

楽善斎 近景(昌徳宮)

昌徳宮 仁政殿内部

宗廟 全景（ソウル）

宗廟正殿

宗廟祭典

定林寺跡 五層石塔（扶余）

王興寺跡 舍利函（扶余）

泗沘羅城（扶余）

高敞邑城(全羅北道)

高敞支石墓

伏岩里3号墳遺構(全羅南道)

順天倭城第１門跡（全羅南道）

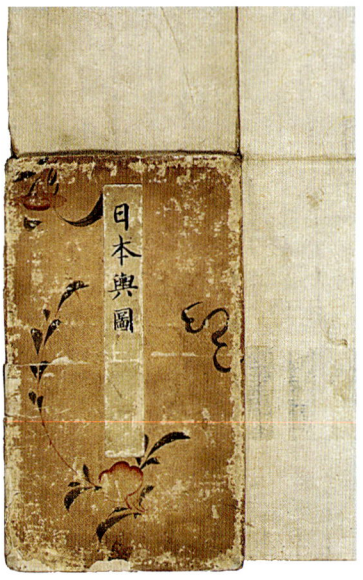

日本輿図（全羅南道、孤山記念館所蔵）

歴史探訪

「歴史探訪 韓国の文化遺産」編集委員会 編

韓国の文化遺産

ソウル・公州 上

京畿道・忠清南道・全羅南北道・済州道

山川出版社

もくじ

第1章　朝鮮王朝の都・ソウル　005

第1節　ソウル特別市とその周辺　010
ソウル特別市の概要／朝鮮王朝の都 漢城／ソウル城郭（羅城）見学の基礎知識

宗廟　016　　昌徳宮　020　　昌慶宮　022　　雲峴宮　024　　景福宮　025
徳寿宮　030　　北村韓屋村保存地区　034　　タプコル公園　037
ソウルの近代遺跡　040　　新石器時代の遺跡と土城　045
サムスン美術館リウム（Leeum）　052　　国立中央博物館　055
見学の手引き　056

Column　崇礼門（南大門）　013／太祖李成桂　018／光化門と世宗路　029／
　　　　成均館　032／清渓川　039／安重根義士記念館　044／
　　　　壬辰・丁酉の倭乱（文禄・慶長の役）とソウルの史跡　053

第2節　京畿道　060
京畿道の概要

南漢山城　061　　幸州山城　063　　板門店　065　　全谷里先史遺跡　066
高達寺跡　067　　江華島の史跡　068　　伝灯寺　071　　朝鮮王朝の陵墓　072
韓国民俗村　075　　水原華城　075　　見学の手引き　077

Column　三別抄　070

第3節　韓国の伝統食と陶磁　078
韓国の伝統食　078　　韓国の陶磁　081

Column　浅川伯教・巧兄弟　088／歴史的景観と町並み保存　089

第4節　このエリアの主な博物館　092

第2章　百済の都・公州と扶余　107

第1節　忠清南道　108
忠清南道の概要／百済熊津時代の都城公州

公山城　110　　宋山里古墳群と武寧王陵　113　　国立公州博物館　115
石壮里遺跡と博物館　118　　麻谷寺　119　　甲寺　120　　東鶴寺　122
灌燭寺　124　　開泰寺　125　　百済軍事博物館　126　　見学の手引き　127

Column　クダラの由来と建国伝説　112／陶磁戦争　123

第2節　扶余　128
扶余と王城の概要

扶蘇山　131　　官北里遺跡　135　　定林寺跡五層石塔　137

国立扶余博物館 140　軍守里寺跡・宮南池 144　王興寺跡 146
百済文化団地 148　陵山里古墳群・陵山里寺跡 149　松菊里遺跡 157
無量寺 158　聖興山城 160　長谷寺 161　聖住寺跡 163
見学の手引き 165

Column　弥勒菩薩 142／百済滅亡と金銅大香炉 152／白村江の戦い 154／
　　　　白馬江船下り 156

第3節　泰安・瑞山と天安・牙山　166
泰安・瑞山、天安・牙山の概要
泰安磨崖三尊仏立像 167　瑞山磨崖如来三尊像 168　普願寺跡 169
瑞山海美邑城 171　修徳寺 172　龍鳳寺磨崖仏 174　礼山任存城 174
花田里石造四面仏像 175　独立記念館 176　李舜臣記念館と顕忠祠 178
見学の手引き 179

第4節　このエリアの主な博物館　180

第3章　湖南を訪ねる　全羅南北道と済州島　183
第1節　全羅北道　184
全羅北道の概要
益山弥勒寺跡 186　益山王宮里遺跡 188　益山双陵 190
益山笠店里古墳群 191　全州城、豊南門、慶基殿 192　全州韓屋村 194
国立全州博物館 195　金堤金山寺と弥勒殿 196　井邑全琫準先生古宅 197
井邑黄土峴戦跡 198　扶安柳川里窯跡 199　扶安来蘇寺 200
高敞支石墓遺跡 202　高敞邑城 203　南原広寒楼苑 206
南原邑城跡と万人義塚 207　南原実相寺 208　見学の手引き 209

Column　パンソリ 204／春香伝 205

第2節　全羅南道　210
全羅南道の概要
国立光州博物館 212　長城白羊寺 213　潭陽瀟灑園 214
羅州伏岩里古墳群 218　羅州潘南古墳群 219　国立羅州博物館 220
国立海洋文化財研究所 221　霊岩道岬寺 223　霊岩王仁博士遺跡 224
康津無為寺 225　海南尹氏緑雨堂 226　海南恐竜博物館 230
海南大興寺 233　莞島清海鎮遺跡 234　高麗青磁窯跡と康津青磁博物館 236
長興宝林寺 237　和順支石墓群 238　和順雲住寺 239　和順双峰寺 241
求礼華厳寺 242　求礼燕谷寺 243　順天松広寺 244　順天仙巌寺 245
楽安邑城と民俗村 246　小西行長の順天倭城 247
全羅左水軍本営（麗水鎮南館） 248　見学の手引き 251

003

もくじ

Column　栄山江流域の前方後円墳　216／朝鮮通信使と宋氏　228／珍島　232／
李舜臣と亀甲船　249

第3節　済州道　252
済州道の概要
済州牧官衙　254　　五賢壇　256　　済州特別自治道民俗自然史博物館　258
国立済州博物館　259　済州民俗博物館　260　三陽洞先史遺跡　261
抗蒙遺跡　263　高山里遺跡　264　　見学の手引き　267

Column　流刑謫居の地　257／オランダ人ヘンドリック・ハメル　265

第4節　このエリアの主な博物館　268

資料編　韓国史跡探訪のための基礎知識　277

1. 韓国の国号及び風土と気候　278
2. 韓国の歴史　280
3. 韓国博物館事情　290
4. 主な大学博物館　292
5. 年表　306
6. 王朝系図　314
- 主要参考文献　318

●本書に掲載する写真は、韓国文化財庁提供のものを含め、主として韓国側編集委員会が準備したものです。
●各史跡、博物館などの住所表記につきましては、判明するものに限り2014年より韓国で導入された道路名住所を用いました。
●各史跡、博物館などへの交通は、一例を目安として記しました。

第1章

朝鮮王朝の都・ソウル

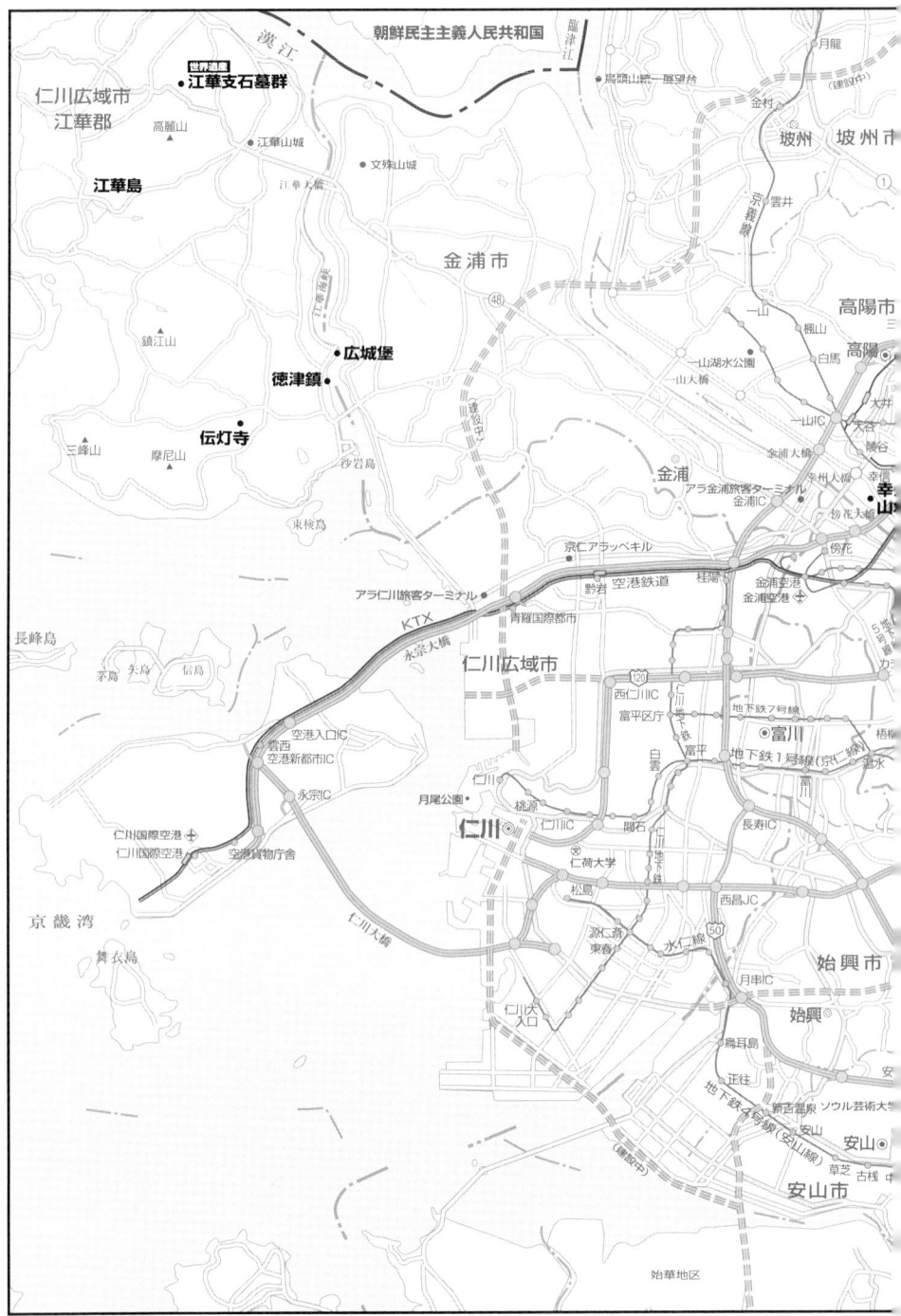

第1節　ソウル特別市とその周辺

朝鮮王朝の都を訪ねる

ソウル特別市の概要

　ソウル特別市、通称ソウルは大韓民国の首都でかつては京城、漢城、漢陽と呼ばれた。ソウルとは韓国語で「みやこ」の意味である。

　日本統治時代には京畿道に編入されていたが、1946年に分離し特別市となる。韓国には6つの広域市が存在し、日本の政令指定都市に相当するといえるが、特別市・特別自治市・広域市とも行政道には所属せず、道と同等の自治体として運営されている。ソウルの人口は韓国の経済発展に伴い急増し、1975年の680万人から1990年には1,061万人にまで到達した。しかし翌年の1,092万人をピークにその後は減少傾向が続いている。ソウル首都圏には韓国の人口のおよそ半分が在住し、日本以上に一極集中が進んでいる。2014年の世界都市圏人口の順位では世界5位になっている。

　漢陽は新羅の時代から使われ、陽が川の北側を指し「漢水（漢江）の北側の土地」の意味でつけられた地名で、高麗初期に楊州と改められた。高麗文宗代に南京となり忠烈王代の1308年に「漢陽（府）」の名称に復帰するが、朝鮮建国後の1395年「漢城」に改称された。朝鮮王朝の王都になったため、都の意味を持っているソウルと呼ばれた。ゆえに漢陽などは訓では、それらをソウルと読んでいたが、現代韓国語では漢字の音読以外はハングル表記することになった。中国、台湾などの漢字圏では、ソウルに相当する漢字表記がなくソウルを長い間漢城と呼び、仁川国際空港近辺などの韓国の道路交通標識にもハングルと併記で「漢城」と表記されていた。

　京城は日本統治時代（1910～1945年）に採用された名称である。この名称は日本植民地時代に強制的に変えさせられた名称で、解放後に改正すべき呼称として認識されたが、京城紡織（現在の京紡）のように一部の商店や企業、京仁線や京釜線、京元線といった鉄道路線などには今なお「キョンソン」の名称やその名残が見られる。これらは主に京城と呼ばれた時期に付けられ、その名称が定着したため、あえて変えなかったことによる。

　2005年1月19日、李明博ソウル特別市長は、「ソウル」の中国語表記を借用して「首爾／首尔」とすることを発表した。これを受け、韓国鉄道公社などを中心に中国語表記のため簡体字の「首尔」が使用されている。

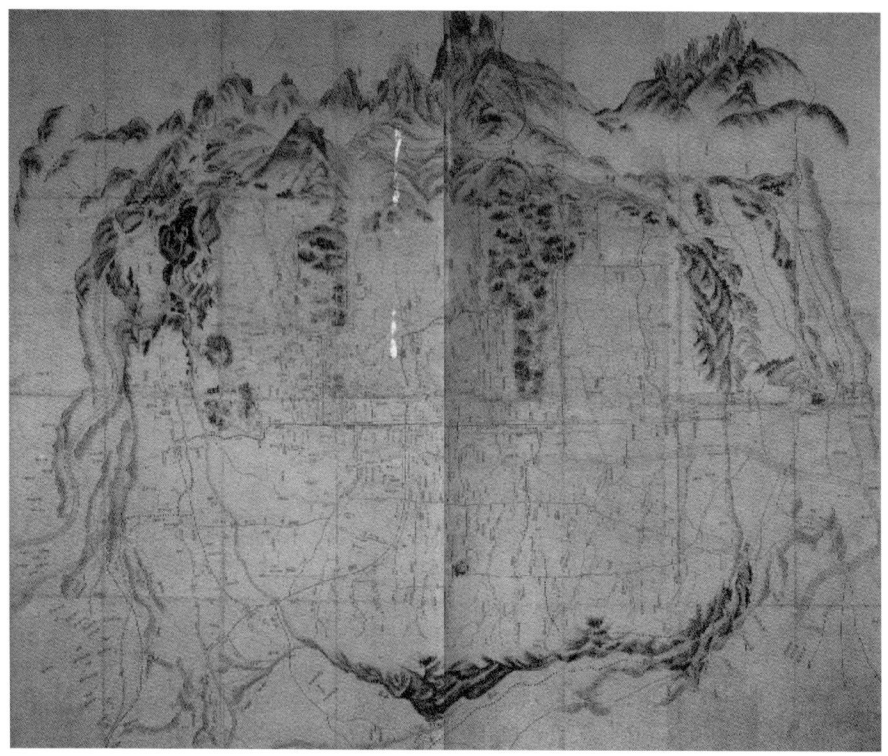

謙斎作　都城大地図

朝鮮王朝の都　漢城

　ソウルは朝鮮の首都として長い歴史がある。
　太祖李成桂(イ ソンゲ)が朝鮮王朝を建国し、1394年10月25日、漢陽に遷都してから現在まで、政治・経済・社会・文化などすべての分野で韓国の中心的役割を果たしている。ソウルは1394年に首都として定められた後、600余年間の変遷を経て今の規模となった。

　朝鮮初期のソウルは大体都城内のことを指している。ソウル周辺の地形を見ると北側に北岳山、東側に駱駝山、南側に南山(木覓山)、西側に仁旺山がある。これを内四山とし、昔のソウルはまさにこの内四山内の地域だった。しかし現在のソウルは、それよりはるかに広い地域を指す。大体、北側は北漢山(836m)、西側は徳陽山(125m)、南側は冠岳山(829m)、

ソウル城郭

光化門碑閣 全景

東側は龍馬山(348m)がある。これを外四山とし、外四山に囲まれた約627km²の広い地域である。したがって、朝鮮初期のソウルは、光化門碑閣を中心として半径約2km以内であり、現在のソウルは半径約8km以内の地域である。ソウル周辺に城郭を築き、首都の防衛を目的として1396（太祖5）年に全国の人民11万8,070名を動員して築造された。

内四山を連結する都城には崇礼門・敦義門・粛靖門・興仁之門の4大門と昭義門・彰義門・恵化門・光熙門の4つの小門が設置された。城門は、夜10時になると普信閣の鐘を打ってすべてを閉じ、明け方4時になるまで通行禁止の制度が実施された。

したがって、都城と城門は首都防囲に必ず必要なだけでなく、都城の治安と社会秩序を維持するのにも重要な役割を果たした。

Column

崇礼門（南大門）
（スンネムン　숭례문／国宝第1号）

ソウル特別市中区世宗大路40　서울특별시 중구 세종대로 40

地下鉄4号線会賢（425）駅5番出口5分。

崇礼門 夜景

朝鮮時代ソウル都城を巡っていた城郭正門の元来の名前は崇礼門で、南方にあることから南大門と呼ばれた。現在ソウルに残っている木造建物中最古のもので、1395（太祖4）年に建て始め1398（太祖7）年に完成した。崇礼門は石積みで城壁を作り虹霓門（ホンエ）を置いた。そのうえに正面5間、側面2間の大きさで楼閣形2層の建物が作られた。隅進閣の屋根に崇礼門と懸板に書いたのは太宗の第一子の譲寧大君（ヤンニョンデグン）といわれている。

崇礼門は、外観が荘重で内部構造が堅実であり首都の城門として堂々とした面貌を持った朝鮮初期の代表的建造物であった。

しかし2008年2月の崇礼門放火事件により、石築以外の建物が焼失してしまった。5年2ヵ月にわたった復元工事で2013年5月4日に再建され一般公開されている。

ソウル城郭（羅城）見学の基礎知識

　羅城とは中国式の都城で都市全体を囲む城壁のことである。都市は城市とも記すように、外敵から守るために周囲に堀割・防塁・城壁等を築いた集落である。韓半島でも三国時代の百済の最後の王城跡とされる扶余の羅城（泗沘城）など、古代からこの形態の都城が営まれており、百済の隣国、新羅の「羅」も羅城を意味しているという。

　朝鮮王朝の太祖李成桂はその創業三大事業として王朝の祖先を祀る宗廟の建設と政治の中心となる景福宮の建立、そして王城を防衛する羅城（ソウル城郭）の構築に取り組んだ。

　ソウル城郭は1396年までに李成桂の命を受けた鄭道伝（チョンドジョン）によって構築されたとされる。

　景福宮の後方に見えるのが北岳山で、主山としてソウルの北側にそびえ、景福宮や大統領府の青瓦台の背景となっている。四方が山に囲まれ、東西に漢江が流れるソウルは風水思想の理想形といわれる。

　その構造はソウル市の中心を流れる漢江の北側を、内四山（내사산）と呼ばれる山々が四方を囲んでいる。内四山というのは、北に北岳山（북악산／342m）、東に駱駝山（낙타산／125m）、南に南山（남산／262m）、そして、西に仁旺山（인왕산／338m）の4つの山を指す。ソウル城郭はこの4つの山の稜線を結び、一周するように建造されている（全長約18km）。城郭の内側と外側とを通行できるようにし、東西南北に4つの大門（대문）を築き、さらにそれぞれの大門の間に4つの小門（소문）が建造された。

　門は東西南北に正門を設け、朝鮮王朝の理念であった儒教の理想を実現するという意味で東大門を興仁之門、西大門を敦義門、南大門を崇礼門、北大門を粛靖門と命名した。

真北：北大門（북대문）：（粛靖門／숙정문）
真東：東大門（동대문）：（興仁之門／흥인지문）
真南：南大門（남대문）：（崇礼門／숭례문）
真西：西大門（서대문）：（敦義門／돈의문）
西北：北小門（북소문）：（彰義門／창의문）
東北：東小門（동소문）：（恵化門／혜화문）
東南：南小門（남소문）：（光熙門／광희문）
西南：西小門（서소문）：（昭義門／소의문・昭德門／소덕문）

　中国式の方形の羅城とは異なり、山々を城壁で結ぶ不整形な羅城である。一見、不整形に巡らされた城壁、碁盤の目状ではない街路は西安や北京などの中国の都城計画とは関係ないように見える。しかし中国の伝統的な「左祖右社」という都城計画に則している。南面する景福宮から左（東）に先祖を祀る宗廟、右に（西）に土地の神と五穀の神を祀る社稷壇の場所を定めた。これが「左祖右社」で中

国の都城思想に見られる都城建築法であり、『周礼』考工記に基づく中国都市計画との親和性が見られる。城壁の築き方や宮殿の外形が不正形なのは韓半島伝来の風水思想の地脈をできるだけ維持しようとしたためである。

　当初土築の城壁であったが、15世紀になって石城に改修された。しかし長い歴史の中で、城壁は整備されず、また発展の妨げになったりして次第に荒廃していった。日本統治下の周辺地域の併合などで市街地内の城壁の多くは取り壊されたが丘陵部の城壁は残り、20世紀に入るとソウル近代化計画の一環として平地の城壁も撤去されてしまった。東の興仁之門、南の崇礼門、北の粛靖門は現存している。

　ソウル城郭に関わるエピソードとして「1.21事態」と呼ばれる事件があった。これは1968年北朝鮮ゲリラによる青瓦台襲撃未遂事件のことである。

　同年1月、北朝鮮の第124部隊に所属する31名が休戦ラインを越え、当時の朴（パク）正煕（チョンヒ）大統領と閣僚の暗殺を狙って侵入してきた。青瓦台手前の北漢山で警戒中の韓国当局による検問を受け、銃撃戦となり北朝鮮ゲリラの1名は逮捕、29名が射殺され1名は自爆し、突入は阻止された。このためにソウル城郭の大部分は閉鎖されてしまった。

　その後1975年になって、韓国政府は本格的に城壁の補修に取り組み、その後2007年までにソウル城郭は順次開放された。今日、城郭を通じて600年の王朝時代に思いを馳せ、現在の大都市を別の角度から展望することができる。

宗廟 ユネスコ世界遺産
（チョンミョ　종묘／史跡第125号）

ソウル特別市鍾路区鍾路157（薫井洞）　서울특별시 종로구 종로 157 (훈정동)

地下鉄鍾路3街駅から徒歩で5分。1号線（130）11番出口。3号線（329）8番出口。5号線（534）8番出口。

宗廟正殿 全景

　宗廟は朝鮮王朝歴代の王と王妃及び追尊された王と王妃の位牌を祀る儒教の祠堂で、最も清浄で荘厳な建築物の一つである。宗廟は1394（太祖3）年10月朝鮮王朝が漢陽に都を移した際の12月に着工し翌年9月に完工した。

　現在、正殿には19室に49位、永寧殿には16室に34位の位牌が祀られており、正殿前庭にある功臣堂には朝鮮時代の功臣83位が祀られている。

　建立後位牌の数が増えるたびに建物が増築され、その規模を大きくし、現在の形となった。

　宗廟祭礼は王朝の先祖に対して行われる祭祀で、朝鮮王朝の祭礼中でも最も規模が大きくて重要であり宗廟大祭とさ

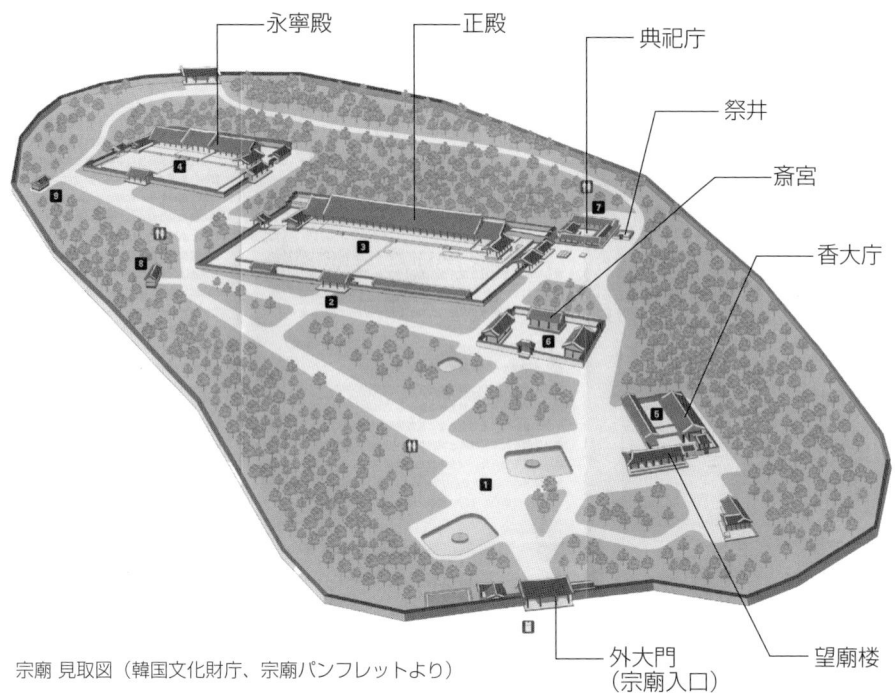

宗廟 見取図（韓国文化財庁、宗廟パンフレットより）

れている。

　古代中国で始まり韓国では三国時代から高麗と朝鮮王朝を経て現在に至るまで悠久の歴史を紡いできた先祖伝来の祭礼儀式だ。

　朝鮮王朝では春夏秋冬の四季節と陰暦の12月に行われていたが、1969年全州李氏大同宗約院によって復元された。今は毎年5月第1日曜日に開催されており、ユネスコの無形文化遺産にも選ばれている。

　宗廟大祭には宗廟祭礼が執り行われ、各祭祀儀礼に合わせて敬虔な雰囲気を高めるために音楽と舞踊による宗廟祭礼楽が演奏される。祭礼は先祖神を迎える迎神礼、初献、亜献、終献礼に続き飲福礼が行われ、先祖神を送る送神礼の後に祝文と幣を燃やす望燎礼で終わる。

　宗廟祭礼楽は朝鮮固有の音律で王朝の創業と気象（気概）を歌い、すべての行事の順序に合わせて舞踊と音楽を調和させて行われる。厳粛な祭祀・儀礼の荘厳美は見事な総合芸術で歴史的、芸術的な価値が高く東洋でも稀で典雅な古典音楽である。開催時に訪れれば、有形と無形の世界遺産を一緒に鑑賞できることになる。

017

Column

朝鮮王朝の創始者にして初代国王

太祖 李成桂
（テジョ・イソンゲロ　태조 이성계／1335～1408）

太祖御真（全州慶基殿所蔵）

李成桂は1335年に和寧府（咸鏡南道永興）で元のダルガチ（総督・総管）李子春の次男として生まれる。朝鮮太祖実録によれば、李氏一族の本貫は全州で高麗恭愍王(31代)の時に高麗の武官となった。しかし女真族・高麗系モンゴル軍閥の説が有力である。

朝鮮王朝は元・明交代期の1388年李成桂による、中国との国境を流れる鴨緑江の中洲の島、威化島回軍に始まる

018

クーデターによって成立した。高麗王朝末期の恭愍王は「親明事大」を標榜し、反元政策を推進したが失敗、権門勢家が政治と土地を占有して社会矛盾は深刻化し、国力が衰えた。北方では紅巾賊が侵入し、南方では倭寇の略奪により海岸地方は荒れ果てた。そのため高麗は、国防力を強化し討伐に乗り出した。この中で李成桂や崔瑩(チェヨン)などの武人が活躍し民衆から信頼を得た。

李成桂は1361年の紅巾賊から首都開京を奪還し、双城に侵攻した元をも殲滅した。1362年は元人の納哈出(ナナチュ)の侵略を撃破し、1364年には元の侵攻をも阻止した。倭寇を1380年に智異山付近の荒山(全羅北道南原)、同年にまた鎮浦(錦江河口)の戦いで破った。これらにより名声を得た李成桂のもとには多くの新興官僚や地方豪族が集まった。

李成桂に大きな転換期が訪れたのは、1388年に明が高麗領の鉄嶺(江原道と咸鏡南道の境界)以北の割譲を通告してきた時である。これに対して禑王(ウワン)(32代)は崔瑩と李成桂に元(中国)の遼東征伐を命じた。しかし李成桂は威化島で兵を戻し「威化島回軍」と呼ばれるクーデタを敢行し、同僚の崔瑩を除き実権を握った。李成桂は禑王・昌王(チャンワン)(33代)を廃位し恭譲王(コンヤンワン)(34代)を立て、次の年に禑王と昌王を処刑した。1390年に私有地を制限する田制改革で、親元的特権階級や仏教勢力の経済基盤を奪い、反対勢力を排除した。1392年7月に李成桂は、都評議使司の即位要請という形を取って、恭譲王から禅譲され高麗王として即位し「権知高麗国事」となった。2年後恭譲王も処刑され、王氏(高麗王家)一族は皆殺しにされた。

1393年に明の洪武帝の国号変更要請を受け、李成桂は「朝鮮」(朝の静けさの国)と「和寧」(自分の故郷の名で、平和の国の意)の2つを提示した。「和寧」は北元のカラコルムの別名でもあるため、洪武帝は前漢の武帝時代の王国名である「朝鮮」を選び、李成桂を「権知朝鮮国事」に封じ、「朝鮮」を国号とした。李成桂は李芳碩(イバンソク)(八男)を後継者としたが、1398年に第一次王子乱で芳碩が李芳遠(イバンウォン)(五男)に殺され、李成桂は定宗(チョンジョン)(2代)李芳果(イバングァ)(次男)に譲位し退位してしまう。1400年の第二次王子乱では李芳幹(イバンガン)(四男)が反乱し、定宗に代わり太宗(テジョン)(3代)(李芳遠)が即位した。李成桂は相次ぐ後継者争いに嫌気がさし咸興に引きこもった。太宗は後継者として認められようと父に差使(使者)を送ったが、李成桂は使者が来る度に矢でその多くを射殺した。そこから「任務を遂行に行ったが帰って来ない使者」を示して「咸興差使(ハムンチャサ)」という故事が生まれた。韓国では一般に「梨のつぶて」の意味で使われている。1402年李成桂は太宗と和解して漢陽に帰り国璽を太宗に授けて朝鮮王として認めた。1408年74歳で死去し建元陵(京畿道九里市、東九陵)に葬られている。

Column

昌徳宮

ユネスコ世界遺産

（チャンドククン　창덕궁／史跡第122号）

ソウル特別市鍾路区栗谷路99（臥龍洞）　서울특별시 종로구 율곡로 99 (와룡동)

地下鉄鍾路3街駅から徒歩で5分。1号線（130）11番出口。 3号線（329）8番 出口。5号線（534）8番 出口。

昌徳宮 全景

　朝鮮時代の宮殿の一つで1405（太宗5）年に建てられた。正宮は景福宮で昌徳宮は別宮であった。

　正宮の景福宮が整然とした対称的構図であるのに対して、昌徳宮は自然的地形に合わせた自由な構成が特徴である。昌徳宮と後苑（秘苑）は、自然地形の在り方と調和を基本とする韓国文化の特性をよく表している。壬辰倭乱で、すべての宮殿が消失したが、昌徳宮は1615（光海君8）年に再建され、以後1865（高宗3）年に景福宮が再建されるまでの約250年間、正宮の役割を果たした。

　敦化門（トナムン）（宝物第383号）は昌徳宮の正門で1412（太宗12）年に創建された。昌徳宮前に宗廟があったため昌徳宮への

進入路は宮殿の西方に造られた。そのため正門の敦化門は昌徳宮の西の側に位置している。敦化門は壬辰倭乱の時に全焼し、1609年に光海君によって再建された。

錦川橋(宝物第1762号)は1411(太宗11)年に設置された。絹のように美しい水が流れる小川に架けた橋として、錦川橋と命名された。現在、宮殿に残る橋の中で最も古い石橋である。

仁政殿(インジョンジョン)(国宝第225号)は昌徳宮の正殿で、国家の重要儀式を執り行った。外観は2層であるが、内部は吹き抜け建物で華麗で高い天井を見ることができる。1908年に電灯・ガラス窓等と共に西洋式に改造された。壬辰倭乱の時に焼失し1610(光海君2)年に再建され、1803(純祖3)年に再焼失し翌年に復元された。

宣政殿(ソンジョンジョン)(宝物第814号)は王の便殿(ピョンジョン)(日常業務の公式執務室)で、正殿の仁政殿東方にある。朝廷会議、業務報告、経筵など各種会議が開かれた。政治は広く施さなければならないとの意思から宣政殿と呼ばれた。現在宮殿に残っている唯一の青瓦葺きの建物である。

熙政堂(ヒジョンダン)(宝物第815号)は王が一番多くの時間を過ごした実質的中心建物である。元来の便殿である宣政殿が狭く、寝殿だった熙政堂がその代わりをした。熙政堂は、1917年に焼失し1920年に復旧した。内部は隅丸カーペット、ガラス窓、シャンデリアなど西洋式に改造された。

大造殿(テジョンジョン)(宝物第816号)は昌徳宮の正式寝殿で王妃の生活空間である。周辺には数多い付属建物があった。

興福軒(ヘンボクハン)は付属建物の一つで1910年、最後の御前会議を開き庚戌国恥(こうじゅつ)(韓国併合)が決定された悲劇の現場である。内部は西洋式に造られ、王室生活の最後の様相がよく保存されている。

楽善斎(ナクソンジェ)(宝物第1764号)は憲宗(ホンジョンキョン)が慶嬪(ピン)を迎えた1847(憲宗13)年に憲宗の書斎兼居間として建てられた。翌年には錫福軒(ソクポゴン)が楽善斎と寿康斎の間に建てられた。錫福軒は慶嬪の住まいで、寿康斎は大王大妃の純元(スンウォンジョン)王后金氏のための邸宅だった。3ヵ所の殿閣後にはそれぞれ後苑がある。楽善斎の後方には上凉亭(旧平遠楼)が、錫福軒後方には開静堂が、寿康斎の後には翠雲亭が残っている。錫福軒は純宗の妃純貞孝皇后(スンジョンヒョファンフ)が1966年まで住んでいた所で、楽善斎は英王妃の李方子女史が1989年まで住んでいた。

昌徳宮を建立した当時造成された後苑は、その後も継続して領域を拡張して美しい庭園になっている。自然地形を生かしながら谷間毎に美しい東屋を作った。4個の谷間にはそれぞれ芙蓉池、愛蓮池、観纜池、玉流川がある。芙蓉池・芙蓉亭(宝物第1763号)と宙合楼(宝物第1769号)がある地域は、休息と教育の場所であった。宙合楼一円の奎章閣と書香閣などは王室図書館として使われ、暎花堂は王の休息の場所であり、前の広場では王が参席する中で科挙試験が行われた。

昌慶宮

(チャンギョングン 창경궁／史跡第123号)

ソウル特別市鍾路区昌慶宮路185（臥龍洞）　서울특별시 종로구 창경궁로 185（와룡동）

地下鉄鍾路3街駅から徒歩で5分。1号線（130）11番出口。3号線（329）8番出口。5号線（534）8番出口。

　朝鮮時代の宮殿で、上王となった太宗が居住した寿康宮(スガングン)の跡に建てられた建物である。1483（成宗14）年に貞熹王后、昭恵王后、安順王后のために昌慶宮を造った。朝鮮時代の宮殿の中では唯一東方向に造られている。最初は別宮として使用していたが壬辰倭乱時に景福宮・昌徳宮と共に焼失し、後に昌徳宮に次いで再建された。昌慶宮は純宗が即位した後に多くの変化があった。1909年宮殿内の建物群が壊されて私的な動物園と植物園が設置されたことで宮の名称を昌

昌慶宮 全景

昌慶宮 通明殿

慶苑と変えたことがある。

弘化門(ホンファムン)(宝物第383号)は、昌慶宮の中心部が東向きであることから正門の弘化門も東側に建てられた。1484(成宗15)年に創建され壬辰倭乱時に焼失した後、1616(光海君8)年に再建された。

弘化門はわずか3間の小さな規模であるが、上品で繊細で軽やかな感じを与える。

明政殿(ミョンジョンジョン)(国宝第226号)は昌慶宮の中心的な殿閣で国家の公式的な行事を行った正殿で、現存する宮殿の政殿中で最古の建物である。単層の小さい規模であるが2段に積んだ月台上に建てられており、正殿の威容を備えている。

文政殿(ムンジョンジョン)は王の公式執務室の便殿で南向きである。便殿であるが王室の位牌殿として使われたりもした。1986年に復元された。

通明殿(宝物第818号)は内殿の最も奥深い所にある南向きの建物である。王妃の寝殿で月台上に基壇を積み、その上に建物を築造した。壬辰倭乱時に焼失し、1616年に再建され、その後も何度か火災による焼失と再建を繰り返しながら、現存の建物は1834(純祖34)年に再建されたものである。

023

高宗の摂政興宣大院君の私邸

雲峴宮

（ウニョングン　운현궁／史跡第257号）

ソウル特別市鍾路区三一大路464　서울특별시 종로구 삼일대로 464

地下鉄3号線安国（328）駅4番出口から徒歩で5分。

　雲峴宮は朝鮮時代末期の改革派政治家興宣大院君（李昰応）の私邸で、その息子で第26代高宗が少年時代を過ごした場所である。雲峴とは雲の峠という意味でかつてここに天文観測所があったことに由来する。

　建物は簡素な外観であるが保存状態がよく、同時代における上流階級の伝統韓屋の住居様式をよく残している。かつては昌徳宮に匹敵する広大な敷地だったという。現在の敷地には老安堂（主人の居間）、老楽堂（明成皇后が王妃教育を受けた建物）、二老堂（夫人の住居）、守直舎（警備・管理担当者のいた建物）が残っている。他に遺物展示館などがある。

　雲峴宮の中心的な建物は老楽堂で、1864年に完成し還暦の祝宴や宴会など、興宣大院君一家に関する様々な祝い事が行われた建物である。高宗と明成皇后の宮中婚礼「嘉礼」が執り行われた場所でもある。舎廊斉として男性の居住空間、客間、執務室のような役割を果たしていた建物である。「老安堂」は『論語』の「老者安之（お年寄りが安心して暮らせる）」を引用したと伝えられる。興宣大院君が最期を迎えたのもここの一室であった。

　宮内では毎年4月・9月の高宗と明成皇后の王室結婚式の再現行事嘉礼や国楽公演など伝統行事が行われることも多く、歴史文化に触れられる場所として親しまれている。また大院君の造った洋館もある。

景福宮

(キョンボックン　경복궁／史跡第117号)

ソウル特別市鍾路区社稷路161　서울특별시 종로구 사직로 161

地下鉄3号線景福宮（327）駅5番出口。5号線光化門（533）駅2番出口。

景福宮 全景

　朝鮮時代最も中心となる宮殿で、1394（太祖3）年に漢陽に遷都した後に建てられた。

　壬辰倭乱で全焼し、1867年高宗の時に興宣大院君により再建された。

　景福宮の名前は『詩経』周雅の「既酔以酒 既飽以徳 君子万年 介爾景福」(すでに酒に酔って、すでに徳に満腹になり、君子万年まであなたに大きな福を祈る)から採られた。万年後まで輝く大きな徳を持つ宮殿という意味である。1412年太宗は景福宮の池を埋めて、その上に慶会楼を建てた。ここで宴会を催し外国から来た使臣を接待した。池から掘り出した土で蛾眉山という築山を造った。

　世宗は景福宮に集賢殿を置き、慶会

楼南側に時刻を知らせる報漏閣を造り、宮西北曲がり角に天文観測施設の簡儀台を設置し、康寧殿西側には欽敬閣を造り、この中に時刻と四季節を表す玉漏器を設置した。

1910年韓国併合後、勤政殿(クムジョンジョン)の前に総督府を造営するため景福宮の建物群は撤去され、昔の姿はほとんど失われた。

1991年から日本植民地時代甚大な被害を受けた景福宮を復元する工事が寝殿・東宮・興礼門・泰元殿・光化門など5つの地区に分けて、20年の歳月をかけて5段階で進められた。

これにより高宗当時に造られた建物群の40%が復元され、1968年に鉄筋コンクリートで造られた光化門も元来の形に戻された。建物の配置は前部分と後部分に分けられ、前部分には正殿と便殿、後部分には寝殿と後苑が置かれている前朝後寝の形態である。

景福宮は、勤政殿と慶会楼(キョンフェル)を除外した多くの殿閣が復元され、創建時の位置を保ち朝鮮王朝正宮の面貌を確認することのできる重要な遺構である。

勤政殿(国宝第223号)は国王の即位式や朝賀を行う景福宮の正殿で韓国最大の木造建物である。

勤政門(宝物第812号)は正面3間の中層屋根の建物である。勤政門には左右には回廊が連なり勤政殿を巡っている。

慶会楼(国宝第224号)は正面7間、側面5間の壮大な楼閣建物で下層は四角石柱を立て、上層には四方に欄干を巡らせて木柱を立てた。周辺には方形の大きな蓮池を深く掘り、右側面に3つの石橋を設けた。

国立民俗博物館は景福宮内部にある。韓民族の伝統生活を感じて体験することができる。展示館は全部で5つの領域に区分されている。第1展示館は先史時代から現代までの暮らしと生活の様相と文化遺産を展示している。第2展示館では韓国人の日常生活を見ることができ、農耕生活と日常生活に関連する遺物を展示している。第3展示館は韓国人の一生を見ることができる展示館で、生から死までの人生を展示している。子供博物館は伝統文化を自然に感じとれる各種体験空間で構成され、野外展示は時代別の風景を見ることができるように工夫されている。

国立古宮博物館は光化門西方の景福宮内にある。朝鮮王室遺物を所蔵し王室文化遺産の保存と活用のための調査研究、展示と教育活動をしている。

博物館は地上2階、地下1階12室で構成されている。地下1階には華麗で荘厳な宮中の装飾屏風絵と記録画、国家儀礼音楽に使用された宮中楽器、そして国王の行列に使用された輿や駕籠と各種儀仗などが展示されている。宮中音楽室、宮中絵画室、王室行次室、天文科学室で構成されている。

1階には朝鮮王室の誕生と教育文化、文芸作品と多様な印章、純宗と純宗皇后が乗った御車など、大韓帝国期の遺品が展示され大韓帝国室、誕生教育室、王室文芸室で構成されている。

勤政殿 全景

　２階には朝鮮王朝の国政全般を収めた記録文化と五礼を通年体系化した国家儀礼と関連する遺物などが展示され、国家儀礼室、帝王記録室、宮殿建築室、科学文化室、王室生活室で構成されている。

　普信閣(ポシンガク)はソウル市鍾路区鍾路54に位置する。見学するには地下鉄1号線鐘閣駅4番出口からが便利である。普信閣は普信閣鐘(宝物第2号)をつり下げておくために造った建物で正面5間、側面4間である。この鐘はもともと円覚寺にあったもので世祖(在1455～68年)の代に作られた。1536(中宗31)年に南大門の中へ移して1597(宣祖30)年に明礼洞の丘へ移したものを光海君の時に鐘閣を復元しここに移転した。

　その後朝鮮後期まで4回火災に遭ったが再建された。1895(高宗32)年に鐘閣に「普信閣」と懸額が掲げられ以後は鐘も「普信閣鐘」と呼ぶようになった。6・25戦争(朝鮮戦争)で鐘閣が破損されたが、1953年に再建された。1980年2層鐘楼として復元された。鐘の安全のために1986年国立中央博物館に移して保存することになり、2005年に国立中央博物館が移転開館してからは野外展示されている。

　体部に鋳造年代があり、製作時期が確実な壬辰倭乱以前の梵鐘である。

　曹渓寺(チョゲサ)はソウル特別市鍾路区郵政局路55に位置する。交通の便は地下鉄1

慶会楼 全景（編纂委員会）

号線鐘閣駅(131) 2番出口方面に出ればよい。ソウル特別市中央にある韓国仏教の本山である。曹渓寺は1895年に創建され、当時の寺跡は、現在の寺院の側にありもとは覚皇寺と呼ばれた。19世紀末の仏教浄化運動以後に曹渓寺と名を改め、曹渓宗の総本山となっている。現在の曹渓寺は曹渓宗総務院をはじめ大雄殿（本堂、金堂）、徳王殿、解脱門、梵鐘楼等の建物と真身舎利を祀る7層石塔等がある。曹渓寺は都心中央にあって、主に行政的な仕事を行い他の寺院とは異なる。

伽藍は一柱門から大雄殿に至る一般的寺院とは異なり、建物群は一定の型にはめられたものではなく、狭い空間を最大に活用する配置となっている。

青瓦台（チョンワデ）はソウル特別市鍾路区青瓦台路1に位置する。地下鉄3号線景福宮駅(327) 5番出口より徒歩で10分の距離で、大韓民国政府創設以後大統領官邸として使用されている。

李承晩（イスンマン）大統領が1948年から4・19革命で退任するまでの12年を暮らし、当時の名称は景武台（キョンムデ）であった。第2共和国の尹潽善（ユンボソン）大統領は官邸名を景武台から青瓦台に変え、在任9ヵ月間居住した。以後引き続き大統領官邸として使用され、本館の外に附属建物としては警護室・秘書室・迎賓館などのほか庭園、池等の施設がある。

Column

光化門と世宗路

（クァンファムンとセジョンノ　광화문과 세종로）

ソウル特別市鍾路区世宗路1光化門〜世宗路交差点　서울특별시 종로구 세종로 1 광화문 ~ 세종로 사거리

地下鉄3号線景福宮（327）駅下車。バス景福宮下車。

　太祖李成桂による漢陽遷都4年（1395）に景福宮正門として創建され「四正門（サジョンムン）」後に「光化門」に変更された。景福宮の東西南北門の南門に当たり、光化門とは「光で外の四方を照らし教化が万方に及ぶ」という意味である。門は花崗岩を使用し中央に虹霓門がありその上には重層の門楼が建っている。この門は幾度もの被災・焼失と再建を繰り返した。創建期の門は焼失し再建されたが1592年の文禄の役（壬辰倭乱）の際に再び焼失した。1864（高宗1）年、1865年に景福宮と共に再建された。1927年に朝鮮総督府が総督府庁舎建設のためにこの門の取り壊しを検討したが、柳宗悦（やなぎむねよし）らの働きかけで保存されることになり景福宮東側に移転させられた。

　1950年の朝鮮戦争（韓国戦争）で再び焼失し、朴正煕（パクチョンヒ）大統領の命で1969年に鉄筋コンクリートで再建されるという波乱の歴史を経てきた。

　2010年に光化門は復元されることになり、総督府建設に伴って移設された位置から、南に14.5m離れた、1864年の位置・角度に戻され再建された。扁額は1968年の朴正煕元大統領によってハングルで「광화문」と書かれたものから高宗時代の門造営責任者の任泰瑛（イムテヨン）の文字をデジタルで復元した漢字に変えた。再建された光化門は2010年8月15日から一般公開された。光化門の両脇には「ヘテ」がある。これは想像上の動物で、風水地理上から南にある冠岳山に火気があり、都城を守るために火を食べるヘテ像を置いたとされている。2009年8月1日には「光化門」からソウル市庁方面へと続く世宗路（セジョンノ）の16車線道路の中央6車線を廃止しその空間に幅34m、長さ557mの「光化門広場」という広場が造成された。世宗路は朝鮮時代「六曹通り（ユクチョゴリ）」と呼ばれ、ソウルの中心的な道路だった。現在も光化門を背にして世宗路をまっすぐ歩くと、左右にアメリカ大使館、大韓民国歴史博物館、ソウル市庁、ソウル市議会、政府総合庁舎、日本大使館などの公的な建物がたち並んでいる。朝鮮日報や東亜日報などの言論機関も近くにあり政治・文化の中枢であり、デモの際には人々が万単位で集結できる場所でもある。

　光化門広場には光化門再建時に建てられた李舜臣将軍銅像と2010年に李舜臣生誕465年を記念して造られた常設展示空間「忠武公物語」（忠武公は李舜臣の号）がある。李舜臣将軍像の後方

210m地点には世宗大王(4代)の銅像がある。2009年10月9日の「ハングルの日」に合わせて披露された銅像は高さ6.2m、重量20トン、高さ4.2mの基壇の上に建てられている。「訓民正音」(いわゆるハングル)の解例本を手にして民と向かい合う世宗大王が表現されている。大王銅像後方にある階段を下ると常設展示空間「世宗物語」があり大王の生涯と業績を紹介している。「忠武公物語」とは地下の連絡通路で繋がっている。広場の東西の水路は歴史水路と呼ばれ、東側には光化門方面を起点に617個の石板が敷かれ、1392年の朝鮮建国から現在までの韓国の主な歴史が1年ごとに刻まれている。西側水路の石板にこれからの歴史が一つずつ刻まれていく予定である。

Column

徳寿宮

(トクスグン　덕수궁／史跡第124号)

ソウル特別市中区世宗大路99（貞洞）　　서울특별시 중구 세종대로 99（정동）

地下鉄1号線市庁（132）駅2番出口、2号線市庁（201）駅12番出口から徒歩で5分。

　徳寿宮は朝鮮時代に慶運宮（キョンウングン）と呼ばれた。高宗皇帝が1907年純宗皇帝に譲位後にここに留まり、高宗皇帝の長寿を祈るという志で徳寿宮と改められた。
　徳寿宮の場所に成宗の兄、月山大君（ウォルサンテグン）の屋敷があったが、壬辰倭乱後、漢陽に帰ってきた宣祖は臨時にここを居処に定め、1593（宣祖26）年から宮として使用し始めた。光海君は即位3（1611）年に慶運宮と命名し1615年昌慶宮に移る時まで王宮として使用した。
　以後宣祖の王妃仁穆大妃（インモクテビ）が慶運宮に追われてきて西宮と呼ばれた。仁祖は即祚堂と昔御堂だけを残して他の建物は昔の持ち主に返した。その後、高宗皇帝がロシア公館から移ってから再び王宮として使用された。石造殿は徳寿宮内にある近代西洋式建築物で、1900年着工し1910年に完成した。3層石造建物で庭園と共に18世紀新古典主義の欧州宮殿の建築を模倣して建てられた。1945年米ソ共同委員会会議場として使用され、朝鮮戦争以後1986年までは国立現代美術館として使用された。

徳寿宮 石造殿 全景

　王宮守門将交代儀式は大漢門(もとは大安門と称した)前では毎日3回王宮守門軍士が宮殿の門を開閉、警備、巡察する業務などの交代儀式が行われて、韓国語をはじめとして日本語、英語などの外国語で交代儀式の説明放送が行われている。

　ソウル歴史博物館はソウル特別市 鍾路区(チョンノグ)新門安路55にある。最寄りはソウル地下鉄5号線光化門駅7番出口。西大門駅4番出口からは徒歩10分。朝鮮時代から現在にかけてのソウルの歴史と文化を整理して見せる市立博物館である。全体3階の展示室からなり1階は企画展示室、寄贈遺物展示室、ミュージアムショップ、2階は事務室、視聴覚室。3階は常設展示室、都市模型・映像館等で構成されている。

　ソウル市立美術館はソウル特別市中区徳寿宮キル61にある。最寄りはソウル地下鉄1号線市庁駅1番出口から徒歩5分である。市立美術館は海外有名美術館と共に海外特別展、国際交流展を開催し韓国画壇発展に寄与している。全体が4階で構成され、地下1階には講義室、セマウルホール、1階には企画展示室、2階には千鏡子室、展示室。3階は展示室プロジェクトギャラリー、クリスタル上映室など。都心で感じられない目新しいロマンと余裕を感じることのできる空間である。

　慶熙宮(キョンヒグン)(史跡第271号)はソウル特別市鍾路区新門安路45に位置している。

慶熙宮 興化門

　最寄りはソウル地下鉄5号線光化門駅7番出口から徒歩10分ほど。慶熙宮は元宗(仁祖の父で追尊王)の屋敷跡に立てられた朝鮮後期の代表的離宮である。1907年から1910年にかけ強制撤去された。現在この場所に宮殿があったことを示すものは正殿、崇政殿の基壇部と新門へ移された石獣、台石などである。現在復元工事が進められている。

Column

朝鮮時代の朱子学を理念とした最高教育機関

成均館

（ソンギュンァン　성균관）

ソウル特別市鍾路区成均館路 25-2　서울특별시 종로구 성균관로 25-2

地下鉄4号線恵化(ヘファ)(420)駅4番出口から徒歩で約15分。

　成均館は高麗末期から朝鮮時代の最高教育機関で当初の名称である国子監から1298年に成均監、1308年に成均館と変えた。『近思録』『中庸朱子或問』をもとに朱子学(性理学)を理念とした文官養成の最高学府であり、朝

鮮時代に知識人を数多く輩出したことで著名である。

1356年高麗恭愍王の時に国子監の名称に復し、1362年に再び成均館に戻った。朝鮮時代には漢陽の崇教坊(現ソウル特別市鍾路区明倫洞)と開城(高麗の首都)にあった。文廟(孔子や碩学の祠堂)、明倫堂(講義室)、東西斎(寮)、尊経閣(図書館)で構成されたが壬辰倭乱の時に消失して再建された。学生は科挙(小科)に合格すると入学が許され斎生(チェセン)と呼ばれた。生員進士試合格者は上斎生、選抜試験の升補や蔭叙合格者(祖父・父が高官であった場合、科挙を経ずして官僚に登用された者)を下斎生と呼んだ。定員は初期には200人、末期には100人に減らされた。

斎生たちは寮生活をし、国家から贍学田(섬학전)と外居奴婢(외거노비)を受け、学費などは養賢庫から支給された。また、成均館では原点制(원점제)があり、これはきちんとした生活をしているかいないかで点数をつける制度で、朝食と夕食を食べると1点で、300点とれば大科に応ずることができた。斎生は自治会議を斎会(재회)と呼び、掌議(장의)、色掌(색장)、曹司(조사)、堂長(당장)などの役員で成均館の諸問題を議論した。寮運営では東斎(동재)、西斎(서재)と上級生の成績優者の前榜(전방)、新入生の成績優者の新榜(신방)が会議に参加した。また斎会には斎生を処罰する権限があり黜斎(출재)という退学制度もあった。斎生たちは時に政治に関与し要求が通らないと、食事や授業を拒否する空斎(공재)などを行った。今の学生運動と重複するものがあった。

1895年には近代化に沿って3年制の「経学科」が設立され、これは儒学を中心に歴史、地理、数学等科目を加えた教育課程であった。1910年からの日本統治時代には儒学の継承、発展を促すとして体制の変質を強いられた。1946年には成均館を前身とする成均館大学校が設置され、単科大学から1953年に総合大学に昇格した。

600周年記念館の地下に成均館大学博物館があり朝鮮時代の文化財を展示・保存している。また、校内には昔の成均館の建物と天然記念物が保存されている。文廟大成殿は孔子と儒学賢人の祀堂で1398年に建てられ、現在に伝えられているが一般公開はされていない。明倫堂は見学することができ、また明倫堂前の2本の銀杏木は樹齢600年を超え天然記念物第9号に指定されている。東斎と西斎は学生寄宿舎で東棟と西棟の建物を見学することができる。他に科挙試験場の丕闡堂(ビジョンダン)、書庫の尊経閣(チョンギョンガク)がある。成均館では毎年3月と9月に儒教聖賢の祭祀である「釈尊大祭」が行われている。韓流ドラマの「成均館スキャンダル」で日本にも知られるようになった。

Column

朝鮮時代の支配階級である両班の面影を残す伝統韓屋群
北村韓屋村保存地区
（プクチョン ハノクマウル　북촌 한옥마을）

ソウル特別市鍾路区安国洞、嘉会洞一円　서울특별시 종로구 안국동, 가회동 일원

地下鉄3号線安国（328）駅2番出口から徒歩で10分。

北村路地 風景

　北村は景福宮と昌徳宮・宗廟の間の地域である。ソウルで伝統韓屋が密集している代表的な住居地で街の博物館といえる。清渓川と鍾路の北に位置するため北村と呼ばれている。朝鮮時代以来続く枝模様の路地をそのまま保存している。嘉会洞韓氏家屋、尹潽善家屋（史跡第438号／非公開）、李俊九家屋等は、民俗及び文化財資料として指定されて保存管理され、付近には伝統工房も多い。公開施

設としては北村ゲストハウス桂洞襄 濂（ペリョン）家屋（国指定登録文化財第85号）、韓屋体験館、観光客への広報展示館の北村文化センター（国指定登録文化財第229号）などがある。

代表的北村体験では北村韓屋村徒歩コースと北村八景などがある。北村韓屋村徒歩コースは文化遺産と都市韓屋、博物館、工房などがある所を直接歩いて韓国固有の文化を体験するコースである。

北村八景は北村の韓屋景観と韓屋で構成された路地風景を選定し、最もよく鑑賞される８ヵ所を指定して訪問客のために写真撮影台を設置している。

韓屋は暖房のためのオンドルと、冷房のための床が結合された構造をしている。暑さと寒さが共存する韓半島で、これに対処する韓国独特の住居方式である。韓屋の形態は、寒い北部地方は外部の冷気を防ぎ内部の熱を維持する効率的な房を２列に配列する二重構造と低い屋根が発達した。暑くて湿っぽい南部地方は、風が通るように房を一列に配列する一重構造と高い床が発達した。屋根は瓦屋根と草家屋根が最も普遍的で、経済力がある家は瓦葺き、一般庶民の屋根は大部分が藁葺の屋根であった。藁葺きは安く夏には強烈な陽光を遮断して雨を染みこませず、冬にも熱を奪われず屋根材として最も広く使用された。

両班（ヤンバン）は朝鮮時代最上の身分で支配階級である。国王が朝会するとき王を中心に文班（文官）は東の側に、武班（武官）は西方に立ったことからこの２つを合わせて両班といった。両班の概念は次第に支配身分層を意味する概念となった。

朝鮮は朱子学（性理学）が社会体制を維持する支配原理として定着し、士族とは平たく言えば、有閑の読書人（有識者男性）であり、仕官していない者をソンビといい、彼らはまた両班層の供給源となった。両班を士大夫・士類・士林と呼ぶこともある。両班には教育・科挙の受験資格・入仕など排他的特権が与えられ、既得権の維持と軍役の特典を享受し、先祖から受け継いだ土地と奴婢を所有した。このような閉鎖的朝鮮時代の身分制度は官僚層・生産層・賤役層に大別されて特権と収奪、制約と拘束で特徴づけられてきた。しかし壬辰倭乱後の変革過程中で徐々に崩壊し、甲午改革（1894年）後に急速に解体した。身分制度の解消には300年の年月が必要であった。

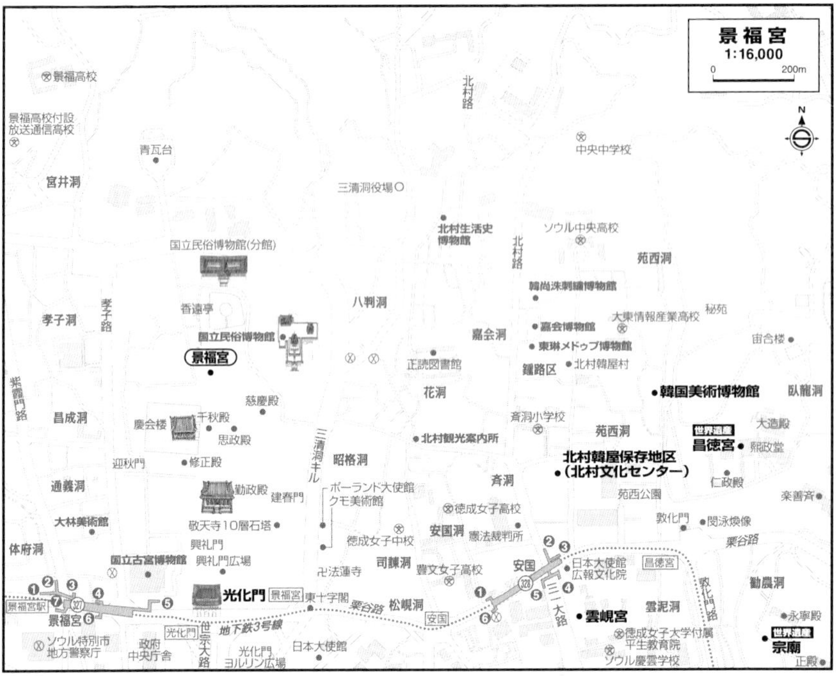
景福宮
1:16,000
0
200m
N
景福高校
景福高校付設
放送通信高校
青瓦台
宮井洞
北村路
中央中学校
三清洞役場
北村生活史
博物館
ソウル中央高校
苑西洞
国立民俗博物館(分館)
八判洞
韓尚洙刺繍博物館
孝子洞
孝子路
香遠亭
秘苑
嘉会博物館
大東情報産業高校
国立民俗博物館
嘉会洞
東琳メドゥプ博物館
宙合楼
景福宮
正読図書館
鍾路区
北村韓屋村
紫霞門路
花洞
韓国美術博物館
臥龍洞
慈慶殿
斉洞小学校
昌成洞
慶会楼
千秋殿
三清洞キル
大造殿
思政殿
北村観光案内所
苑西洞
世界遺産
昌徳宮
熙政堂
迎秋門
修正殿
昭格洞
北村韓屋保存地区
(北村文化センター)
通義洞
勤政殿
斉洞
仁政殿
建春門
ポーランド大使館
クモ美術館
苑西公園
楽善斎
大林美術館
徳成女子高校
敦化門
閔泳煥像
敬天寺10層石塔
徳成女子中校
安国洞
憲法裁判所
栗谷路
体府洞
興礼門
興礼門広場
司諫洞
豊文女子高校
安国
日本大使館
広報文化院
昌徳宮
勧農洞
国立古宮博物館
光化門
景福宮
東十字閣
栗谷路
敦化門路
景福宮駅
景福宮
松峴洞
安国
三一大路
雲峴宮
雲泥洞
永寧殿
地下鉄3号線
光化門
世宗大路
徳成女子大学付属
平生教育院
世界遺産
宗廟
ソウル特別市
地方警察庁
政府
中央庁舎
光化門
ヨルリン広場
日本大使館
ソウル慶雲学校
正殿

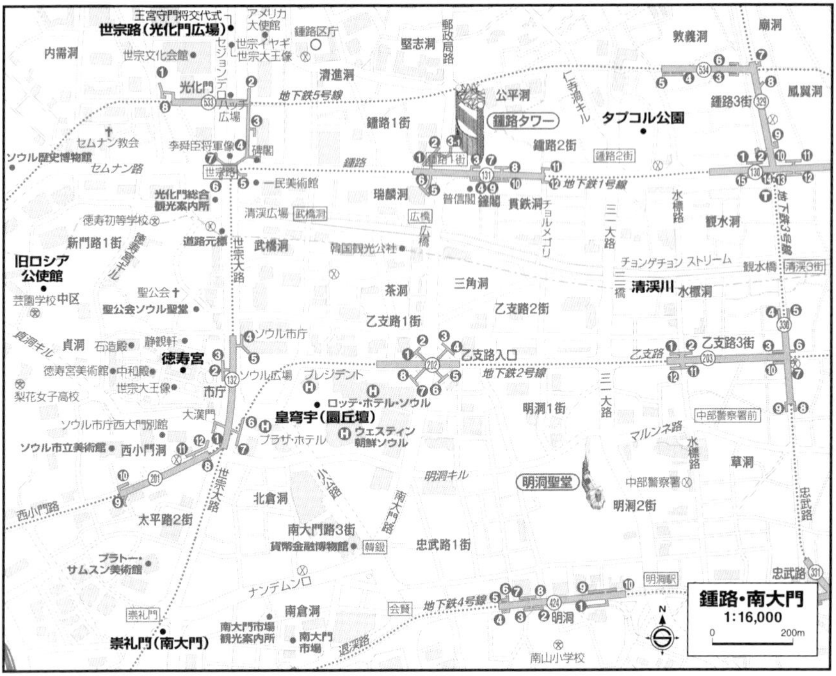
王宮守門将交代式
世宗路(光化門広場)
アメリカ
大使館
世宗イヤギ
世宗大王像
鍾路区庁
郵政局路
堅志洞
敦義洞
廟洞
内需洞
世宗文化会館
セジョンテロ
清進洞
光化門
ハッチ広場
地下鉄5号線
公平洞
仁寺洞キル
鳳翼洞
鍾路タワー
タプコル公園
鍾路3街
鍾路1街
セムナン教会
李舜臣将軍像
碑閣
鍾路2街
ソウル歴史博物館
セムナン路
鍾路1街
世宗路
鍾路2街
鍾路
一民美術館
光化門総合
観光案内所
瑞麟洞
普信閣
鍾閣
貫鉄洞
地下鉄1号線
地下鉄3号線
清渓広場
武橋洞
広橋
チョルメゴリ
水標路
観水洞
徳寿初等学校
三一大路
新門路1街
道路元標
武橋洞
広橋
世宗大路
韓国観光公社
徳寿宮キル
チョンゲチョン ストリーム
観水橋
清渓3街
旧ロシア
公使館
三角洞
茶洞
三一橋
清渓川
水標洞
芸園学校
中区
聖公会
聖公会ソウル聖堂
乙支路2街
乙支路1街
貞洞キル
貞洞
石造殿
静観軒
ソウル市庁
徳寿宮
乙支路入口
乙支路
乙支路3街
徳寿宮美術館
中和殿
市庁
ソウル広場
プレジデント
地下鉄2号線
世宗大王像
ロッテ・ホテル・ソウル
梨花女子高校
大漢門
皇穹宇(圜丘壇)
明洞1街
三一大路
中部警察署前
ソウル市庁西大門別館
ウェスティン
朝鮮ソウル
プラザ・ホテル
マルンネ路
ソウル市立美術館
西小門洞
水標路
草洞
明洞キル
明洞聖堂
中部警察署
世宗大路
西小門路
北倉洞
南大門路
明洞2街
忠武路
太平路2街
南大門路3街
貨幣金融博物館
韓銀
忠武路1街
プラトー・
サムスン美術館
明洞駅
忠武路
ナンデムンロ
地下鉄4号線
会賢
崇礼門
南倉洞
明洞
崇礼門(南大門)
南大門市場
観光案内所
南大門
市場
退渓路
南山小学校
鍾路・南大門
1:16,000
0
200m
N

タプコル公園は3・1運動の発祥地
タプコル公園
（タプコル ゴンワォン　탑골공원／史跡第354号）

ソウル特別市鍾路区鍾路99　서울특별시 종로구 종로 99

地下鉄1号線鍾路3街（130）駅1番出口から徒歩で5分。

　タプコル公園は朝鮮時代円覚寺（ウォンガクサ）跡に建てたソウル最初の近代式公園で、パゴダ公園とも呼ばれる。高麗の時、興福寺を円覚寺と改名した。朝鮮太祖の時に曹渓宗本寺となり後に廃止され、1464（世祖10）年に再建される。都城内の3大寺の一つで繁盛していたが、1504（燕山君10）年廃寺となり官衙に転用された。この後に英国人ブラウンの建議で韓国初の西洋式公園が建設された。

　公園には円覚寺跡十層石塔（国宝第2号）と円覚寺碑（宝物第3号）がある。また独立宣言文の朗読と万歳を叫んだ八角亭・独立万歳レリーフ・孫秉熙（ソンビョンヒ）先生

タプコル公園 全景

タプコル公園 円覚寺跡 十層石塔

の銅像もある。1919年3月1日、初めて独立宣言文を朗読し、独立万歳を叫んだ三・一運動の出発地である。

　円覚寺跡十層石塔はタプコル公園にあり、高さ12mで全体が大理石製である。形態が特殊で意匠が典雅であり、朝鮮時代の石塔としては敬天寺十層石塔と双璧である。全体的形態や構造、表面に装飾された仏像の彫刻などが高麗時代の敬天寺十層石塔(国宝第86号)と似ている。韓国石塔の傑作である。

　三・一独立運動は1919年3月1日を起点とした日本の植民地支配に対する抗日独立運動で、日本統治下に起きた最大規模の民族運動であった。第一次世界大戦以後戦勝国の植民地で最初に起きた大規模独立運動でもある。その年に起きた中国の五・四運動にも影響を与えたといわれている。

Column

清渓川
（チョンゲチョン　청계천）

　清渓川は韓国の首都・ソウル特別市の中心部を東流する小さな川で、市の南側を蛇行しながら西流する漢江(ハンガン)の支流である。清渓川は遷都の際の重要な要素であったとされ、洗濯や野菜洗いの場として利用されてきたが、次第に生活排水が流入するようになり下水道代わりとして使用されるようになった。

　1950年代からの経済成長に伴う都市開発により、水質は一層悪化した。さらに、その岸辺には朝鮮戦争（1950～1953休戦）の際に避難民が住み着きスラム化した。そのため1971年、市当局は住民を強制的に移住させて清渓川を暗渠化し、その上に清渓高架道路を建設した。

　その後、2000年代に清渓川復元の声が高まり、高架道路の老朽化対策と周囲道路整備を抱き合わせて撤去し、50年ぶりに長さ約5.8kmにわたる河川が復元された。徹底した河川の清掃や地下鉄などから涌く地下水の放流などの水質浄化対策が図られ、岸辺における親水施設の整備もなされた。この事業を推進したのは前大統領李 明 博(イ ミョンバク)（当時ソウル市長）であった。

　現在では散歩やジョギングをする人が見られ市民の憩いの場の一つであり、また観光スポットにもなっている。

ソウルの近代遺跡

文化駅ソウル284（旧ソウル駅）

ソウル特別市中区統一路1　서울특별시 중구 통일로 1

文化駅ソウル284（旧ソウル駅）全景

　文化駅ソウル284（旧ソウル駅）駅舎（史跡第284号）は1925年9月に竣工したソウルの中央駅舎で地下1階、地上2階、延建坪6,836㎡の近代建築である。設計者は日本人の塚本靖で、本来の計画案より資金調達問題で縮小された。1階はビザンチン風の建築洋式で造られ、1階上部分と2階は赤煉瓦を積み、部分的に花崗岩で飾り研磨している。韓国で最も古い鉄道建造物で建築史的な価値

が高い。
　韓国で初めて鉄道が開通したのは1899年9月で京仁鉄道合資会社が仁川と鷺梁津間に開設し総延長33.2kmである。以後京釜線、京義線、京原線が開通し、新しい駅舎の必要性が生じソウル駅舎が建造された。

旧西大門刑務所
(구서대문형무소／史跡第324号)
ソウル特別市西大門区統一路251　서울특별시 서대문구 통일로 251

　西大門刑務所歴史館は独立公園内にある。刑務所を博物館に模様替えし、日本統治下の独立運動と弾圧を伝承する施設とした。刑務所は日本が1907年仁旺山麓に建てた近代的監獄で、約500余名を収監した木造建物で、京城監獄と呼ばれた。光復の1945年まで多くの独立運動家が収監されていた。その後、1912年麻浦区孔徳洞に監獄を建てて京城監獄とし、元の京城監獄は西大門監獄と改名された。1923年西大門監獄は西大門刑務所と変わり、1944年には2,890名が収監されていた。金九・姜宇奎・柳寛順などがここに収監され、柳寛順はここで死去した。韓国民族の独立運動と弾圧の実態を考えさせる実物教育の場である。
　独立公園(旧西大門刑務所)はソウル特別市西大門区統一路251にあり面積は10万9,193.8㎡である。最寄りは、地下鉄3号線独立門駅5番出口である。日本統治時代に義兵闘争、三・一独立万歳運動、抗日闘争などで投獄された殉国の人々を称えるために造成された。この地に

旧西大門刑務所 全景

あったソウル拘置所は周囲の都市化のため1987年11月15日京畿道義王市に移し、光復節47周年を迎えた1992年8月15日、独立公園として開園した。公園内には西大門刑務所歴史館、第9〜13獄舎と中央舎、ハンセン病舎、保安科庁舎、死刑場、地下獄舎、垣根、望楼などが保存されている。他には殉国先烈追念塔、三・一独立宣言記念塔、独立門、独立館などがある。
　独立門(史跡第32号)は独立公園内に

ある。甲午改革以後自主独立の意思を確かめるために中国使臣を迎接した迎恩門を壊して建てられた。内廷改革と制度改革を進めようとしていた甲午改革(1894〜1896年)は、外国勢力の干渉で失敗した。そのため民族の独立と自由のためにはどのような干渉もあってはならないという志で、中国使臣を迎えた迎恩門を壊してその場に独立門を建てることにして、1896年徐載弼(ソジェビル)が組織した独立協会が主導して、パリの凱旋門をまねた造りで1898年に完成させた。花崗岩を積んで造りハングルと漢字で独立門という文字を記し、その両側に太極旗が刻まれている。門前には迎恩門柱礎(史跡第33号)2個が残っている。

ソウル旧ロシア公使館
(구러시아공사관/史跡第253号)

ソウル特別市中区貞洞路21-18(貞洞)　서울특별시 중구 정동길 21-18 (정동)

地下鉄1・2号線市庁(132・201)駅1番・12番出口、徳寿宮横の石畳道徒歩で約10分。

旧ロシア公使館展望塔 全景

042

旧朝鮮総督府

旧ロシア公使館は、1890(高宗27)年、ロシア人サバランの設計で建築された。

朝鮮戦争の時に破壊されて塔と地下2階だけが残ったが1973年に復元された。構造はレンガ造り2階建てで、片方の横に塔を建てた。塔の開口部はアーチであり、その上部は三角形の切妻壁(pediment)で飾られ、一部壁にはアーチの窓を出し、羽部突出部分にもペディメント窓を出している。日本軍による明成皇后弑逆事件以後1896年2月から1897年2月まで高宗皇帝が当時太子の純宗と一緒に避難した場所である。

高宗がいた部屋の内部はルネッサンス風の室内装飾が施されている。現在塔の東北の方に地下室があり一部だけ発掘され、これが慶運宮(今の徳寿宮)まで繋がっていた。

朝鮮総督府は1910～1945年まで朝鮮の植民統治を行った最高行政官庁であった。1910年韓国併合以後35年間に、日本は南山倭城台(朝鮮総督府庁舎)と景福宮の総督府庁舎2ヵ所、そして龍山などに多数の官舎を建設した。

旧朝鮮総督府庁舎は韓国併合条約により朝鮮総督府が設置された1907年に建てられ、南山倭城台の統監府庁舎を総督府庁舎に転用した。1926年に景福宮興礼門区域を撤去し新庁舎を建てた。朝鮮総督府庁舎は大韓民国樹立以後政府中央庁舎として使用され、その後国立中央博物館に転用された。その後この建物の撤去と保存をめぐって意見が沸騰したが、1995年金泳三政府の時に撤去された。建物の部材は独立記念館に移されて保存されている。

Column

伊藤博文を狙撃した韓国独立運動家・その人間性に共感した人々
安重根義士記念館
（アンジュングン ウィサ キニョムグァン　안중근의사 기념관）

ソウル特別市中区素月路91　서울특별시 중구 소월로 91

南大門から南山循環バスで南山図書館(ナムサントソグァン)下車、南大門から徒歩で約15分。

　ソウル特別市の南に位置する南山(ナムサン)公園内に韓国独立運動家として有名な安重根の記念館がある。1970年に建てられ安重根の生い立ちや精神、彼にまつわる出来事や事件を当時の文章、遺品と共に展示・紹介している。2010年秋に新築再建の3階建て施設となった。

　1909年10月26日、伊藤博文はロシア蔵相ウラジーミル・ココツェフと会談のため午前9時ハルビン駅に到着しココツェフの挨拶を受けた後、駅ホームでロシア兵の閲兵を受けていたところを安重根に狙撃され、約30分後に死亡した。狙撃後安はロシア語で「コレヤ ウラー！（Кoрея！Ура！）」（大韓民国万歳）と叫んだという。伊藤の随行員として事件現場にいた貴族院議員室田義文が伊藤に命中した弾丸は仏製騎兵銃と証言した。安が所持していたのはブローニング拳銃で狙撃は複数の者によるという説もある。安は共犯者については供述していない。

　安は1879（高宗16・明治12）年黄海道海州府首陽山広石洞の両班の家に生まれた。父は泰勲、幼名は応七という。東学党に反対した安は、カトリック教会のパリ外邦伝教会のジョゼフ・ウィレム司祭の勧めでキリスト教に改宗した（洗礼名はトマス）。教育関係の仕事を経た後、1907年の高宗の強制退位とそれに伴う義兵運動に参加した。ウラジオストクへ亡命し「大韓義軍」を組織して抗日闘争活動を展開した。彼の決意を表すエピソードとして同志と共に左薬指を切り、その血で国旗に大韓独立の文字を書き染めた「断指同盟」の逸話がある。

　1910年2月14日、安は旅順の関東都督府地方法院で死刑判決を受けた。安は上訴を行い、担当検察官の溝渕孝雄へ「東洋平和論」を書き終えるために必要な時間の猶予を与えてくれるよう願い出た。

　安重根の看守を勤めた憲兵千葉十七は安の人間性に共感し、安も千葉の知遇に対して処刑の直前「為国献身軍人本分」と揮毫し、左手の掌紋を刻印した遺墨を贈った。千葉は宮城県栗原郡の故郷に帰っても遺墨を仏壇に供え終生、安の供養を欠かさなかった。現在遺墨は安重根義士記念館へ寄贈されている。当時の旅順監獄の典獄（刑務所長）であった栗

原貞吉も安の願いを聞き入れ法院長や裁判長に助命嘆願などの便宜を図り、処刑前日に絹の白装束を安に贈った。日本政府は速やかな死刑執行を命じ3月26日執行、32歳であった。安の死から5ヵ月後の8月29日、韓国併合により大韓帝国は消滅した。千葉十七の墓がある宮城県栗原市の大林寺に1981年に安重根顕彰碑が建立された。1992年9月6日からは日韓合同で毎年、安重根・千葉十七夫妻の合同供養が執り行われている。安重根は日本側からは暗殺者・民族主義者、大韓民国側では抗日闘争の「義士」と称されている国民的英雄である。韓国海軍では、2008年に完成した孫元一級潜水艦3番艦の艦名に「安重根（ソンウォンイル）」を用いている。

Column

新石器時代の遺跡と土城

ソウル 岩寺洞遺跡（住居跡）
（アムサドンユジョク　암사동유적／史跡第267号）

ソウル特別市江東区オリンピック路875　서울특별시 강동구 올림픽로 875

地下鉄8号線岩寺（810）駅4番出口、徒歩15分。

　岩寺洞遺跡は、漢江流域で確認された集落遺跡の阿且山城に向き合う漢江河岸にある新石器時代遺跡である。1925年の大洪水の時にその存在がわかった。その後に行われた調査を通して30余基の新石器時代住居跡と野外炉跡、竪穴など多量の遺物が確認され、韓国新石器時代研究に重要な情報を提供した。

　岩寺洞遺跡の層位は6層で形成され、上から表土層、黒色砂質層（百済文化層）、黒灰色砂質層（青銅器文化層）、黄色砂質層（非文化層）、赤褐色砂質層（新石器文化層）で底は地山層である。

　新石器文化層は、発掘地域の全域で検出されたのは厚さ40〜60cm程度であるが80cm程度と厚い所もある。この層が櫛文土器を出土した新石器文化層として

045

岩寺洞遺跡 住居跡露出展示状況

　この遺跡の主要文化層である。新石器文化層では櫛文土器と石器が出土遺物の主流をなしている。
　岩寺洞遺跡は大集落で多くの住居跡が出土したにもかかわらず、河岸段丘のためか遺物の出土数が大変少ない。櫛文土器は滑石や石綿を混ぜたものが多く、模様があるのが大部分である。漢江流域の代表的新石器時代遺跡や、これまで確認された韓国新石器時代遺跡中、最大の集落遺跡として非常に重要な遺跡である。また当時の生活模様をうかがうことができる遺物が出土し、新石器人の文化を考えるよい資料である。総面積8万2,362㎡の広い施設である。

ソウル 風納洞土城
(プンナプトソン　풍납동토성／史跡第 11 号)

ソウル特別市松坡区風納洞 72-1 他　서울특별시 송파구 풍납동 72-1 외

地下鉄 5 号線千戸 (547) 駅 (風納土城駅) 10 番出口。

　風納洞土城は、初期百済時期の土築城郭で、風納土城と呼んでいる。元来は周りが 4km に達する大規模な土城だったが、1925 年洪水で南西側一部が流失し、現在は約 2.7km 程度残っている。総面積は 317㎡ 程である。土城の形態は南北に長く伸びた楕円形である。城壁は細かい砂を一層ずつ整え積み上げて高さは一定していない。東の側には門地と推定される 4 ヵ所の痕跡が確認されている。出土遺物は先史時代から三国時代に達する遺物が確認されており、百済以前から人が生活したことがわかる。初期百済の重要な城郭で当時の様子をうかがうことができる遺跡である。周辺にある夢村土城と石村洞古墳群が関連し、歴史的にも非常に重要な遺跡である。

ソウル 夢村土城
(モンチョントソン　몽촌토성／史跡第 297 号)

ソウル特別市松坡区オリンピック路 424　서울특별시 송파구 올림픽로 424

地下鉄 8 号線夢村土城 (813) 駅 1 番出口。

　漢江の支流の城内川の南側に位置している。自然地形を利用し、必要によって土を積み、傾斜面が急になるように削るなど人工を加えたため、その形態は不規則である。しかしほぼ東西最長 540m、南北最長 730m の菱形をしている。北の側には木柵を設置した痕跡があり、東側外廓には地山を削り、傾斜を急にして境の池を設置しているのが確認されている。総面積は 442㎡ 程である。

　夢村土城を中心とし北側に阿且山城と風納土城、西側に三成洞土城、南側に二聖山城などがあり、周辺地域には百済時代の古墳群があり、先史遺跡の可楽洞と岩寺洞がある。

　とくに近隣にある風納土城と密接な関係があり初期百済の都慰礼城ではないかと推定されており、注目されている。

　夢村歴史館は、ソウル歴史博物館の分院で漢江流域の古代の歴史と文化を主題とした歴史館である。展示と歴史教育の学習場で夢村歴史館と竪穴住居跡の

夢村土城 土塁

の尖頭器と搔器、新石器時代の櫛文土器、青銅器時代の琵琶形と細形銅剣、そして石鏃、土器など遺跡と遺物を実物と複製品で見ることができる。

夢村土城等で発掘された沈子、瓦、骨で作った小札鎧など百済関係の遺跡も展示している。 石村洞と芳荑洞などで発掘された三国時代の古墳、ソウルの古代城郭、百済の都邑だった夢村土城と風納土城などを通してソウル地域の三国時代文化、古代東アジアの文化交流をうかがうことができる。

展示館を運営している。ソウルの先史時代、ソウルの古代文化と歴史を見回すことができる文化遺跡と遺物が展示されている。

夢村歴史館には岩寺洞と明逸洞(ミョンイルドン)などソウルで発掘された新石器時代と青銅器時代住居跡をはじめとして旧石器時代

漢城百済博物館
（ハンソン ペクチェパンムルグァン　한성 백제박물관）

ソウル特別市松坡区慰礼城大路71（芳荑洞88-20 オリンピック公園内）　서울특별시 송파구 위례성대로 71

地下鉄8号線夢村土城（813）駅1番出口オリンピック公園南2門方向徒歩10～15分。

ソウルには風納土城と夢村土城、石村洞古墳群など漢城百済時期の重要遺跡が残っている。そこから出土した遺物だけでも数万点ある。これにソウル特別市では遺跡遺物を体系的に保存管理し、ソウル文化の主体性を確立するために夢村土城があるオリンピック公園内に漢城百済博物館を建てた。漢城百済博物館の常設展示場は3室で構成されている。第1展示室にはソウルの先史：文明の起源、百済の黎明。第2展示室には王都漢城：百済の建国、より大きい国に、百済人の人生、グローバル百済。 第3展示室には三国の確執：三国、漢江へ、漢城、その後。

現在、漢城百済博物館では多くの分野の学術セミナーを開催し、各種の特別展を企画展示している。漢城百済史研究において注目される研究施設である。

048

ソウル 芳荑洞古墳群
(パンイドンコブングン　방이동고분군／史跡第270号)

ソウル特別市松坡区梧琴路219（芳荑洞125）　서울특별시 송파구 오금로 219（방이동 125）

地下鉄5号線芳荑（551）駅3番出口、徒歩10分

芳荑洞古墳群 全景

　ソウル特別市松坡区芳荑洞一帯にある百済（4世紀初頭〜475年）の古墳群で、面積は3万1,154㎡である。1971年国立中央博物館と国立文化財研究所の調査によって確認されたのは8基であったが、1975年になって江南一帯の開発に関連して1・4・5・6号墳が発掘調査された。

　1号墳は最も西方に位置している。封墳の形態は円形で直径は約10mである。

石室の壁面は不定形の石材を積み、4〜5段までは垂直に積み上げ、その上方はアーチ式に積んでいる。天井には大きな1枚石を上げて仕上げている。

　玄室は長方形で南壁の西方に羨道があり、同壁の方に南北2.4m、東西1.3m、高さ0.3m程の大きさの棺座がある。石室の内部から百済土器3点が出土した。

　4号墳は南方稜線端に位置している。封墳は円形で直径は約13mで、石室は、

049

30〜50cmの割り石を積み、南壁の西方に羨道を設置している。石室は正確には不明であるが1枚の塊石を利用しドーム式天井としている。床面は砂利と板石を交互に敷き、底面の砂利層の下には排水口があり、石室内部は石灰で仕上げをしている。石室内から高杯と蓋1点、鉄釘、用途不明の鉄片、人骨8点などが出土した。

5号墳は4号墳の北方にある。墳形は円形で直径は約9mである。石槨墓で地山面を長方形に掘り、割り石を積んでいる。長軸2.01m、短軸1.42mである。石槨の中から高杯2点と土器瓶1点、用途不明の六面体石製品が出土した。

6号墳からは灰青色硬質高杯が出土した。透窓があり典型的な新羅土器の形式である。これは6世紀以後漢江流域が新羅領土に編入された時に作られた新羅古墳の可能性がある。芳荑洞古墳群は、漢城百済の前期墓で可楽洞・石村洞古墳と共に漢城百済の重要な遺跡である。

ソウル 石村洞古墳群
（ソクチョンドンコブングン　석촌동고분군／史跡第243号）

ソウル特別市松坡区石村洞61-6　서울특별시 송파구 석촌동 61-6

地下鉄8号線石村（815）駅6番出口、徒歩5分。

積石塚は高句麗初期から現れた高句麗系統の古墳様式である。石村洞古墳群は百済初期に造られた古墳で、日本統治下で初めて調査された。1・2号墳は耕作地として使用されて破損が激しく内部構造については正確に知ることができない。3号墳は紀元前・後から現れる高句麗古墳型式の基壇式積石塚である。古墳は、高い地形を平坦にして下枠には大きくて長い石を周りに置き自然石で階段を成しながら積み上げて3段とし、集安（中国吉林省）にある将軍塚より大きい。

5号墳は調査を完全にすることができなかったため正確なことは不明である。古墳周辺には墓を取り巻く石を2段に積んでいる。周辺支配階層古墳の被葬者よりは低い階層の人と推測され、甕棺墓や小石室墓の被葬者よりはやや高い身分階層人の墓と見られる。

石村洞古墳群は可楽洞・芳荑洞古墳と共に初期百済の文化と歴史を知る重要な資料である。

石村洞古墳群 全景

板橋博物館
（パンギョパンムルグァン　판교박물관）

京畿道城南市盆唐区板橋路191（板橋洞499）　　경기도 성남시 분당구 판교로 191（판교동 499）

京釜高速道路瑞草ICから車で15分。

　板橋博物館は、漢城百済時代の石室墳密集地域で漢城百済遺跡9基と高句麗石室墳2基を移転展示している。館内は漢城百済時代の遺跡と板橋地域で発掘調査された遺物を通して城南の歴史文化体験空間として活用されている。1階展示場：板橋歴史の遺物展示、三国時代板橋パネル展示。地下1階展示場：百済及び高句麗古墳9基展示、漢城百済時代板橋出土遺物展示。野外展示場（復元遺構）：板橋公園：百済窯、炭窯、瓦窯、陶器窯、垣根、建物跡。楽生台公園：12区域「나」地点1号、2号石室墓、21地点2号石槨墓、24地点3号石槨墓、12区域方形区画墓がある。

サムスン美術館リウム(Leeum)

ソウル特別市龍山区梨泰院路55キル60-16　서울특별시 용산구 이태원로 55길 60-16

地下鉄6号線漢江鎮（631）駅1番出口、梨泰院方向徒歩約5分。

　サムスン美術館リウムは、サムスン(三星)グループの創立者・李秉喆前会長（号・湖巌）と李建熙現会長が収集した韓国美術史で重要な文化財と美術品等の遺物をはじめ、韓国の近・現代作家だけでなく世界的な現代美術家たちの作品とその所蔵品を展示している。

　リウムは韓国古美術品を展示するミュージアム1、韓国と外国の近・現代美術品展示のためのミュージアム2からなり、サムスン児童教育文化センターと一緒に複合文化団地を構成している。

　美術館の建築は、世界的な建築家マリオ・ポッタ、ジャンヌーベル、レム・コルハースの作品である。1ヵ所に3作家の個性が見事に調和し表現された芸術作品としての建築物を、鑑賞することができる良い場所でもある。

　南山近くにあるサムスン美術館リウムは、近隣に国立中央博物館、国立劇場などもあり都心で韓国文化を感じとることができる。

　また東洋と西洋をつなぐ新しい概念の美術館として、東洋美術はもちろん、世界の芸術と文化を経験することができる。

Column

壬辰・丁酉の倭乱(文禄・慶長の役)とソウルの史跡
じんしん ていゆう　　イムジン チョン ユ ウェラン

　1592(文禄元・宣祖25)年、明征服を企図する豊臣秀吉の命を受け、15万人の日本軍が朝鮮半島へと渡海した。日本では文禄・慶長の役、韓国では壬辰・丁酉の倭乱と呼ばれる、東アジア三国を巻き込む一大戦争の勃発であった。4月12日に釜山に上陸し釜山鎮城を陥落させた後、小西行長・宗義智らの第1軍と、加藤清正・鍋島直茂らの第2軍は漢城(現ソウル)への一番乗りを目指し、破竹の勢いで快進撃を続けた。そして、上陸からわずか半月後の5月2日、加藤清正らは南大門から、小西行長らは東大門から漢城に入城した。

　当時の朝鮮国王宣祖(在位1567～1608年)は日本軍が迫ると、4月29日に漢城を放棄して(蒙塵という)北方へ逃避行を開始した。国王の都落ちで漢城は混乱状態となり、各地で放火などが行われ王宮である景福宮をはじめ多くの建物が焼失した。

　清正や行長は国王を追い、さらに北方へと軍を進め、漢城には日本軍の総大将宇喜多秀家が入城し、宗廟に本陣を置いた。世界文化遺産にも登録されている宗廟は、朝鮮王朝歴代国王の神位を祀った施設である。宗廟は丘陵の先端部に位置しており、日本の平城が築かれるのに良好な地であった。宇喜多軍は堀や建物を設けたが兵が「変死」するなど「神霊」に悩まされたという。

　その後、宇喜多秀家は本陣を、南山の麓に移した。この地は第3代朝鮮国王太宗の第二王女(公主)である慶貞公主の邸宅が営まれたところで、現在の小公洞の地名の由来となっている。

　秀家は漢城統治の拠点として、周囲に木柵を巡らせるなど陣所を整備し、その中に天守を造営した。天守は日本の城郭の象徴的な建築であり、それが異国である朝鮮の都に出現した。王宮以外に2階建て以上の建築がほとんど存在しなかった漢城に現れた日本城郭の高層建築は、漢城の住民たちに強い衝撃を与えたであろう。他の武将たちも漢城の南山山麓に陣所を設けた。秀吉の奉行として朝鮮に渡った石田三成などは明洞に陣所を置いていた。

　明の援軍として朝鮮に派遣された駱尚志は、1593年4月、日本軍撤収後の南山の陣所を見てその構造を称賛した。また、当時の朝鮮朝廷の最高位である領議政を務めた柳成龍もこの陣所を見て、日本軍は丘陵を利用して堅固に築城していると感想を述べている。この時期以降の日本軍は南海岸の各地に倭城を築城し、その攻防戦を通して朝鮮側は日本城郭の築城技術と防御力の強さを目の当たりにした。戦役終結後、朝鮮ではやがて日本の築城技術を北方の拠点城郭など

053

宇喜多秀家本陣跡に残る皇穹宇

に導入する方向に向かい、戦争を通して築城技術の伝播が起こったといわれている。

　ところで、天守まで造営された宇喜多秀家の本陣は、日本軍撤退後に明軍の提督李如松（りじょしょう）の本営となった。名称は南別宮と改称され、以後朝鮮王朝末期まで明や清の使節の接待所として使用された。ところが朝鮮王朝最後の国王高宗は、対清従属関係の象徴であった南別宮を廃止し、1897年に同所に天を祭祀する圜丘壇（ファングダン）（史跡第157号）を造営し大韓帝国皇帝の即位式を行った。

　植民地時代にはレンガ造りの近代的な朝鮮ホテルが建設され、日本による朝鮮の近代化を喧伝する場となった。現在この地はウェスティン朝鮮ホテルとなっているが、その庭園には圜丘壇の一部である神位を祭った八角形の皇穹宇（ファングンウ）がひっそりと残されている。

　また、日本軍の陣所が置かれた南山の山麓付近は、後に倭城洞と呼ばれるようになった。1882年の壬午軍乱後に日本公使館がソウル城内に設置されたが、その場所は文禄の役当時日本軍が布陣していた地であった。日露戦争後、大韓帝国を保護国化した日本は、公使館を韓国統監府に改め、韓国併合後は初期の朝鮮総督府が置かれた。近代には倭城台と呼ばれたこの台地には、後に日本の憲兵隊司令部や朝鮮総督の官邸も置かれ、朝鮮神宮、京城神社など日本の精神的なシンボルも建設された。植民地時に総督府によって南大門と東大門が保存されたのも、加藤清正が南大門から小西行長が東大門から漢城に入城し占領したという歴史的な由緒によるところが大きかった。

　現在は買い物客でにぎわう明洞やホテルなど観光施設が集まる南山の麓は、日韓の歴史を考える上でも重要な場所である。

Column

国立中央博物館

(クンニプ チュンアンパン・ムルグァン　국립중앙박물관)

ソウル特別市龍山区西氷庫路137　서울특별시 용산구 서빙고로 137

地下鉄4号線／中央線二村駅2番出口。

国立中央博物館

　国立中央博物館は、韓国の文化遺産を保存及び展示、教育を目的として建設された文化体育観光部傘下の施設である。1986年旧中央庁建物を改修して中央博物館として使用していたが2005年龍山に移転した。総面積30万7,000㎡の広大な敷地を持っている。

　国立中央博物館の常設展示場は総6棟の館と50の室で構成されている。1万5,000余点の遺物を展示している。

　1階には先史・古代館、中・近世館がある。先史・古代館は旧石器時代から渤海まで10展示室で構成され、南側展示空間は韓国の先史及び古代文化の重要

055

遺物を展示し、考古博物館の性格を表している。中・近世館は統一新羅、渤海、高麗、朝鮮時代室として企画し、北側展示空間は当時の歴史資料を見学者が簡単に理解と興味を感じられるように展示している。

　2階には寄贈館、書画館がある。寄贈館は個人所蔵品の寄贈を受け、人類の伝統文化宣揚に寄与した方々の高貴な志が含まれる展示空間である。書画館は、書芸、絵画、仏教絵画など線と色彩で表現された韓国伝統文化の美しさを鑑賞できる空間である。

　3階には亜細亜館、彫刻・工芸館がある。亜細亜館は中国、日本、中央アジアなどの文化財を展示し、隣国の文化理解と文化の多様性を体験することのできる所である。彫刻・工芸館は韓国仏教彫刻と高麗青磁と朝鮮白磁など陶磁工芸、そして金属工芸文化の真髄を鑑賞することができる展示空間である。京都の広隆寺と相似形の弥勒菩薩半跏思惟像(ミルクボサルバンガサユサン)など日本との交流を示す文物を多数見ることができ、十分な時間的余裕をもって見学されることをお勧めする。

見学の手引き

ソウル城郭見学コース

4つの大門(대문)と4つの小門(소문)を結んだソウル城郭道は、全部で18.6kmが、4つのコースに分かれている。トレッキング所要時間は全コースで約9時間30分という。

■コース1

　彰義門から恵化門までの西北～東北部。4.6km。約4時間の所要。
　彰義門へは、地下鉄3号線景福宮(327)駅で下車。マウル・バス(緑色)の0212・1020・7022番に乗車、紫霞門峠(지하문고개)バス停下車徒歩2分。
　順路：彰義門(北小門)→清渓川水源地→崔圭植銅像→イルカ休憩所→白岳マル→1.21事態(사태)松の木→青瓦台→曲墻→燭台岩→粛靖門(北大門)→馬岩案内所→臥龍公園→徽新高等学校・城郭跡→ソウル市長公邸→恵化門(東小門)

■コース2

恵化門(東小門)から光熙門(南小門)までの東北から東南部。5.0km。約3時間の所要。恵化門へは、地下鉄4号線恵化(420)駅で下車して1番出口。あるいは、地下鉄4号線漢城大入口(419)駅で下車して5番出口徒歩2分。

順路：恵化門→三軍府総武堂→駱山公園→駱山→東大門城郭公園→興仁之門(東大門)→五間水橋→二間水門→東大門歴史文化公園→光熙門(南小門)

■コース3

光熙門(南小門)から崇礼門(南大門)までの南東から南部。約4.0km。約4時間30分所要。奬忠体育館へは、地下鉄3号線東大入口(332)駅で下車5番出口の目の前にある。光熙門は、東大門市場の近くに建っている。

順路：光熙門→奬忠体育館→展望所→自由センター→国立中央劇場→ 南小門跡→Nソウルタワー→八角亭→南山烽燧臺→蚕頭峰フォトアイランド→朝鮮神宮跡→安重根義士記念館→白凡広場→崇礼門

■コース4

崇礼門(南大門)から彰義門(北小門)までの南から西北部。約5.0km。約4時間所要。崇礼門へは地下鉄4号線会賢(425)駅下車5番出口から徒歩約5分。

順路：崇礼門→南池跡→昭義門(西小門)→侍衛兵営跡→培材学堂→貞洞教会→貞洞劇場→梨花女子高→貞洞公園→旧ロシア公使館→敦義門跡→京橋荘→月岩近隣公園→洪蘭坡家屋→権慄将軍家跡→ Albert W. Taylorの家→ 展望所→国師堂→檀君聖殿→黄鶴亭→仁旺山→汽車岩→仁旺山道→八角亭→尹東柱詩人の丘：清雲公園→彰義門（見学の便をはかるため、旧字のままとした）

　三清(サムチョン)公園をスタートとしてマルバウィ案内所を経て粛靖門を目指した後、臥龍(ワリョン)公園に出るコースは全コースの3分の1であり、2時間程で回れるのでお勧めである。山道も多いため歩きやすい格好で行くのが望ましい。

　入山の際は案内所で申請が必要で、身分証明証、外国人はパスポートか外国人登録証、国内居所申告証が必要である。山内では飲食は可能であるが飲酒、喫煙は禁止されている。水などの準備が必要である。軍保護施設があり写真撮影は制限されている。天候が悪化した場合は入場が制限されることがある。

　ホームページ(www.bukak.or.kr　韓国語、日本語)などで確認するほうがよい。

ソウル見学コース

1. 百済のソウル時代の土城をめぐる

8号線江東区庁(812)駅4番出口→風納土城→夢村歴史館→夢村土城→コムマル(夢村)橋→平和の門→漢城百済博物館→8号線夢村土城(813)駅。2時間30分所要。

2. 朝鮮王朝の宮殿とソウルの中心地域をめぐる

❶景福宮・孝子洞コース：3号線慶福宮(327)駅5番出口・5号線光化門(533)駅5番出口→光化門→興礼門→勤政門→勤政殿→思政殿→慶会桜→康寧殿→交泰殿→慈慶殿→香遠亭→青瓦台前→青瓦台サランチェ。2時間所要。

❷昌慶宮コース：3号線安国(328)駅3番出口→昌慶宮入場券売り場前→昌慶宮弘化門→玉川橋→明政殿→賓陽門→景春殿→迎春軒→通明殿→咸陽門。2時間30分所要。

❸昌徳宮コース：3号線安国(328)駅3番出口→昌徳宮正門切符売り場前→昌徳宮熙政堂→楽善斎→仁政殿→旧璿源殿→敦化門。2時間30分所要。

3. 北村韓屋村コース

3号線安国(328)駅2番出口→北村1景→韓国美術博物館→北村2景→韓尚洙刺繡博物館→北村3景→嘉会博物館→北村4景→北村5景→北村6景→北村7景→北村生活史博物館→北村8景→宗親府(正読図書館)→尹潽善宅→3号線安国駅。3時間30分所要。

4. 朝鮮王陵コース

宣陵・奉恩寺コース：2号線宣陵(220)駅8番出口→宣陵→貞陵→(バスあるいは徒歩)→奉恩寺。2時間30分所要。

第2節　京畿道

世界遺産の華城、南漢山城を訪ねる

京畿道の概要

　京畿道は韓半島の西中央部にあり、東を江原道、西を黄海（西海）に面し、南を忠清北道・忠清南道、北は北朝鮮に接し、ソウル特別市と仁川広域市を取り囲むように広がる地域である。

　主要都市としては水原、龍仁、利川、果川、坡州などある。各都市は世界文化遺産の水原の華城、龍仁には朝鮮時代を再現した韓国民俗村、陶磁器で有名な利川など韓国文化探訪として見どころの多いエリアである。

　大型テーマパークとして、果川のソウルランド、龍仁のエバーランドなどがあり、観光スポットとしても最適な地域でもある。また、芸術家により形成された坡州のヘイリ文化芸術村、南北の唯一の接点である板門店などの見どころがある。

　京畿道は自然に恵まれ、とくに水運は漢江、臨津江、安城川などが黄海（西海）に流れ込み、京畿平野、延白平野、安白平野など肥沃な平野地帯を形成している。

　行政区としては朝鮮八道の京畿道からソウル特別市と仁川広域市、及び北朝鮮の統治範囲を除いた地域で、道庁は水原市にある。統一新羅時代に全国9州のうち、今の京畿地域は漢山州とされ、高麗の太祖王建が開城を首都とし、1018（顕宗9）年から当地域を「京畿」と呼ぶようになった。

国王の避難所、清の太宗ホンタイジとの激戦地

南漢山城 ユネスコ世界遺産
(ナマンサンソン　남한산성／史跡57号)

京畿道広州市中部面南漢山城路757　경기도 광주시 중부면 남한산성로757

地下鉄8号線南漢山城（822）駅2番出口下車、最寄りのバス停乗車、終点南漢山城下車20分。

大清皇帝功徳碑

南漢山城の城壁

　南漢山城は、新羅によって672（文武王12）年に築かれた土城（昼長城）が始まりとされている。現存する遺構は朝鮮王朝後期に後金の侵攻を防ぐために整備され、全長約11kmにわたって城壁が山頂を取り囲み城内には行宮(あんぐう)が設けられた。

　1636年ホンタイジは臣下の礼をとることを要求したが、朝鮮が拒否すると、清は10万の兵で朝鮮に攻め込んだ。朝鮮で丙子胡乱(ピョンジャホラン)と呼ぶ清の侵攻である。仁祖(インジョ)（16代）は約1万の兵と共に南漢山城に逃れ、攻め寄せる清軍との間で激戦が繰り広げられた。清は西洋の技術を導入した新兵器紅夷砲などの大砲で激しい砲撃を加え、朝鮮は45日間の籠城戦の末降伏した。仁祖は南漢山城を降り漢江の三田渡(サムジョンド)において、ホンタイジの前で三跪九叩頭(さんききゅうこうとう)の礼（3回ひざまずき、9回頭を地面にこすりつけ拝礼する）という屈辱的な降伏の儀式を強いられた。ホンタイジは

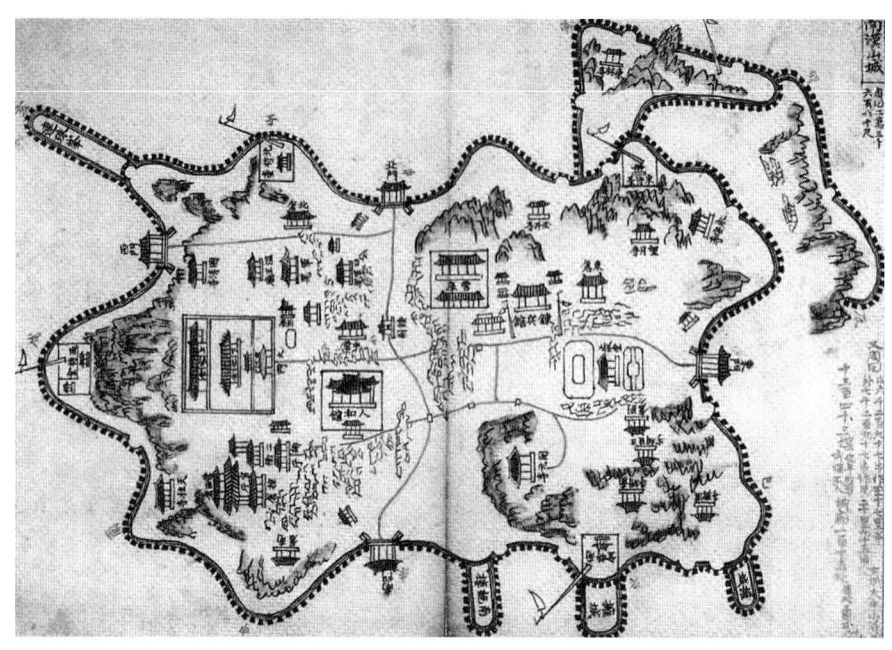

南漢山城古地図（作者未詳）

仁祖の降服を受け入れたことを、漢文、女真文字、モンゴル文字で記した「大清皇帝功徳碑(三田渡碑)」を三田渡に建立した。この碑は大韓帝国期に破壊され漢江に遺棄されたが、植民地期に発見され再度建立された(ソウル特別市松坡区蚕室洞47、国指定史跡101号)。

その後、南漢山城は仁祖によって防御力強化のために大々的な改修が実施されたが、その際に一部で日本の築城技術も導入された。韓国の城壁は一般に垂直に立ち上がるものが多いが、南漢山城は日本の城壁のように傾斜を有する構造になっている。また、大砲を利用した防御のため、他の城には見られない特殊な砲台である「甕城（おうじょう）」や「墩台（とんだい）」を設置した。戦時の指揮所となる2層形式の楼閣「守禦将台（しゅぎょしょうだい）」は現存する将台としては国内最大規模であり、甕城や墩台、復元整備が進められている行宮と共に見どころとなっている。

現在、東西南北に城門が残り、山頂を取り囲む城壁の上は歩いて回れる格好のハイキングコースとなっている。城内には食堂もあり四季を通して多くの市民でにぎわっている。2014年韓国11番目の世界遺産となった。

文禄役の激戦地
幸州山城
(ヘンジュサンソン　행주산성／国指定史跡 56 号)

京畿道高陽市徳陽区幸州路 15 番路 89　경기도 고양시 덕양구 행주로 15 번로 89

地下鉄３号線花井（316）駅下車、マウルバス利用して幸州山城入り口か正門で下車。

権慄忠荘祠

　幸州山城の歴史は三国時代にまで遡る。高麗時代の遺物なども出土していることから、その後も断続的に使用されている。この城の名前が知られているのは、文禄の役の激戦地としてである。

　この山城は朝鮮王朝の都であった漢城（現ソウル）から15kmの至近距離にあり、東から南にかけて漢江が取り巻く独立丘陵に築かれ、防御に適した場所であった。城の構造は周囲1kmほどの土城で、山頂を囲む規模の内城があり、その周囲を外城で囲む二重構造である。

　1592（文禄元・宣祖25）年、文禄の役が始まると日本軍はわずか2週間で漢城

063

幸州大捷碑

を占領した。1593（文禄2・宣祖26）年、全羅道観察使兼巡察使権慄（クォンユル）は、全羅道方面から4,000名の兵を引き連れて幸州山城に入った。これに対して日本軍は2月12日宇喜多秀家を総大将に、小西行長、黒田長政、吉川広家や石田三成、大谷吉継、増田長盛ら三奉行が3万余の軍勢を率いて漢城を出立し、幸州山城の攻略を開始した。

日本軍はいくつかの柵を破って城内に突入したが、権慄の率いる朝鮮軍は文字通り背水の陣で臨み、日本軍に激しく抵抗した。その結果、日本軍は総大将の宇喜多秀家をはじめ、小西行長、石田三成、吉川広家らの武将も負傷するほどの損害を出し、夕方には全軍が漢城に引き揚げた。

一方、朝鮮軍の被害も大きく幸州山城から撤退した。

この戦いは、韓国では文禄・慶長役の三大戦勝の一つ「幸州大捷」として広く知られている。この戦いには女性も参加し、前掛けに投石用の石を包んで運び兵士に協力したとされ、これに由来して前掛けのことを「幸州チマ（ヘンジュ）」と呼んでいる。

現在、山頂には「幸州大捷」の記念碑や権慄の銅像が建立され、当時の武器などを展示した資料館、土塁に沿った遊歩道なども設けられ史跡公園として整備されている。毎年3月14日には、幸州山城の戦いを再現した火砲の試射や権慄の祭祀など、当時の戦いを偲ぶことができる記念行事が実施されている。

朝鮮戦争休戦時に定められた軍事境界線の真上、南北兵士が対峙する緊張の現場

板門店

（パンムンジョム　판문점）

京畿道坡州市長湍面希望路287　경기도 파주시 장단면 희망로 287

ソウル駅・新村駅から京義中央線利用、都羅山駅下車。1時間30分。

　板門店は、大韓民国と朝鮮民主主義人民共和国の間に位置する朝鮮戦争（韓国戦争）停戦のための軍事境界線上にある村の名称である。

　1950年6月25日に勃発した戦争の停戦条約が1953年7月27日に朝鮮人民軍と国連軍との間で調印され、同年10月以降停戦を監視する「中立国監視委員会」と「軍事停戦委員会」の本会議場が設置され、停戦協定順守の監視を行っている。

　板門店の名は、現在の板門店南北共同警備区域より北側に入ったところにあった「ノル門里」という名の雑貨店のノルを「板」という意味と知った中国人民志願軍の兵士が「板門店」と書き、それが定着したといわれている。

　現在、南北双方から板門店を訪れることができる。韓国側から板門店を訪問するにはソウル発の外国人向けの板門店見学のツアーのみで、国連軍が招くゲストという名目でツアーに参加するしかない。行程は半日程度で国連公用語である英語の添乗員が同行する。韓国人は国家情報院への申請・承認が必要で、申請には住所地の警察署長の身元保証が必要など外国人より制限が厳しい。服装や写真撮影にも制限があり、ツアーの最後に立ち寄る「キャンプ・ボニファス」内の自由の村住民が経営する店でのみ記念品や土産品の購入が可能となっている。

米軍兵士が発見した韓国の代表的な旧石器遺跡

全谷里先史遺跡
（チョンゴリソンサユジョク　전곡리선사유적／史跡第268号）

京畿道漣川郡全谷邑ヤンヨン路1510　경기도 연천군 전곡읍 양연로 1510

京原線漢灘江駅下車後、徒歩10分。地下鉄1号線清凉里（124）駅で、京原線に乗り換え。バス、サラン洞三差路バス停下車（地下鉄1号線逍遙山（100）駅下車後、漣川または全谷方面の市内バスに乗り換え）。

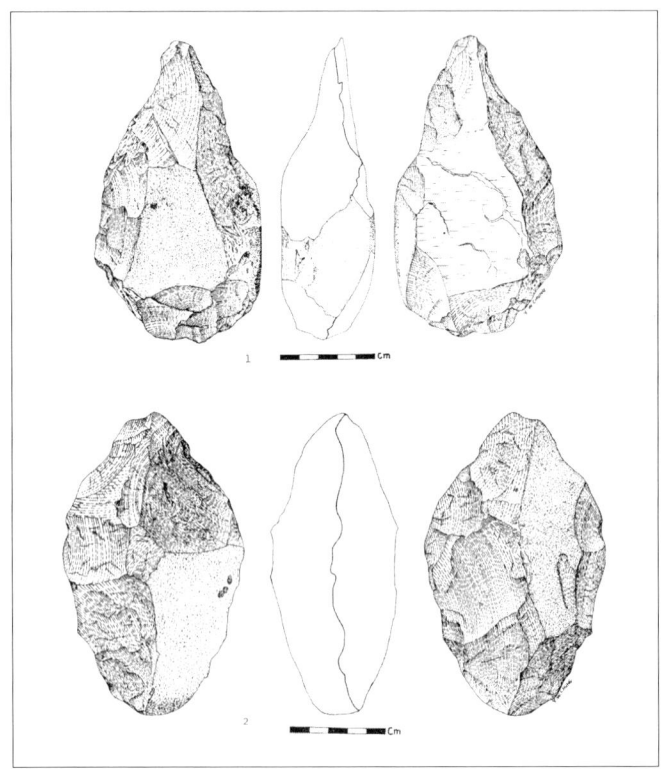

(鄭 1984)

　北緯38度線の京畿道漣川郡全谷里を流れる漢灘江右岸に位置する韓国の前・中期旧石器時代を代表する遺跡である。

　1978年に米国軍人が偶然採集した珪岩製石器が、金元龍（ソウル大）のもとに届けられた。金の弟子でフランス留学から帰国した鄭永和（嶺南大）は、それが

ヨーロッパ前期旧石器時代のアシュール文化のハンドアックスと共通する点に注目した。

1979年からソウル大が主体となって発掘調査を継続した結果、クリーパーや球形石器などの大型重量石器も発見された。当時は、アジアの前期旧石器がチョッパー主体であるというH.モビウス(ハーバード大)の学説が支配的であった。その型式学的認定と年代に関する論争に対して、金の弟子の裵基同(ペキドン)(漢陽大)と李鮮馥(イソンボク)(ソウル大)らは発掘調査を継続し、裵は基盤の玄武岩の生成年代である30万年に近い、李は5万年程度の年代観を示している。35年間に韓国全土で各種の大型重量石器が発見された成果に基づき、2011年に開館間もない全谷先史博物館で第2回世界ハンドアックス会議が開催され、アシュール文化の部分的要素が韓半島まで到達していたことが公認された。

高達寺跡

(コダルサジョク　고달사적／史跡第382号)

京畿道驪州市北内面上橋里411-1　경기도 여주시 북내면 상교리 411-1

京義中央線清凉里駅乗車楊東駅下車、西へ車で22分。

首都ソウルを貫く漢江の支流、南漢江上流域の北内面上橋里にあり、南東方向に流れる南漢江沿いに開けた驪州平野(ヨジュ)を囲む太白山脈・車嶺山脈・広州山脈中の慧目山の麓に立地している。

高達寺は764(新羅景徳王23)年に創建されたと伝えられ、高麗第4代光宗以後、国家が管掌した三大寺院の一つとして隆盛を誇ったが18世紀末には廃寺となった。

寺域内には石造文化財が数多く遺され、八角円筒形で台石には亀や龍などが彫刻された石塔である浮屠(ふと)(国宝第4号)がある。これをかつて葛城末治は円鑑大師塔(新羅末)と推定し、戦後、韓国の蘇在亀(ソジェグ)は高麗の高僧の墓塔である元宗大師慧真塔と推定している。これとは別に元宗大師慧真塔(宝物第7号)があり、双獅子石灯籠(宝物第282号)は国立中央博物館に展示されている。

975年に建てられた元宗の事跡を記した元宗大師慧真塔碑亀趺(きふ)及び螭首(ちしゅ)(宝物第6号)によれば、高達院あるいは高達禅院と呼ばれていた。近年の発掘調査により金堂の基礎が確認され、伽藍配置が判明しつつある。

江華島の史跡

仁川広域市江華郡江華邑　인천광역시 강화군 강화읍

ソウル地下鉄2号線「新村駅（240）」4番出口からアウトバック前の3000番のバスを利用。

江華支石墓群
（カンファコインドルグン　강화지석묘군）　**ユネスコ世界遺産**

仁川広域市江華郡河岾面江華大路994　인천광역시 강화군 하점면 강화대로 994

富近里支石墓

　江華島はソウルの北西方向約40kmの地にあり、ソウル南部を流れる漢江の河口に位置する。ソウルからは自動車で約2時間ほどで行ける。

　1875年この島の近くで測量を行った日本の軍艦雲揚が砲撃されたことを契機として、翌76年朝鮮の開国を定めた日朝修好条規(江華島条約)が結ばれた。

地勢的に交通の要衝の地であり、昔から防御施設などが築かれた。また、高麗時代(918〜1392年)には、一時都が置かれたこともある。各時代の遺構の中でも、ユネスコの世界文化遺産に高敞支石墓群(全羅北道)と和順支石墓群(全羅南道)と共に登録されている江華島支石墓群が注目される。支石墓はコインドルともいわれ、青銅器時代(BC1000年頃〜DC300年頃)に築かれた墓であり、同時に儀式用の祭壇とされている。大別すると、いくつかの石を箱状に立てその上に扁平な大きな石をのせた卓子式と、比較的小さな石の上に巨岩をのせた碁盤式の2形式があり、前者は漢江より北に、後者はその南に多く分布するとされる。江華島には、島北部の高麗山(標高436m)の稜線に沿い、卓子式を中心として約120基が確認されており、その一部が公園として整備され、江華歴史博物館では支石墓の築かれた先史時代以外の時代も扱われている。

甲串墩台
(カプゴットンテ　갑곶돈대／史跡第306号)

仁川広域市江華郡江華邑海岸洞路1366番キル18　인천광역시 강화군 강화읍 해안동로 1366 번길 18

江華ターミナルから永登浦行バスで5区間ほど行き、矯導所前で下車。徒歩約5分。

甲串墩台は1232年から1270年の間に都を江華島に移した後、1644年に設置された済物鎮(甲串鎮)に所属する墩台で1679年に造られた。1866年9月、丙寅洋擾(フランス艦隊が江華島を侵略した事件)にも関わる。墩台の中に展示されている大砲は朝鮮時代のもので、敵の船舶を砲撃したものである。墩台は1977年補修・復元が行われた。

広城堡
(クァンソンポ　광성보／史跡第227号)

仁川広域市江華郡仏恩面海岸東路466番キル27　인천광역시 강화군 불은면 해안동로 466 번길 27

地下鉄2号線新村駅4番出口直進、バス乗り場から3100番乗車(約1時間半)、草芝大橋下車、1番のバスに乗り換え広城堡まで約12分。

1618年に高麗時代の外城を補修し1656年に広城堡を設置した。この堡の墩台は1679年に築造されたもので、1745年に完全な石城に改築され

城門も造られた。広城堡は辛未洋擾(しんびようじょう)の激戦地である。1871年4月24日に米アジア艦隊司令長官ロジャースが艦隊を率い1,230人の兵力で侵攻し草芝鎮(チョジジン)と徳津鎮(トクチンジン)を占領した後、広城堡に迫り白兵戦を展開した。魚在淵(オジェヨン)将軍と全兵士は壮烈な最期を遂げた。

徳津鎮 南障砲台（江華郡観光パンフレットより）

Column

三別抄

（サムビョルチョ　삼별초）

　高麗王朝の武臣政権時代の軍事組織で、崔(チェ)氏の私兵軍団からモンゴル侵攻を機に王朝の正規軍に発展した。「別抄」とは精鋭部隊の意味で、地方の反乱鎮圧のために臨時的に組織される部隊であったが、崔氏政権時代に常備軍として拡充させ左別抄・右別抄の二部隊となり、その後モンゴル帝国の侵攻により捕縛された兵のうちで脱出してきた神義軍を加えて三部隊（三別抄）となった。

　高麗とモンゴルとの関係は当初同盟国として対等な関係を目指したが、強勢となったモンゴルが高麗を属国として朝貢を要求し関係が悪化した。モンゴルの高麗侵攻が始まると高麗の正規軍がことごとく撃破され、政権を握っていた崔氏は私兵軍団の三別抄を正規軍としてモンゴルに対抗した。崔氏政権が打倒されて親モンゴル政権が樹立され三別抄は反乱軍とされて、最後は済州島に落ちのびるが鎮圧される（三別抄の乱）。三別抄の乱が、モンゴルの日本侵攻（元寇）に影響を及ぼしたとする論考もある。

伝灯寺

(チョンドゥンサ　전등사)

仁川広域市江華郡吉祥面伝灯寺路37-41　　인천광역시 강화군 길상면 전등사로 37-41

地下鉄2号線新村（240）駅4番出口付近のバス江華ターミナル行きで1時間35分、温水里下車後徒歩15分。同停留所から郡内の1番や2番のバスで2つ目の伝灯寺後門下車8分。

　江華島南部の山号 鼎足山(チョンジョッサン)の山麓に建つ韓国最古級の名刹である。正式名は傳燈寺、韓国仏教の最大宗派である曹渓宗の末寺である。

　381（高句麗 小獣林王11）年に阿道和尚が真宗寺を建てたのが伝灯寺の始まりとされているが、『三国史記』や『三国遺事』には記載されていない。朝鮮半島への仏教伝来は372（小獣林王2）年であり、伝承が正しければ朝鮮半島最古級の寺院ということになる。

　1232（高麗高宗19）年からモンゴルの侵攻を受け高麗は江華島に王宮を移した。王室はモンゴルの退散を祈願して、高麗八万大蔵経の版木をこの寺で作らせた（現海印寺(ヘインサ)所蔵）。後に元の臣下となった忠烈王(チュンニョルワン)（25代）は王妃貞和宮主(チョンファグンジュ)（貞和府主）を離別し元の皇女を后とした。この貞和府主が玉製の燭台を寺に寄進したことにより、真宗寺から伝灯寺に改名されという。粛宗（朝鮮王19代）の時代には『朝鮮王朝実録』を伝灯寺に保管した。1726年に英祖（21代）が伝灯寺を直接訪問し扁額を下賜している。

　寺の東門近くに洋擾戦捷碑がある。これは1866年に江華島に進駐したフランス軍を撃破した梁憲洙(ヤンホンス)将軍の戦捷碑（市道有形文化財第26号）である。境内を少し入ると経典を入れた棚を回す転輪蔵がある。大雄殿（宝物第178号）は裸婦像で知られ、男女の恨み言についての伝説がある。薬師殿（宝物第179号）は建物の中の彫刻が美しく、天井は格子状でその周りは豪華な彫刻と彩色を加え、蓮の花や飛天が彫られている。寺の庭には中国宋国の梵鐘（宝物第393号）がある。日本統治時代に金属供出で寺外に持ち出されたこともある。また三聖閣(サムソンガク)は本来中国の道教と仏教が韓国で融合した過程を物語るとされる。

　伝灯寺は境内とその周囲は桜やレンギョウが美しく、また海が見下ろせる景色は壮観で、ここの日の出は全国的に有名である。お釈迦様の誕生日である旧暦の4月8日が近づくと境内に提灯が飾られる。四季の変化と歴史的な建築物との調和が楽しめる、心落ち着く空間となる。

朝鮮王朝の陵墓　ユネスコ世界遺産

　朝鮮王陵は、朝鮮王朝518年27代にわたった王と王妃の陵40基（北朝鮮所在2基除外）が18ヵ所に散在している。王陵は自然景観が優れた場所にあり、一般的に南側に水があり背後に丘が接して北風をとどめる背山臨水の地勢である。王陵には埋葬地だけでなく儀礼を行う場所と出入門もある。封墳だけでなく丁字閣（祭祀の場所）、碑刻、王室厨房、守護軍の家、紅箭門、墓守の家など必須な付属建物がある。王陵周辺は多様な人物と動物を彫刻した石造物で装飾されている。朝鮮王陵は5千年にわたった朝鮮半島王室墓建築の完成の姿でもある。

　2009年スペイン・セビリアで開かれた第33次世界遺産委員会でユネスコ世界遺産に登録された。審査報告書で「朝鮮王陵は、固有の伝統的自然観と厳格な儒教礼法によって造営され、個々の陵が完全性を備え、その原形が現在もよく保存されているし、祭礼儀式が今でも悠久に繋がっている点は、古今東西を見ても非常に独特であり、また朝鮮王陵だけが持っている文化的独創性をよく表しているために世界遺産に登録するのに遜色がない」と評価された。

九里 東九陵
（クリトングヌン　구리 동구릉／史跡第193号）

京畿道九里市東九陵路197（仁昌洞〈インチャンドン〉）　경기도 구리시 동구릉로 197（인창동）

京義中央線九里駅下車、駅から車で約5分。

東九陵 建元陵 全景

　朝鮮を建国した太祖の陵として使われはじめてから家族墓となった王陵群である。東九陵とは都城の東方にある9個の墓という意味で、墓が造られるたびに東五陵・東七陵と呼んだが、1855（哲宗〈チョルチョン〉6）年に綏陵〈スヌン〉が移された以後東九

陵に定まった。

　400余年にかけ王陵の地として落ち着いたのは、東九陵の地勢が風水地理説によ る明堂(ミョンダン)であることを物語っている。

　東九陵には初代太祖の建元陵(ユウォンヌン)を中心として5代文宗と顕徳王后の顕陵、14代宣祖と懿仁王后・継妃仁穆王后の穆陵(モンヌン)、16代仁祖の継妃荘烈王后の徽陵(フィルン)、18代顕宗と明聖王后の崇陵(スンヌン)、20代景宗の妃端懿王后の恵陵(ヒェルン)、21代英祖と継妃貞純王后の元陵、追尊文祖大王と神貞王后の綏陵(スルン)、24代憲宗と孝顕王后・継妃孝定王后の景陵(キョンヌン)など9基の陵がある。

　太祖の墓、建元陵は高麗恭愍王と魯国公主の玄正陵(ヒョンジョンヌン)を基本として造り、朝鮮王朝最初の王陵として以後王陵の模範となった。面積1,969,675㎡、東京ドーム約40個分に相当する広大な敷地である。

南楊州 洪陵と裕陵

（ナミャンジュ　ホンヌンとユヌン　남양주 홍릉 . 유릉／史跡第207号）

京畿道南楊州市洪裕陵路352-1（金谷洞(クムコクドン)）　경기도 남양주시 홍유릉로 352-1（금곡동）

京春線金谷駅徒歩15分。金谷駅バス乗車5分。清涼里駅前から一般バスで40分。

　洪陵は高宗と明成(ミョンソ)皇后の陵である。明成皇后は乙未(いつし)事変の時に日本人によって殺害された悲運の王妃である。

　明成皇后陵は初め清涼里にあったが、風水地理上不吉とされ、高宗の陵に合葬された。

　1897（光武元）年大韓帝国宣布で洪陵は、いままでの陵墓制度と違い明の太祖孝陵の陵墓制度をまねて造られた。裕陵は純宗と純明孝皇后、継妃純貞孝皇后の陵である。一つの峰に3基の房を造った同峰三室陵である。

　洪陵と裕陵は、高宗を皇帝と称するた

洪裕陵 裕陵 全景

めに帝陵としての形を調え、石像の規模も種類も変わり、寝殿等も変わった。2基の墓を一つにまとめるために外廓に垣根をめぐらし、陵の中間の前方に石で造った池を配置した。

073

英陵・寧陵
（ヨンヌン・ニョヌン　영릉・녕릉）

京畿道驪州郡陵西面旺垈里山83-1　경기도 여주군 능서면 왕대리산 83-1

ソウルから車で約1時間30分。高速バス、カンナム高速バスターミナルより驪州バスターミナル行き乗車、約1時間10分、驪州バスターミナルから車で約15分。東ソウルターミナルより驪州バスターミナル行き乗車1時間30分。驪州バスターミナルから「世宗大王陵」行きバス（1日3本）。驪州邑から内陽里行き市内バス乗車約10分、車で約5分。

　英陵・寧陵は驪州市に位置し近くには朝鮮王朝末期に生きた閔妃（明成皇后）の生家や陶器の里、韓国の米どころ利川などがある。世宗大王と昭憲王后の合葬墓を英陵といい、孝宗と仁宣王后陵を寧陵という。2つ合わせて英寧陵とも呼ばれている。

　世宗大王はハングル（訓民正音）の制定で有名で、人々が必要とする道具を多数造り出した。儒教の理想とする王道政治を展開し朝鮮の王でもっとも優れた君主とされている。また孝宗は長く人質として清に滞在し、王位についてからは北伐の計画を強力に推し進めた王として知られている。陵の中は木々が生い茂り、なだらかな坂道を登っていく途中には小川が流れている。

　英陵と寧陵の入り口は別になっているが陵内には2つの陵を結ぶ歩道がある。

毎年5月15日から10月31日の朝9時から夕方17時まで開放されている。

　英陵の周囲には石の欄干をめぐらし、長明灯や石造の虎や羊、馬などが配置され陵を守護している。陵域の中には世宗大王に関係した遺物と資料が展示され、世宗殿、世宗大王像、丁字閣などがあり、陵の入り口（左側）には自撃漏（水時計）、観天台、簡儀台、測雨器などの科学器具が復元展示されている。

　英陵は封墳の中に王と王妃の二人分の墓室が設けられる「同封異室合葬陵」で朝鮮王陵初の合葬陵である。元々世宗の陵墓は、献陵（太宗の陵墓）に合葬されていたが、1469年京畿道驪州へ改葬し、世宗と昭憲王后の合葬陵として造営された。同封異室合葬陵のため封墳の前の魂遊石（陵の主人の魂が戻ってきた時に遊ぶ場所）は2つある。

韓国民俗村
（ハングクミンソクチョン　한국민속촌）

京畿道龍仁市器興区民俗村路 90　경기도 용인시 기흥구 민속촌로 90

ソウル地下鉄 1 号線水原駅 5 番出口を出て 10-5 番、37 番バス乗車、韓国民俗村下車 30 分所要。ソウル地下鉄 2 号線江南（222）駅 10 番出口を出て約 250m 直進、CGV の向かい側にある 5001-1 番・1560 番バス停留所乗車、韓国民俗村下車。

　1974年に開園した野外民俗博物館兼テーマパークで、約100万㎡の谷間に朝鮮王朝末期の伝統家屋270棟余りを移転・復元している。

　全国から典型的な建物を集めた「民俗景観区域」、文化遺産と民俗資料を展示する「博物館区域」、伝統食品、工芸品などの実演を見ることのできる「市場・工房通り」などで構成されている。農家、民家、役所、書院、漢方薬房、書堂、鍛冶屋、市場通り、両班（ヤンバン）の家などを通じて、朝鮮時代の人々の生活様式や伝統文化を見学・体験できる。中央の広場では綱渡り、農楽、馬上武芸、伝統婚礼式など様々な実演が毎日行われている。民俗村内には市場飲食店、工芸品店、伝統工芸品の工房が立ち並び、ビビンバなど約30種類の韓国料理を味わったり、工芸品を購入することもできる。「チャングムの誓い」「太陽を抱く月」など朝鮮時代を扱った有名ドラマのロケ地としても知られている。

正祖の理想都市・韓国歴史ドラマ「大長今」「イ・サン」で有名
水原華城　ユネスコ世界遺産
（スウォンファソン　수원화성）

京畿道水原市八達区正祖路 825　경기도 수원시 팔달구 정조로 825

ソウル地下鉄 2 号線新道林（シンドリム）駅乗り換え、国鉄 1 号線水原行き乗車、水原駅下車。駅前バス停から八達門（パルタルムン）（234）方面行きのバスに乗り、八達門下車。所要時間約 10 分。

　華城は朝鮮王朝第22代正祖（チョンジョ）が築城した城で、総理大臣蔡濟恭（チェジェゴン）の総括の下、趙心泰（チョシムテ）の指揮で丁若鏞（チョンヤギョン）が担当。1794年1月に着工し1796年9月に完工した。西洋の軍事施設理論を活用した防衛的機能や近代的な構造をもつ建築物で、築城

水原八達門

に挙重機、ロクロなどの新機材を考案・使用した。築造に石材とレンガが併用され10年はかかると見られていた計画都市を3年足らずで築き上げた。

朝鮮戦争などで損壊したが、1975年から築城当時の記録である「華城城役儀軌」を基に補修・復元を始めた。築城時に48あった建物のうち41が復元されている。1997年ユネスコから世界文化遺産として登録され今もその復元作業は続いている。

華城行宮(ファソンヘングン)は正祖が顕隆園(ヒョルリュンウォン)(父思悼世子(サドセジャ)の墓)に参拝する行幸の臨時宿泊所で府使が執務する官衙としても活用されていた。正祖の計画都市であり、一時は華城への遷都も検討されたが、華城完成直後に正祖が死亡したため遷都は見送られた。

城壁の全長は5.7km程で城壁に沿い東の蒼龍門・西の華西門(ファソムン)・南の八達門(パルダルムン)・北の長安門の4大門、砲台、櫓、楼閣など41の建造物が現存している。

南門の八達門(宝物第402号)は積石の広いアーチ型の門でその上に二層楼閣が立てられている。楼の周囲四方には低い塀を築き、外側には半月型の甕城(おうじょう)(城門を守るための小さな城)、左右には飛び出した敵台などの施設が設置されている。ソウルが北に当たるため長安門が正門となる。

長安門の東側を流れる光教川が城壁と交わるところに、7個のアーチ状の水門を造りその上に城門風の建物があり華西門と呼ばれている。華虹門(ファホンムン)(宝物第403号)は東の蒼龍門とほぼ同じ規模と構造でアーチ型の積石の上に建てられ、門の正面にはレンガで築かれた半月型の甕城を設けている。東北角楼・訪花随柳亭(パンファスリュジョン)(宝物第1709号)は水原華城周辺の監視す

水原華虹門

るための楼であるが、景観も楽しむ東屋の機能も果たしていた。独特な平面と屋根の形は見る場所により異なる姿を見せている。

　華城行宮は華城の中心にあった王の行宮で、もっとも規模が大きく、美しいといわれていた。日本統治時代にほとんどの施設が壊されたが、復元され2003年から一般公開されている。「チャングムの誓い」などの映画のロケ地としても知られている。

　水原華城広報館は八達門から城内に入り華城行宮の前にあり、華城に関する資料・映像、展示があり華城の理解を深めることができる。

　華城の見学は、歩いて回るには八達門からスタートして水原城を一周してまた八達門まで一周すると約2時間半かかる。ハイキングのつもりで準備して取り組むのがよい。足に自信がない人は華城を巡る列車を利用することもできる。華城の西部と東部に1ヵ所ずつ華城列車の乗降場があり、これを利用して水原華城の全体を見学できる。

見学の手引き

水原華城コース

バスで、地下鉄2号線江南（222）駅7番出口。地下鉄新盆唐線は6番出口、ダンキンドーナツ店近くのバス停移動。3,000番の赤い座席バス乗車。1時間10分所要。八達門下車。帰りは八達門から3,000番の座席バスに乗って江南へ。
地下鉄では地下鉄1号線水原（P155）駅4番出口から水原観光案内所前へ。

❶水原華城コース：水原駅観光案内所→解憂斎（トイレ博物館）→華西門経由→華城行宮→長安門経由→華虹門（訪花隨柳亭）→錬武台→水原華城博物館→水原駅観光案内所。

❷華城・烏山市連携コース：水原駅観光案内所→華西門経由→長安門経由→華虹門（訪花隨柳亭）→華城行宮→錬武台→隆陵・健陵→龍珠寺→京畿道立ムルヒャンギ樹木園→水原駅観光案内所。

077

第3節　韓国の伝統食と陶磁

韓国の伝統食

医食同源

　医食同源とは、バランスのとれた食事をとることで病気を予防し治療しようとする考え方である。中国の薬食同源から薬を医に変え医食同源と造語したもので、広辞苑第四版から収載されている。1990年前後には日本でも一般的に使われるようになり、健康ブームなどにより東アジアで広く受け入れられてきた。

　「薬食同源」とは、薬と食べ物の源が同じならば、それぞれの食物にもそれぞれの効能ありとする考え方から薬膳料理が作られた。また、「五味五性」という考え方もあり、5つの味(酸・苦・甘・辛・鹹(かん))が五臓を補い、5つの性質(熱・温・寒・涼・平)が身体を調節するとした。

　韓国の食文化の特徴はまさにそれを体現している。さらに心身一如と陰陽五行説が韓国料理の核心を成している。「心身一如」とは、体と心は一つであり、食事はたんに栄養を補うのではなく薬であると考えて食べた。そのため、体によいとされる山菜、薬草、韓薬材などは韓国料理によく使用されている。

　人の身体は陰陽五行(宇宙の陰と陽の気運と、宇宙万物を成す5つの元素)が調和してはじめて健康であるとした。そのため伝統的な韓食には緑、赤、黄、白、黒の5色の料理と薬味が用意され、食の視覚的効果と栄養面での均衡が配慮されている。さらに五法(焼く・煮る・蒸す・炒める・生)をバランスよく献立に取り入れている。これを体現しているのが宮廷料理である。

　朝鮮王朝の宮廷料理は高麗時代の首都開城の伝統料理をもとに、李成桂による遷都と共に漢陽に調理法が伝わり宮廷料理人により受け継がれてきた。王の食卓を意味する水刺床(スラサン)、宮中の台所を指す水刺間(スラッカン)という言葉は、蒙古より伝わったといわれている。韓食の基本はご飯、汁物、ナムルである。朝鮮時代には基本の料理を除いたおかずの数により、三楪飯床(サムチョプパプサン)、五楪飯床(オチョプ)、七楪飯床(チルチョプ)、九楪飯床(クチョプ)と言い、王が食べる水刺床(スラサン)は十二楪飯床(シビチョプ)から成っていた。(楪:小皿を数える単位。飯床:日常的な食膳)

　王は一日5回に分けて食事をとっていた。豪華な料理が並ぶのは朝10時と夕方5時の2回で基本の白飯・赤飯、スープ2種とキムチ3種、肉、野菜、海産物など12種類のおかずが並んだ。現在の宮廷料理(重要無形文化財第38号)は王の食卓を再現した彩り豊かな「五味五食」の料理である。国賓晩餐会に出される神仙炉(シンソルロ)(一人用鍋に五彩の食材を盛りつけた)、九節板(クジョルパン)(9つに仕切られた器の野菜と肉

を小麦粉の薄焼きで包む)、デザートの煎油花など繊細な料理が知られている。

韓定食は宮廷料理を現代風にアレンジした数十種類の料理からなり、地方の郷土料理、精進料理などがある。前菜、メイン、副菜、食事、デザートと続くコース形式で提供されることが多い。上品で淡白な味わいである。初めにアワビやエビ、カルビなどの焼き物や蒸し物が副菜と共に供される。神仙炉、九節板、蕩平菜(タンピョンチェ)(寒天とナムルの和え物)、冷菜(ネンチェ)(野菜・海鮮の冷たい和え物)、副菜にはチヂミやチャプチェ、天ぷらなどがある。次に汁物とご飯がキムチやナムルなどが登場する。最後に菓子や果物、伝統茶が出される。

また、韓国の料理には薬材として著名な朝鮮人参を使った参鶏湯などは日本でもよく知られている。まさに医食同源を体現している。

韓国の酒とお茶は健康志向を如実に示している。韓国の伝統酒は濁酒と清酒(薬酒)、焼酎が代表的である。米や小麦、栗などを麹で発酵させた濁酒が古く、濁酒をろ過して清酒(薬酒)が作られ、これを蒸留して焼酎が作られた。

濁酒はマッコリと呼ばれ、白く濁り度数が6〜7度と低く、農作業の時に飲んだため農酒とも呼ばれている。米粒がそのまま残るドンドンジュもある。肌によいという効能がいわれている。もちろん飲み過ぎは論外である。チャムサリ濁酒、麹醇堂米マッコリ、ソウル濁酒、長寿生マッコリなどが各地域で作られている。清酒は濁酒をろ過したもので、酒甕の中に竹筒の用水(酒のろ過用具)をはめ込み、その中に清酒を溜めたものである。清酒は韓国で高級酒とされ、主に伝統的な祝日や特別な人へのお土産として使われている。

代表的な清酒は慶州市校洞の崔氏(チシ)家門が300年以上代々作ってきた慶州校洞法酒(重要無形文化財第86-3号)である。もち米で醸し17度程度で透き通った黄色をしている。

韓山素穀酒(忠南無形文化財第3号)は忠清南道舒川郡韓山で生産され、百済王室で飲まれた酒とされ、甘さと香りに優れ、黄色で野菊の香りがし18度である。血をきれいにし末梢血管を拡張する薬用効能があるとされる。

焼酎は米や穀類を発酵させ、それを蒸留した度数が高く、韓国では焼酒(ソジュ)と表現されている。伝統酒は一般の酒屋では見られず多少高い。焼酎は希釈式焼酎でソウルを基準にチャミスル、チョウムチョロムなどが代表的である。当初30度であったが最近では20度以下のものが多い。

江原道のグリーン、釜山のシウォン、済州島のハルラサンなど地域ごとの焼酎がある。

伝統焼酎の安東焼酎(慶尚北道無形文化財第12号)は安東地方の名家で継承されてきた酒で、高麗時代から接待・薬用として愛用されてきた。

米や麦など5種類の穀物を発酵させ、

これを釜に入れて1日蒸留する。度数は45度と高く、民間療法として腹痛の時に飲み、毒虫に刺されたところに塗るなど薬用としても使われてきた。

全州梨姜酒は高宗時代、国家を代表する酒として有名であった。白米を原料に酒を醸す時全州栽培のウコンを使用し、焼酎に梨や生姜、桂皮、蜂蜜を入れて長期間熟成させる。度数は22〜25度で、色は薄い黄色を帯び香りが強く、味はすっきりしている。二日酔いがないという。

その他に平安道地方に始まるヤマナシ酒(重要無形文化財第86号)。小麦・栗・トウモロコシを原料とし、ヤマナシの実の香りがし、度数は40度を超える。

珍島紅酒(チンドホンジュ)(全羅南道無形文化財第26号)は高麗時代から伝えられ珍島に残っている伝統酒である。蒸した精麦に麹を入れて熟成させた後、芝草をくぐらせた紅色の酒である。発酵と蒸留そして芝草の湧出過程を経る独特な方法で製造される。度数は40度を超えるが、味がまろやかでかすかな香りがする。紅酒には抗糖尿の効能があり、薬材としての利用価値が高い。その他に高敞覆盆子酒、雪中梅、梅花水などの果実酒がある。

いずれの酒も薬効があるとされ、まさに薬食同源、医食同源である。

韓国のお茶

韓国の茶は、三国時代末期に中国から仏教文化と共にお茶の木が導入され、お茶を飲むようになった。朝鮮時代には仏教の衰退とともに茶文化は衰えはじめ、代わりにシッケ(甘酒)、水正果(スジョングァ)(桂皮と生姜を煮た汁に砂糖や蜂蜜を加え冷ましたもの)などの飲み物が発達した。

韓国のお茶文化は1960年代に復興、その後量的に増加し、中国や日本の影響も受け、現在はさまざまな伝統茶が親しまれている。

韓国の伝統茶は緑茶類をはじめ、韓薬材、果物・種、穀物類を利用したお茶がある。

韓薬材を利用したお茶としては高麗人参茶(インサムチャ)が著名でその効能は説明するまでもない。

生姜茶(センガンチャ)は薄く切った生姜に水を加えて30分ほど煮て砂糖や蜂蜜を加えて飲むこともある。また他の薬材(高麗人参、棗(なつめ)、梨、桂皮)なども一緒に煮込むこともある。消化不良、吐き気の改善、血液循環の促進、解熱作用もあり、風邪にも効く。

菊花茶(ククファチャ)は乾燥させた甘菊の花びらで作るお茶。お茶碗に菊の花を一緒に浮かべて飲む。頭痛や目の疲労、肝臓によく疲労回復、二日酔い解消、血圧を下げるとされている。

双和茶(サンファチャ)は風邪や呼吸器疾患に効く漢方の飲み物である。白芍薬、黄花黄耆の根、当帰、熟地黄、桂皮、天草、生姜、棗などが含まれている。香りも独特で苦みを伴うため砂糖などを加えて飲む。

果物や種を利用したお茶は多くの種類がある。

棗茶(テチュチャ)は棗を水飴のように煮て、蜂蜜を混ぜ熱いお湯を注いで飲む。神経衰弱、

貧血性、食欲不振、無気力、冷え性などに効果があるといわれている。

柚子茶(ユジャチャ)は柚子を使って作られビタミンたっぷりで、美肌や風邪の予防によいといわれている。

五味子茶(オミジャチャ)は干した五味子(オミジャ)の実で作るお茶で、名前の通り五味を持ち強壮剤として知られ、肺を保護し痰や咳をおさえる効果があるとされている。

木瓜茶(モグァチャ)はカリンの皮をむき、果実を同量の砂糖につけて作る。熱い湯を注いで飲む。脚気治療、食もたれ、吐き気、気管支炎、肺結核などの改善にも効果があるという。

梅茶(メシルチャ)は青梅を漬けて作る。梅の実は有機酸のほか、カルシウム、リン、カリウムなどの無機質、カロチンも含み、疲労回復によく、さらに解毒、殺菌作用があり食中毒を防ぎ、消化を促進させる効果もある。

穀物類を利用したお茶には鳩麦茶(ユルムチャ)や麦茶(ポリチャ)がある。

韓国でお茶と呼ばれるものは日本でもおなじみの緑茶や麦茶もあるが、ちょっと違うものがいっぱいある。それらのお茶はいずれも、例えばのどによい、風邪に効く、疲労回復によいなど健康志向で飲まれることが多い。

食べ物、酒、飲み物がすべて薬・サプリメント的な扱いである。まさに医食同源の世界である。

韓国の陶磁

韓国陶磁の変遷

朝鮮半島で初めて土器が作られたのは櫛目文土器(くしめもんどき)時代または櫛文土器(せつもんどき)時代（B.C.8000〜1500年）と呼ばれる時代からで、ユーラシア北部一帯に広まった櫛目文土器(Comb ceramic)の影響を受けたと考えられる。

新石器時代にあたり、前期から中期には櫛歯状文様を土器に描くのが特徴で、日本の縄文時代前期曽畑式土器と平行する。農業は小規模で狩猟、採集が中心であった。

1969〜71年にかけて釜山市東三洞貝塚で櫛目文土器の層の下から、尖底・円底無文土器や平底隆線文土器などが発見された。櫛目文土器とは異なる特徴を持ち、その層位や伴出石器などから櫛目文土器より古いと考えられ、放射性炭素年代測定でB.C.4000年紀を示し、櫛目文土器より大幅に時代を遡ることとなった。これらは先櫛目文土器と名づけられ、東三洞のほか、慶尚南道新岩里や北朝鮮の咸鏡北道西浦項貝塚などからも発見され、最古の土器文化が広い地域に分布していたと推測される。また、その

中に豆粒文土器があり、長崎県泉福寺洞穴や福井洞穴などから発見された日本最古の豆粒文土器と類似している。日本と朝鮮半島の交流の歴史を知る手がかりである。

次は無文土器時代(B.C.1500〜A.D.300年頃)で、1930年藤田亮策によって名づけられた。

スカンジナビア半島に端を発し、ウラル山脈を越えてシベリア一帯に広がった文化と繋がりをもつものである。無文土器の遺跡からは中国龍山文化の影響を受けた黒色研磨土器と丹塗研磨土器が出土する。

この時代は北方起源の大規模農耕が行われ、社会階級が生じた箕子朝鮮・衛氏朝鮮の時期と考えられる。

日本の弥生時代に対応し北部九州と朝鮮半島南部は共通する文化要素が見られる。B.C.8世紀ごろから青銅器が普及し、巨大な支石墓が造られるのが特徴で、南部では石槨墓や甕棺墓が出現する。

原三国時代(紀元前後〜3世紀の末)は土器から陶質土器への転換期である。叩き目による縄蓆文や格子文などで器形を整え、高火度焼成の硬質土器が作られる。登窯やロクロが使用され新羅土器の先駆ともなっている。

三国時代(4世紀〜7世紀後半)は北に高句麗、南に新羅と百済の三国が鼎立し、6世紀前半まで洛東江流域に存続した伽耶が加わる。土器は軟質灰青土器と硬質灰青土器の2種類に大別され、これらを主流とし各国が特色ある陶器を発達させた。

高句麗は漢式土器の影響を強く受けた灰青軟質土器であり、黒色研磨土器も見られ彩陶もわずかに生産された。高句麗陶器は黄釉陶の生産が際立ち四耳壺が多い。

百済は都を漢城から公州さらに扶余に遷都した。主流は硬質灰青土器であり陶質土器の伝統を受け継ぐものである。他に軟質赤褐色土器と、黒色研磨土器も生産された。陶器は7世紀ごろに緑釉陶の生産が始まる。

百済古墳からは中国・越州窯青磁が発見されている。宋山里武寧王陵からの広口六耳壺・盤口長頸四耳壺・灯盞などがあり、中国南朝との交流があった。

古新羅は慶州地方、伽耶は洛東江流域を中心に発達し、その土器生産は共通するところが多く高句麗土器、百済土器とは異なる。これらの地方では軟質赤色土器が普遍的に見られ、同時に硬質灰青土器も大量に作られる。器形、文様共に多様化し、精巧で土偶、異形土器の鴨、騎馬人物、車輪などの古代土器のなかでも独特である。日本の須恵器生産もその影響下で成立する。

統一新羅時代(668〜935年)とは新羅が伽耶を合わせ百済、高句麗を併合し半島を統一し、敬順王が高麗に降伏するまでの約270年間をいう。唐文化の影響を受け仏教へ傾斜した時代で、8世紀には仏国寺や石窟庵に代表される仏教の全盛期を迎えた。陶磁器も仏教の影響を

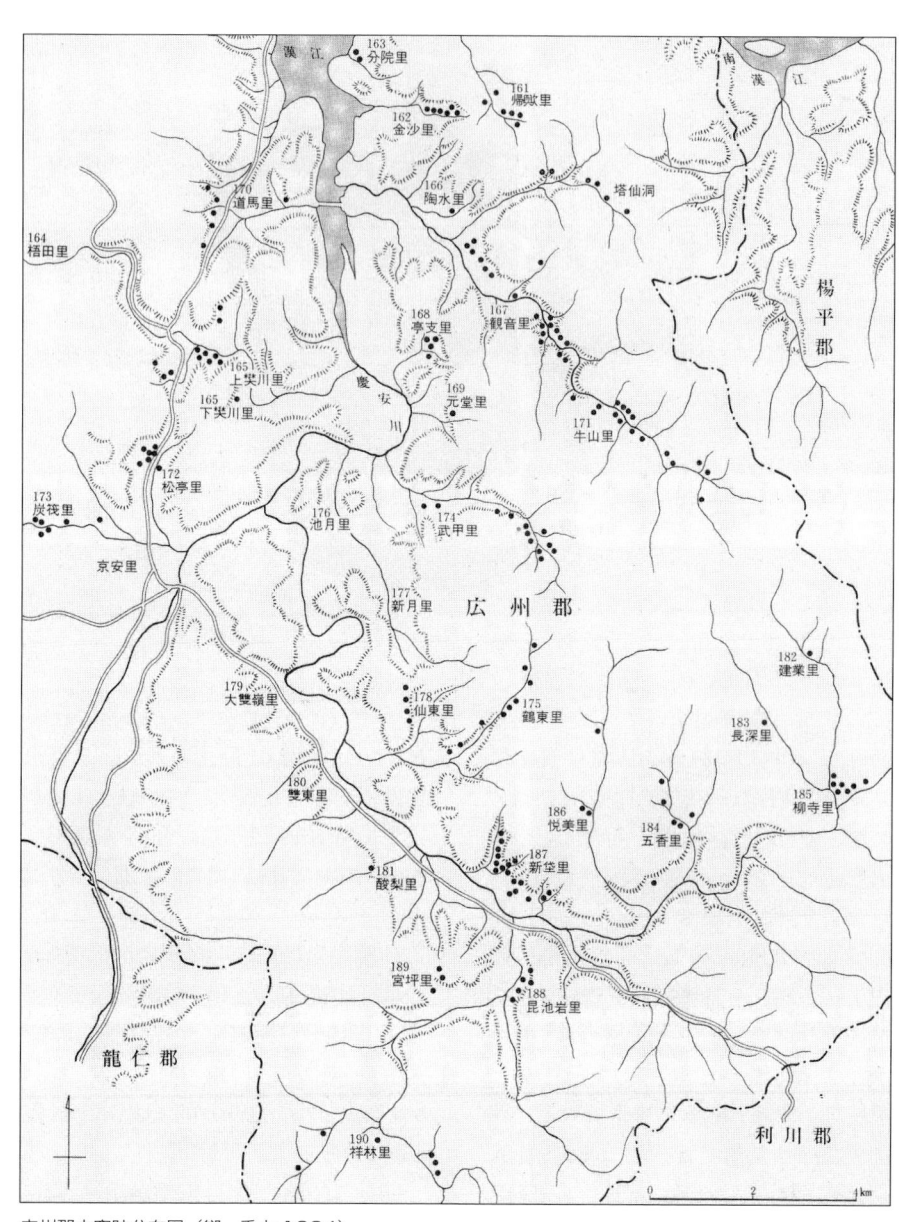

広州郡内窯跡分布図（鄭・香木 1984）

青磁 彫刻魚龍注子　国宝第61号（呉 2012）

受け、火葬骨壺は無釉の灰青硬質土器で表面に多様な印花文を押捺し、独特の装飾を施した。黄褐釉や黄緑釉などの低火度鉛釉をかけた骨壺も焼成された。

高麗時代（918〜1392年）は475年間でこの間、陶芸技術は朝鮮半島陶磁史上黄金時代を築きあげた。青磁中心の技術確立期である。高麗青磁の起源は中国越州窯青磁の影響を受けて発達した。最盛期の生産地の一つは全羅南道康津郡大口面沙堂里である。その付近の150余ヵ所に及ぶ窯跡では、初期から末期に至るまでの青磁変遷過程を連続的にた

どることができる。最古の大口面龍雲里窯跡からは越州窯青磁と類似したものが大量に出土し、「蛇の目高台」や双鸚鵡文などの彫刻文様は、両者の区別がつき難い。

朝鮮半島に青磁生産技術が伝播したのは10世紀前半と見るのが妥当であろう。高麗時代は陶磁などの特定産物は王室直轄の「所」という生産組織で調達され「瓷器所」の成立が10世紀中頃と推定されていることにも裏付けられる。

11世紀後半は宋の文物が請来され、陶磁は越州窯、汝窯や定窯などの多くの

中国陶磁の技術を摂取し、やがて12世紀の最盛期を迎え、青磁の美しいものは翡色(ひしょく)と呼ばれ珍重された。また陶磁生産の主流を占めた象嵌(ぞうがん)青磁を創出している。翡色青磁と象嵌青磁の優品は全羅南道康津郡大口面沙堂里(チョルラプクト)と、全羅北道扶安郡保安面柳川里(プアングン ポアンミョンユチュンニ)の2ヵ所を中心に生産された。12〜13世紀にかけて、鉄絵・白泥彩、辰砂、青磁の釉下に鉄泥をひく鉄地、三種類の胎土を練り合わす練上金彩などが生み出された。現在もわずかながら白磁も柳川里で焼成されている。しかし13世紀に蒙古人の侵入が始まると、高麗青磁は高麗王朝の衰退と共にその姿を消した。

朝鮮時代(1392〜1910年)は粉青と白磁があり、途中から粉青が途絶える。白磁が最後まで支流(青花・鉄砂・辰砂)を伴い継続する。朝鮮時代前期は青磁に代わって粉青沙器が中心になる。灰色胎土の上に白土を用いてさまざまな技法で装飾を施した陶器の総称で、産地は大きく拡散する。粉青とは1940年韓国の美術史家高裕燮(ユユソプ)氏によって名づけられた「粉粧灰青砂器」の略称であり、欧米でもbuncheong(粉青)として使用されている。日本では三島と呼ばれ灰鼠色の胎土で青磁釉に似た釉薬をかけて高火度焼成し高麗青磁の技法をそのまま伝承している。16世紀後半にはほとんどの窯が白磁窯に転向し粉青沙器は姿を消してしまう。

15世紀になると中国の白磁の技術を取り入れ、純白の白磁を作りあげた。それらは宮中用・中国への進貢用に製作されたものである。精良な白磁胎土の不足から15世紀の後半に白磁の民間使用が禁止された。15世紀中頃から白磁の釉下に文様を描く青花磁器、すなわち染付で、広州官窯の一つ広州市中部 面(クァンジュシチョンブミョンド) 道馬里(マリ)などで製作された。いずれも宮中の御用品である。後にコバルト顔料の入手が困難になると、鉄絵具で鉄砂の技法が盛んに行われた。

16世紀末豊臣秀吉の侵略による戦火により、各地の窯は大きな打撃を受け多数の陶工が日本に連行され生産は著しく停滞した。1639〜1747年には釜山にある窯で、高麗茶碗と呼ばれる日本向けの茶陶が焼かれた。

1752年官窯は京畿道広州市 南終面(ナムジョン ミョンクムサリ) 金沙里から分院里(ブノンリ)に移設された。19世紀後半になると外国勢力の侵入により国力は衰退して、朝鮮陶磁器の伝統は衰退の一途をたどり、民窯に移管され白磁もすたれてしまった。官窯跡は広州全域で183ヵ所以上見つかっている。

韓国併合後、柳宗悦、浅川伯教・巧兄弟により朝鮮陶磁器の収集・研究・展示がなされ、白磁・青磁が再評価された。柳らの薫陶を受けた韓国人池順鐸(チスンテク)、柳根瀅(海剛)(グンヒョン ヘガン)、方徹柱(パンチョルチュ)らにより韓国陶磁器の生産が復活する。

陶磁器街道

　京畿道の南東部、南漢山城の南東に位置する一帯は朝鮮時代の官窯である。

085

粉青 沙器魚文酒器（呉 2012）

現在は広州、利川、驪州(ヨジュ)に多数の窯が造られ陶磁器街道といわれるような盛況を呈している。この地域は広州の中央を北流する慶安川(キョンアンチョン)、昆地岩川(コンジアムチョン)、樊川(ポンチョン)、牛川(ウチョン)を集めて漢江に合流する。古窯跡はこの流域に分布している。これは陶磁器の生産と流通に水運を活用できるためである。

広州にはおよそ400年の間王室の陶磁器を焼く窯が置かれ、現代の陶芸家たちの窯元も多数存在する。ビエンナーレの広州会場にもなる京畿陶磁器博物館は朝鮮時代の白磁の研究及び官窯関連の遺跡保存を目的に建てられ、朝鮮白磁を中心に韓国陶磁器の技法や歴史がわかるように展示されている。朝鮮最後の官窯であった分院窯は、約130年間白磁を製作していた窯元で、分院白磁（瓷）資料館では分院里から出土した白磁が見学できる。仙東里窯跡では調査された窯跡を見学できる。

広州の窯元は朝鮮白磁にこだわる朴(パク)仁源(インウォン)の古仙陶芸研究所、朝鮮時代からの登窯（史跡第314号）のある粉青沙器李広(イグァン)の白潭(ペクダム)陶芸研究所、茶陶を焼く作陶家具誠会の美陶芸などがある。

利川では多くの陶芸家たちが、青磁、粉青沙器、白磁の伝統を引き継ぎながら、現代的な感覚の生活磁器も盛んに作製されている。良質な土や燃料が手に入ったことから、利川に窯元が集中するようになった。新屯面陶芸村、民俗陶芸村ができ、20を超える窯元が点在している。

ここには利川セラミックス創造館(旧世界陶磁センター)と陶磁特別展示館「パビリオン」がある。海剛陶磁美術館では陶磁器の歴史を知ることができる。

主要な窯元としては利川に最初の窯を開き、韓国陶磁器を復興させた池順鐸（人間国宝）の高麗青磁研究所、現代高麗青磁の第一人者翡色輝く方徹柱の東国窯、韓国の伝統工芸が織り込まれた趙(チョ)小守(ソス)によって開かれた広州窯、白磁作家

白磁 紐文瓶　宝物第106号（呉 2012）

林恒沢(イムハンテク)の恒山陶芸研究所、青磁辰砂厳基煥(オムギファン)の海州陶芸、製作工程を見学でき伝統美を広める窯金載植(キムジェシク)の韓国陶窯、粉青沙器、李股九(イウング)の青坡窯、粉青の新進作家金相基(キムサンギ)のトンジョクコル陶芸房などがある。

「利川陶磁器祭り」が毎年4月末から6月頃まで1ヵ月間、利川市街地から少し離れたところにある雪峰(ソルボン)公園で開かれている。陶磁器の出張販売のほか、陶磁器作りなど多くのイベントが催される。

交通はソウル高速バスターミナル（湖南嶺東線ターミナル）から利川行き利川高速ターミナル下車約1時間。市内バスターミナル乗車、新屯面バス停下車、15分。

驪州は利川、広州に並ぶ第3の陶磁器の街で伝統芸術的な利川、広州に対し現代的、日常的な韓国生活陶磁器が生産されている。高麗時代初期から陶磁器が製造されていた場所で、高嶺土や白土などの質のよい土が多いため、自然と陶芸村ができあがった。

驪州トジャセサン「陶芸の里」は陶芸総合テーマパークで講演や陶芸文化体験ができる施設や、全国110ヵ所の窯場で作られた陶磁器を展示・販売するショッピングモールが完備されている。

主要な窯元は保存容器を焼く父子甕器(ブジャオンギ)、登窯で白磁を焼く韓相亀(ハンサング)の三仙窯、白磁、粉青そして漆を施す瓦胎という技法に挑戦する申根洙(シンウンス)の芸林陶芸研究所、白磁の伝統と革新を目指す曺秉浩(チョビョンホ)の古城陶芸研究所などがある。

Column

「白磁の人」
浅川伯教(のりたか)・巧(たくみ)兄弟

浅川伯教（1884～1964年）・巧（1891～1931年）
山梨県北巨摩郡甲村五丁田（現北杜市）出身で朝鮮半島の陶磁器研究家。

　浅川兄弟は朝鮮陶磁器や工芸の美を再発見し、それらを1920年代以降研究者等が再評価する先駆者的な役割を果たし朝鮮古陶磁の神様と称された。植民地期(1910～45年)の朝鮮半島へ渡った2人は、朝鮮家屋に住み現地に溶けこみ、伯教は朝鮮陶磁研究の第一人者となった。当時青磁に比べ見向きもされなかった白磁を再評価した。さらに、朝鮮半島の700ヵ所近い陶磁器窯を調査し朝鮮陶磁器の全体像を明らかにした。弟の巧も陶磁器、朝鮮木工品についての著書を残した。

　また兄弟は柳宗悦（1889～1961年）に影響を与え、柳の朝鮮美術工芸への案内役となり、そこに富本憲吉、河井寛次郎、濱田庄司らが加わり「民藝」運動となった。

　1924（大正13）年には柳と共に朝鮮民族美術館を京城（現ソウル）景福宮内に設立した。現在は韓国国立民俗博物館として継承されている。浅川兄弟は朝鮮人の視点で朝鮮を捉えることができた日本人であった。

　戦後、浅川兄弟の名は忘れられていたが、浅川兄弟や柳宗悦が選んだ旧朝鮮民族美術館の収集品などから朝鮮文化研究者としての浅川兄弟の実績が再評価されるようになった。

　2001（平成13）年、山梨県北杜市高根町村山北割に「浅川伯教・巧兄弟資料館」が開館した。朝鮮工芸を評価した先駆者である浅川兄弟の人と業績を紹介し、日韓友好親善の情報発信地としての願いが込められている。

　資料館には兄弟の年譜やビデオ解説、ジオラマ、朝鮮青磁・白磁のほか多才な芸術家であった伯教の書や絵画、巧が朝鮮での日々を書き残した日記などが展示されている。

　1995（平成7）年に浅川兄弟の故郷である高根町五町田地区代表がソウル郊外にある忘憂里(マンウリ)にある浅川巧の墓を訪れた。白磁の壺をかたどった巧の墓の傍らには「韓国の山と民芸を愛し、韓国人の心の中に生きた日本人ここ韓国の土となる」と彫られた記念碑がある。

　この墓参が契機となり趙在明(チョジェミョン)氏の尽力により韓国洪林会（退職者の会）に「浅川巧先生記念事業委員会」が創設され、日本の高根町でも「浅川伯教・巧兄弟を偲ぶ会」が設立された。その後浅川巧が働いていた林業試験場出張所があった大韓民国京畿道抱川市(ポチョンシ)と高根町（現北杜市）の交流が始まった。2001（平成13）年にソウルで「浅川巧先生七十周忌日韓合同追慕祭」が行われた際に、高根町長が抱川郡を表敬訪問し、2003（平成15）年3月21日に姉妹結縁盟約書が調印され北杜市に引き継がれている。

歴史的景観と町並み保存

2000年以降の韓国社会の急速な近代化は多くの伝統的景観を失わせてしまった。日本においても東京オリンピック後の近代化は同様であった。しかし韓国の社会変化は短期間に多くの歴史景観を消滅させてしまった。

大陸に続く半島地形という立地は、古代から近世に至るまで歴史の大波が韓半島の上を行き来した。秀吉の侵略と日本の植民地支配が伝統的文化を失わせたともいわれている。朝鮮戦争とその後の近代化政策で失ったものも多い。このような状況にある韓国においては歴史的景観・町並み保存と伝統的村落景観はどのように保護されているのであろうか。

歴史的景観としては城郭都市ソウルと水原が代表である。朝鮮王朝の都として選定されたソウルは、日本統治時代には朝鮮総督府が置かれ、解放後の1948年からは韓国の首都として発展し人口1,000万人を超える大都市となった。

都としての漢城府の建設に際しては王宮と宗廟・社稷壇を優先し、後に都の防衛に不可欠な城壁をめぐらした。これらの諸施設は、歴史の中で焼失あるいは再建されながら現在に継承されている。宮殿などは復元整備が進められ、首都ソウルの歴史的景観として緑地帯・観光地として公開されている。また王族・上流階級が居住した北村（プクチョン）は、伝統的な民家がよく残り町並みとして保全活用が進められている。

水原はソウルの南30kmに位置し、朝鮮後期（1796年）に建設された計画都市で、華城とも呼ばれ宮殿と城壁が残っている。ソウルから近く韓国民俗村、遊園地のエバーランドなど観光施設が集積し、多くの人が訪れており、国際的な観光地としての発展が期待される。

日本の伝統的村落景観は、1966年の古都保存法、1975年の「伝統的建物群保存地区」の選定により、保存されるようになった。保存運動は半世紀の歴史を持つが不十分といわれている。

韓国の町並み保存は1971年からのセマウル運動と共に始まり、急速な開発に対して伝統的村落景観保護の必要性が認識された。1960年代は文化財保護法に基づく個別文化財の点的な保護であったが、1970年代からは歴史的町並み保存への面的保護政策の模索が行われた。

1980年は3ヵ所の伝統集落全体を地方民俗資料に指定、1983年度には楽安邑城の史跡指定、1984年には3ヵ所の伝統集落を国家文化財として重要民俗資料に指定した。1988年には2ヵ所の伝統集落が伝統建造物保存地区に指定

されたがその後の追加指定はない。そのため保存指定から脱落した歴史的町並みの破壊が懸念されている。

1970年に慶州市の韓屋(ハノク)地区の指定がなされたが、これは観光都市という独特な背景によるものである。1977年全州市では韓屋保存地区が指定されたが、住民の反発で1987年に第四種美観地区に変更された。

ソウル特別市の韓屋保存地区の指定も1991年には解除された。この事実は都市計画との不整合、居住環境、住民との軋轢などの問題による。近年は2001年の文化財保護法の改定により登録文化財制度が導入され、今後は韓国の伝統文化などに適応した対応が望まれる。

地方における町並み保存の実態はどのようになされているのであろうか。4種類の事例で概要を見てみたい。

1. 国文化財指定村落

民俗マウル(村)と呼ばれ日本の伝統的建物群保存地区に相当する。江原道「高城郡旺谷(ワンゴク)民俗マウル」は、指定第1号として早い段階で指定された集落で、1500年代に建築された寒冷地に対応した50軒の伝統家屋が現存している。村の過疎化が進み観光客向けの設備は十分ではない。

忠清南道「牙山市外岩里(ウエアムニ)民俗マウル」は、朝鮮時代中期に李挺(イチョン)の一家が定住したことに始まる。約80軒の民家のうち多くは藁葺き屋根であるが、10棟余りの両班の家は瓦葺で庭園も美しく韓国中部の両班家屋の伝統を伝えるものである。家々を囲む石垣と村の入り口にある水車が印象的である。観光施設も整備されて観光客の来訪が増加している。

慶尚北道「安東市河回(ハフェ)民俗マウル」は、洛東江に囲まれた村で、豊山柳氏(プンサンユシ)一族の同族村で両班宗家の伝統的家屋が立ち並んでいる。韓国の俳優リュウ・シオンはこの村の両班の出身である。1999年のエリザベス女王などの訪問で世界的にも著名となり多くの観光客が来訪するようになった。村内には駐車場、民宿や食堂、土産物店が建ち、観光開発が過剰気味といえる。

慶尚北道「慶州良洞(ヤンドン)民俗マウル」は、雪蒼山の谷間に広がる村である。朝鮮時代初期に成立した驪江李氏(ヨガンイシ)と月城孫氏(ウォルソンソンシ)を中心とする同族村落である。200年以上経た瓦葺きの伝統家屋が50余軒点在している。村の入り口には管理事務所、駐車場などが整備されているが観光開発についての対応は村民間に温度差がある。

全羅南道「順天市楽安(ラガン)民俗マウル」は、倭寇の侵略を防ぐために周囲を城壁で囲んだ邑城である。1983年に史跡に指定されて復元工事が推進されて観光開発は進展している。

済州道「南済州郡城邑マウル」は、重要民俗資料に指定された済州島にある城壁に囲まれた村である。現在観光地化はあまり進んでいない。

2. 地方文化財指定村落

集落内の個々の古民家が地方文化財

の指定を受けているもので景観保全は配慮されていない。慶尚北道星州市ハンゲ(ソンジュシ)マウル、軍威市(グヌィシ)ハンバムマウル、慶尚南道南沙(ナムサ)マウルなどがある。

3. 民俗村

伝統民家を移築した民俗村ないしは文化財団地と称する観光施設としての色彩が強い。

「ソウル特別市南山コル韓屋村」は、南山の山麓に朝鮮時代の両班の韓屋屋敷5軒を移築して韓屋村を造成している。交通の便もよく観光地化している。

「江原民俗村」は、財政上の理由から2001年閉園した。

「済州民俗村」は、1987年開園し、96棟の展示家屋が移築され島内の古民家を網羅し済州島観光の拠点となっている。他にも観光会社によって設立された京畿道龍仁市(ヨンインシ)の韓国民俗村、安東民俗村、済州島の中文(チュンムン)民俗博物館がある。

4. 文化財団地

忠清北道「堤川市清風(チュンプン)文化財団地」は、1985年中州ダムにより水没した南漢江流域の古民家の文化財を望月城(マウォルソン)の山麓に移転したもので、湖畔リゾートとして開発が行われ、「太祖王建(テジョワンゴン)」の撮影場の一つで新たな形の観光名所になっている。

忠清北道「清原郡文義(ムニ)文化財団地」は、1980年大清ダムの湖畔に両班家屋、民家が移転復元され古書等が展示されている。入場無料であり食堂、売店、資料館等の観光施設は充実している。

「百済文化団地」は、忠清南道扶余郡にある百済文化のテーマパークである。建物等が残っていない百済の泗沘宮(サビクン)と陵寺(ヌンサ)、古墳公園、生活文化村と慰礼城(ウィレソン)を実物大に復元している。百済歴史文化館等を建てて百済文化の紹介をしている。また移築した古墳公園がある。民間資本を活用して運営する試みがなされている。民俗村に近い性格ともいえる。

近接して韓国伝統文化大学校がある。民俗村は観光施設としての性質が強いが、文化財団地は韓国特有の同族集団による維持管理の性格がある。

第4節　このエリアの主な博物館

世宗大王記念館
세종대왕기념관

ソウル特別市東大門区清涼里洞山1-157
서울특별시 동대문구 청량리동 산 1-157

地下鉄6号線高麗大(640)駅3番出口徒歩8分。+82-2-969-8851

1973年に世宗大王の史料を所有・保存する世宗大王記念事業会によって設立された記念館。

清渓川文化館
청계천문화관

ソウル特別市城東区清渓川路530
서울특별시 성동구 청계천로 530

地下鉄2号線支線龍頭(211-3)駅5番出口から徒歩約7分。+82-2-2286-3410

ソウルの高度経済成長のシンボルの高架道路を取り払い、清渓川を復元した記念の常設展示館である。文化館は清渓川の流れを模したガラス張りの4階建てで2～4階が展示フロアで2005年に蘇った清渓川の歴史、2003年7月から約2年にわたって行われた復元工事、復元後の都市変化を展示している。また、植民地時代の資料、朝鮮時代の関連文献などを模型で紹介し古地図、変遷表で年代ごとの清渓川の移り変わりがわかる。

北村文化センター
북촌문화센터

ソウル特別市鍾路区桂洞キル37
서울특별시 종로구 계동 길 37

地下鉄3号線安国(328)駅3番出口徒歩約5分。+82-2-2133-1371、1372

北村の歴史を伝える広報展示室。伝統文化を体験できる住民文化センターで事務棟、亭子(東屋)5棟の韓屋からなる。大門を入ると伝統韓屋があり、奥に広報展示室があり、北村の変遷の説明が展示されている。

北村生活史博物館
북촌 생활사박물관

ソウル特別市鍾路区北村路5ナキル90（三清洞）
서울특별시 종로구 북촌로 5 나길 90 (삼청동)

地下鉄3号線安国(328)駅1番出口徒歩約20分。+82-2-736-3957

三清洞から苑西洞までの北村は昔から韓国伝統家屋の保存地域であった。そのため韓国伝統家屋の特徴である納屋や物置があり昔の生活品がたくさん残っていた。現在、約2万点の生活品が収集され、博物館には約300～400点が展示されている。

北村東洋文化博物館
ブクチョントンヤンムナバンムルグァン

북촌 동양문화박물관

ソウル特別市鍾路区三清洞 35-91
서울특별시 종로구 삼청동 35-91

地下鉄3号線安国（328）駅2番出口徒歩約12分。+82-2-486-0191

　北村韓屋村の中でも一番高いところにあり絶景が自慢。世宗の恩師である孟思成（メンサソン）の邸宅があった場所である。アジアの芸術品を鑑賞、韓国伝統文化について学べる。

　第1展示室はチベット、中国、韓国、南アジア等の仏教芸術品を展示している。

　第2展示室は韓国・中国の文士文化に関する芸術品を展示。2階は韓国の古美術や家具、昔の生活用品が展示され、左奥の韓国伝統の個室では韓国伝統美術のワークショップが行われる。

　大門を入ると伝統韓屋があり、奥に広報展示室があり、北村の変遷の説明が展示されている。

ソウル教育博物館
キョユクパンムルグァン

서울교육박물관

ソウル特別市鍾路区北村路5キル48（花洞2番地）
서울특별시 종로구 북촌로 5 길 48

地下鉄3号線安国（328）駅2番出口徒歩約8分。+82-2-736-2859

　韓国の古代から現代までの学校教育の変遷を学ぶことのできる博物館。常設展には各時代のジオラマや書物、教科書、学校で使われていた備品などを展示している。

東琳メドゥプ博物館
トンリムパンムルグァン

동림매듭박물관

ソウル特別市鍾路区北村路 12 キル10
서울특별시 종로구 북촌로 12 길 10

地下鉄3号線安国（328）駅2番出口徒歩約10分。+82-2-3673-2778（博物館）

　韓国伝統の装飾用メドゥプ（組み紐）の博物館。女性用韓服につける房飾りの「ノリゲ」をはじめ、各種装飾に使われるメドゥプやその材料などを展示する。メドゥプづくりの体験もできる。

韓尚洙刺繡博物館
ハンサンスジャスパンムルグァン

한상수자수박물관

ソウル特別市鍾路区北村路 12 キル29-1
서울특별시 종로구 북촌로 12 길 29-1

地下鉄3号線安国（328）駅2番出口徒歩約10分。+82-2-744-1545

　韓尚洙（ハンサンス）（重要無形文化財）の刺繡博物館。第1展示室には韓国の伝統刺繡作品、東洋や西洋の作品も展示されている。第2展示室には伝統刺繡の施された箪笥や鏡台などが展示され、第3展示室には韓尚洙の1960年代の刺繡

作品をはじめ、年代別に主要作品が展示されている。

世界装身具博物館
세계장신구박물관

ソウル特別市鍾路区北村路5キル2（花洞）
서울특별시 종로구 북촌로 5나길 2 (화동)

地下鉄3号線景福宮（327）駅5番出口徒歩約20分。+82-2-730-1610

　李康媛が約20年かけて収集した装身具博物館。第1展示室左手はブレスレットとアンクレット、右手は琥珀が展示されている。右奥の部屋は10～16世紀のコロンビアでインディオが儀式の際に使った金の筏や南米の金の装身具や彫刻等が展示されている。2階はモダンジュエリーと世界中のマスクを展示している。

嘉会博物館
가회 박물관

ソウル特別市鍾路区北村路12キル17
서울특별시 종로구 북촌로 12 길 17

3号線安国（328）駅2・3番出口から約570m。+82-2-741-0466

　民画専門の博物館で、庶民の暮らしを描いた民画や韓国の民間信仰について知ることができる。伝統韓屋を活かした館内には展示室、体験室、茶道室があり、所蔵品は民画約250点、護符750点、書物150点、民俗資料約250点、朝鮮王朝時代の品々約1,500点に及ぶ。

韓国美術博物館（旧韓国仏教美術博物館）
한국미술박물관（구한국불교미술박물관）

ソウル特別市鍾路区昌徳宮キル73
서울특별시 종로구 창덕궁길 73

地下鉄3号線安国（328）駅3番出口徒歩約10分。+82-2-766-6000

　4つの展示室があり仏画、仏像、工芸品などを鑑賞することができる。展示品に義謙等筆水月観音図（宝物第1204号）、清涼山掛佛幀（宝物第1210号）がある。また阿弥陀三尊掛佛幀（ソウル特別市指定文化財第123号）などが展示されている。

大韓民国歴史博物館
대한민국역사박물관

ソウル特別市鍾路区世宗路198
서울특별시 종로구 세종대로 198

最寄り駅は地下鉄5号線光化門（533）駅2番出口から徒歩5分。+82-2-3703-9200

　2012年末に開館した韓国初の国立近現代史博物館。19世紀末の開港期から現代までの韓国の歴史を学べる博物館。地上8階建ての建物に4つの常設展示室と2つの企画展示室の他、収蔵庫やセミナー室などがある。最新機器が駆使された大型博物館。景福宮光化門の手前にあり、景福宮を見学後に近代の歴史を見直すため立ち寄るのに便利である。

郵征総局（ウジョンチョングク）

우정총국／逓信記念館（チェシンキニョムグァン）／史跡第213号

ソウル特別市鍾路区郵征局路59
서울특별시 종로구 우정국로 59

地下鉄3号線安国（328）駅6番出口徒歩約3分。+82-2-734-8369

　1884年近代式郵便制度で作られた韓国初の郵便局。開局1ヵ月後の1884年12月に、甲申事変により閉鎖された。以降抗日運動の活動場所、学校として使用された。歴史的重要性が認められ逓信記念館として韓国の近代郵便制度の流れを展示している。また一般郵便業務も行われている。

新聞博物館 Presseum（シンムンバンムルグァン）

신문박물관／プレシウム

ソウル特別市鍾路区清渓川路1　一民美術館（イルミン）5・6階
서울특별시 종로구 세종로 139 번지 일민미술관 5,6 층

地下鉄5号線光化門（533）駅の5番出口徒歩1分。+82-2-2020-1880（1830）

　韓国初の新聞博物館。博物館のある一民美術館は1920年に誕生した東亜日報の本社である。何度も発行停止処分を受けた東亜日報自身もまさに韓国の近代史であった。5・6階に資料が常設展示されている。5階は資料展示室に、6階はメディアラウンジで子供が楽しめる企画もある。韓国激動の現代史を報道し続けた新聞の姿を知ることができる。

警察博物館（キョンチャルバンムルグァン）

경찰박물관

ソウル特別市鍾路区セムナン路41（新門路2街）
서울특별시 종로구 새문안로 41 (신문로 2 가)

地下鉄5号線光化門（533）駅7番出口が最寄り。+82-2-3150-3681

　韓国警察の歴史に沿った衣服と装備などの展示物と、業務のシミュレーション体験ができる。2005年10月に開館したビルを6フロア丸ごと使った博物館である。

青瓦台サランチェ（チョンワンデ）

청와대사랑채

ソウル特別市鍾路区孝子路13キル45
서울특별시 종로구 효자로 13 길 45

地下鉄3号線景福宮（327）駅4番出口徒歩約15分。+82-2-723-0300

　青瓦台の前に位置する2階建ての展示館。2010年に青瓦台と韓国やソウルの広報館として開館した。韓国現代史の中心である青瓦台や歴代の大統領、またソウルの発展などについて展示している。1階は韓国や首都ソウルの紹介、記念品店、カフェ、2階は大統領と韓国のエコ紹介などがある。

地球村民俗教育博物館

지구촌민속교육박물관

ソウル特別市中区小波路46
ソウル特別市教育研究院2〜3F
서울특별시 중구 소파로 46
서울특별시 교육연구원 2-3 층

南山循環バスで南山図書館下車、バス停より徒歩約5分。+82-2-773-9590〜1

　南山公園内のソウル市教育研究院の建物の中にある。世界の民俗資料を2階は宗教と文化部門、3階は衣・食・住をテーマに2つのフロアに分けて展示している。

東大門歴史館

동대문 역사관

ソウル特別市中区乙支路7街2番地
(東大門歴史文化公園内)
서울특별시 중구 을지로7가2번지

地下鉄6号線新堂（206／635）駅10番出口が最寄り。+82-2-2266-7077（総合案内センター)

　2007年の東大門運動場の撤去と文化施設建設の工事時に伴う発掘調査発掘された出土遺物を保存、展示する博物館。発掘品は全2,575件、2,778点に及び、朝鮮時代前期から近代に至るものが出土した。

韓国銀行 貨幣金融博物館

한국은행 화폐금융박물관

ソウル特別市中区南大門路39
서울특별시 중구 남대문로 39

地下鉄2号線）乙支路入口（202）駅7番出口徒歩8分、4号線会賢（425）駅5番出口徒歩5分。+82-2-759-4881

　建物は日本統治時代に発券銀行であった旧朝鮮銀行本店である。韓国銀行本店として長らく使われてきた。朝鮮戦争時に破壊され近年の修復でよみがえった。古代から現代までの世界中の貨幣が集まる博物館で気軽に貨幣の勉強ができる。展示は4つのゾーンに分かれ、中央銀行の機能から経済システムについてもわかりやすく展示している。

ソウル薬令市・韓医薬博物館

서울약령시 한의약박물관

ソウル特別市東大門区旺山路128
東医宝鑑タワー地下2階
서울특별시 동대문구 왕산로 128
동의보감타워 지하 2 층

地下鉄1号線祭基洞（125）駅3番出口徒歩3分。+82-2-3293-4900〜4903

　東大門市場のさらに北東部にある京東市場と薬令市。その一角の東医宝鑑タワーの地下にある。韓医学の歴史や薬令市の成り立ちなどが、模型や実物の古道具などで解説されている。また、薬剤は香りを試すことができ、多様に楽しめる特徴のある展示となっている。

和庭博物館 (ファジョンパンムルグァン)

화정 박물관

ソウル特別市鍾路区平倉洞8キル3
서울특별시 종로구 평창동 8 길 3

地下鉄3号線景福宮（327）駅からバス乗車、和庭博物館前下車。+82-2-2075-0114

　1999年ハンビッツ文化財団が設立した東アジアの専門博物館である。和庭という名前は韓光鎬名誉理事長の雅号(ハングァンホ)に由来する。名誉理事長が国内外で収集した所蔵品を基盤として運営している。1階はタンカ（チベット仏画）室と常設のショールームで構成され、2階は財団の所蔵品を公開する特別展として運営している。開館以来国内で3回所蔵品特別展を開いている。

許浚博物館 (ホジュンパンムルグァン)

허준박물관

ソウル特別市江西区許浚路87（加陽洞）
서울특별시 강서구 허준로 87 （가양동）

地下鉄9号線加陽（907）駅1番出口徒歩10分。+82-2-3661-8686

　2009年にはユネスコ世界記録遺産に登録された『東医宝鑑』(トンイボガム)の著者である亀巌許浚(クアムホジュン)の生涯を描いた博物館である。中国発祥の東洋医学が朝鮮半島に伝わりどのように発展してきたのかを展示しているのが特徴である。許浚記念室では許浚の生い立ち、宮中の医療機関「内医院」の医官としての業績、東医宝鑑の編纂に至る経過が展示されている。

セッテ博物館 (パンムルグァン)

쇳대박물관

ソウル特別市鍾路区梨花荘キル100
서울특별시 종로구 이화장길 100

地下鉄4号線恵化（420）駅2番出口徒歩5分。+82-2-766-6494-6

　セッテとは鍵を意味し韓国の忠清道の方言である。鍵の美しさや、科学的に優れた点を伝えることを目的として2003年に開館した。館長の崔弘奎(チェホンギュ)が長年にわたり集めた韓国の各時代の鍵や、世界各国の珍しい形をした鍵をメインに展示している。博物館の建物の1階はカフェ、2階はギャラリーという複合施設。

甕器民俗博物館 (オンギミンソクパンムルグァン)

옹기민속박물관

ソウル特別市道峰区三陽路574-41（双門洞）
서울특별시 도봉구 삼양로 574-41 （쌍문동）

地下鉄4号線水踰（414）駅4番出口徒歩8分。+82-2-300-0300、0399

　甕器(オンギ)とは甕(かめ)のことで、キムチや味噌、醤油などに使われ、韓国人の生活には欠かせないもので、その甕を集め地上2階、地下1階建て、野外展示場も備える建物で、約3,000点の甕器を所蔵・展示している。地下1階展示室では食生活の甕器、肥料甕など多彩に使われた甕器など、2階の民俗生活用品展示室は工芸や漆器、紙工芸、金属工芸、冠

婚葬祭やシャーマニズムの儀式品も展示されている。野外は昔の農機具の展示場となっている。

夢村歴史館 (モンチョンヨクサグァン)

몽촌역사관

ソウル特別市松坡区オリンピック路426（芳荑洞）
서울특별시 송파구 올림픽로 426（방이동）

地下鉄8号線夢村土城（813）駅1番出口からオリンピック公園へ入り、夢村土城方面へ徒歩約20分。+82-2-424-5138

　オリンピック公園の夢村土城北側にある歴史博物館。古代百済文化の代表的な遺物と遺跡を集めて展示している。日本への仏教の伝来についての説明もある。

ロッテワールド民俗博物館 (ミンソクパンムルグァン)

롯데월드 민속박물관

ソウル特別市松坡区オリンピック路240（蚕室洞）
서울특별시 송파구 올림픽로 240（잠실동）

地下鉄2、8号線蚕室（216）（814）駅3・4番出口徒歩2分。+82-02-411-2000

　ロッテワールドに併設された民営博物館でショッピングモール3階にある。人形で韓国の歴史と伝統文化を楽しく展示している。再現した「伝統市場」では買物や食事ができる。

戦争記念館 (チョンジェン キニョムグァン)

전쟁기념관

ソウル特別市龍山区李泰院路29
서울특별시 용산구 이태원로 29

地下鉄4・6号線三角地（428）（628）駅12番出口徒歩3分。+82-2709-3114

　国防部前の一等地に1994年6月に開館した。韓国の戦争の歴史や軍事史について勉強できる施設である。館内には戦争に関する資料や兵器が陳列され国防の重要性を訴えている。外の広大な敷地には戦争で実際に使用した飛行機、戦車、ミサイルなどが並べられている。

白凡記念館 (ベッボム キニョムグァン)

백범기념관

ソウル特別市龍山区臨政路26
서울특별시 용산구 임정로 26

地下鉄6号線孝昌公園（627）駅1番出口徒歩約10分。+82-2-799-3400

　白凡金九(キムグ)の生涯を紹介した白凡記念館。金九は1876年黄海道海州（現北朝鮮）で生まれた独立運動家で白凡は号である。独立運動に参加、独立後は南北統一政府樹立を目指し、統一独立促成会を組織したが1949年に暗殺された。

朴正熙大統領記念図書館
バクチョンヒテトンリョキニョムドソグァン

박정희대통령 기념도서관

ソウル特別市麻浦区ワールドカップ路386
서울특별시 마포구 월드컵로 386

地下鉄6号線ワールドカップ競技場（619）駅2番出口徒歩約20分。+82-2-716-9345、9346

　朴正熙大統領が主導した「漢江の奇跡」と呼ばれた韓国近代化の軌跡と功績を称えるための記念館。1999年、朴政権下で政治的な迫害を受けた金大中大統領が財政的にサポートする意思を表明し当時大変な評判を呼んだ。

湖林博物館　新林本館
ホリムパンムルグァン　シルリムボンクァン

호림박물관　신림본관

ソウル特別市冠岳区南部循環路152キル
서울특별시 관악구 남부순환로 152 길

地下鉄2号線新林（230）駅5番出口からバス利用。+82-2-541-523

　湖林という名称は、尹章燮の雅号で、1982年にソウル市江南区大崎洞に湖林博物館を、その後、1996年新林洞に博物館を拡張・新築し1999年再度開館した。地下1階、地上2階の建物に4つの常設展示室と1つの企画展示室、野外展示場、収蔵庫などの施設がある。土器、陶磁器、絵画典籍類、金属工芸品など1万余点の遺物を所蔵している。この中で44点の遺物が国家文化財（国宝8点、宝物36点）に指定されている。

湖林アートセンター（湖林博物館-新沙分館）
ホリム

호림아트센터 （호림박물관 - 신사분관）

ソウル特別市江南区島山大路317
서울특별시 강남구 도산대로 317

地下鉄3号線新沙（337）駅から烏山公園方面左シネシティー横。+82-2-541-3525

　2009年6月に冠岳区新林洞に新林本館を、文化の中心となっている江南区新沙洞の湖林アートセンター内に新沙分館を開館した。韓国古美術展示の2〜4階とミュージアムショップや休憩スペースからなる。総1万1,572点（土器・陶磁器7,936点、絵画・書籍1,640点）、金属工芸872点、その他1,124点）を所蔵している。

郵票博物館
ウピョパンムルグァン

우표박물관 / 우표문화누리

ソウル特別市中区小公路70
ソウル中央郵便局地下2階

서울특별시 중구 충무로소공노 70 번지서울중앙우체국 지하 2 층

地下鉄4号線明洞（424）駅6番出口徒歩約6分。+82-2-6450-5600

　韓国切手（郵票）のすべてを見ることができるミニ博物館。郵政の歴史広場では韓国の郵便サービスや郵政の歴史と、世界初の切手や韓国初の切手などが展示されている。切手の体験・切手の情報広場がありミュージアムショップでは記念切手や切手本を展示・販売している。

ミュージアム・キムチカン

김치박물관

ソウル特別市鍾路区仁寺路キル 35-4
서울특별시 종로구 인사동길 35-4

地下鉄3号線安国（328）駅6番出口徒歩8分、5号線鍾路3街（534）駅5番出口徒歩6分。+82-2-6002-6456

　江南区にあった「キムチ博物館」が2015年4月、この地にリニューアルオープンした。キムチの起源と歴史の説明から始まり、宮中で食べられていたキムチ、季節ごとのキムチなどいろいろなキムチについて紹介している。キムチ作りと貯蔵についての説明コーナーもある。

　最後の展示室ではキムチを栄養学的に説明。キムチの発酵の様子を顕微鏡で見学することができる。

トック博物館

떡박물관

ソウル特別市鍾路区敦化門路 71
서울특별시 종로구 돈화문로 71

地下鉄鍾路3街、1（130）・3（329）・5号（534）線駅7番出口徒歩6分。+82-2-741-5447

　トックとは「餅」の意味。韓国伝統飲食研究所の尹淑子の生活用品コレクションを中心に展示している。2階が台所生活博物館で、各種器具のほか韓国の時節料理や郷土料理がロウ細工で展示してある。3階は珍しい餅博物館。1階はカフェ「チルシル」。

農業博物館

농업박물관

ソウル特別市西大門区忠正路 1 街 75 番地
서울특별시 서대문구 충정로 1 가 75 번지

地下鉄5号線西大門（532）5番出口徒歩約1分。+82-2-2080-5730

　農協中央会の地下1階から地上2階までを使用し、農耕関連資料を新石器時代から現代まで2,000点余り展示している。朝鮮時代の重要な農書も見られる。

西大門自然史博物館

서대문자연사박물관

ソウル特別市西大門区延禧洞 441-52 番地
서울특별시 대문구 연희 동 441-52 번지

地下鉄2号線梨大（241）駅1番出口からバス利用。+82-2-3142-3030

　中央ホールと企画展示室、そして1階「人間と自然」、2階「生命の進化」、3階「地球環境」の3つの展示室からなる。自然と人間の関わりを学ぶことができる。視聴覚室、シミュレーション室もある。

澗松美術館

간송미술관

ソウル特別市城北区城北路 102-11
서울특별시 성북구 성북로 102-11

地下鉄4号線漢城大入口（419）駅6番出口から車で約6分（徒歩約20分）。+82-2-762-0442

　故澗松全鎣弼が1938年に設立した

韓国最初の近代式民間博物館。「訓民正音解例本」(国宝第70号)をはじめとして韓国の国宝、宝物級の文化財を多数所蔵している。青磁麒麟形香炉(国宝第65号)、青磁鴨形硯滴(国宝第74号)、青磁嵌葡萄童子文梅瓶(宝物第286号)、青磁象嵌牡丹唐草文母子盒(宝物第359号)などが代表的なもの。毎年5月と10月に2週間公開するだけで常設展示は行っていない。

鉄道博物館 (チョルトパンムルグァン)

철도박물관

京畿道義王市鉄道博物館路142(月岩洞)
경기도 의왕시 철도박물관로 142 (월암동)

地下鉄1号線義王(152)駅2番出口徒歩10分。+82-31-461-3610

韓国の鉄道の発展過程や過去・現在・未来の姿が見学できる。

国立現代美術館(果川館) (クンニプヒョンデミスルグァン)

국립현대미술관 (과천관)

京畿道果川市光明路313(莫渓洞)
경기도 과천시 광명로 313 (막계동)

地下鉄4号線大公園(437)駅4番出口から20分間隔で往復シャトルバス運行。(無料/帰りは入場券の半券提示) +82-2-2188-6114

山の上の広大な土地にそびえ立つこの美術館は、近現代韓国美術や現代美術の国際的な秀作を収集し展示している。館内の展示物は20世紀初頭の韓国作家の作品が中心だが、世界各国の著名な現代美術品も展示されている。

国立果川科学館 (クンニプクヮチョングヮハクグァン)

국립과천과학관

京畿道果川市サンガベオル路110
경기도 과천시 상하벌로 110

地下鉄果川線大公園(437)駅5番出口前。+82-2-3677-1500

韓国の科学技術力を象徴するランドマーク、学者になる夢を育てる科学文化の殿堂。

韓国漫画博物館 (ハングクマンファパンムルグァン)

한국만화박물관

京畿道富川市遠美区吉州路1(上洞)
경기도 부천시 원미구 길주로 1 (상동)

ソウル地下鉄1号線素砂(147)駅3番出口から富川総合運動場行きのマウルバス016-2番、市内バス95番で富川総合運動場下車。+82-32-310-3091~1

韓国漫画映像振興院の前身である富川漫画情報センターが収集・保存してきた漫画に関する原画などの資料を保存・展示している。富川映像文化団地内。

京畿道博物館 (キョンギドパンムルグァン)

경기도 박물관

京畿道龍仁市器興区上葛路6
경기도 용인시 기흥구 상갈로 6

ソウル南部ターミナルから新葛行き直行バス40分所要。+82-31-288-5300

京畿道の歴史と考古・美術・民俗資料を総合的に展示している。水原華城を築城する時に使っていた挙重機と石材・石及び先史時代のドルメンが見どころ。

韓国灯盞博物館
ハングクトンジャンパンムルグァン

한국등잔박물관

京畿道龍仁市処仁区慕賢面陵谷路56番キル8（慕賢面）
경기도 용인시 처인구 모현면 능곡로 56번길 8 （모현면）

水原からバス（60番）で水枝面（豊徳川）、鄭夢周先生墓地下車、徒歩600m程。+82-31-334-0797

金東輝が集めた資料を中心に、1997年9月に灯盞（灯火の油皿）のテーマ博物館として開館した。博物館は水原華城の城郭をイメージし灰白色の建物は灯台のように見える。1・2階が展示空間で、地下1階はセミナー及び各種公演のための空間である。

水原華城博物館
ス ウォンファソンパンムルグァン

수원화성박물관

京畿道水原市八達区蒼龍大路21（梅香洞）
경기도 수원시 팔달구 창룡대로 21 （매향동）

水原駅から車で約15分。
+82-31-228-4242

世界ユネスコ遺産水原華城のすべてが展示されている博物館。博物館内には企画展示室、華城築城室、華城文化室があり、子供体験室や映像講義室、教育室などの教育空間もある。華城見学前後に訪ねると理解を深めることができる。

三星火災交通博物館
サムスンファジェキョトンパンムルグァン

삼성화재교통박물관

京畿道龍仁市処仁区蒲谷邑エバーランド路376番キル171
경기도 용인시 처인구 포곡읍 에버랜드로 376번길 171

蚕室駅発エバーランド行き約50分。+82-31-320-9900

サムスングループの保険会社サムスン火災の博物館。1998年5月に開館。長距離移動手段の自動車・鉄道・船舶にスポットをあてた博物館。世界と韓国の自動車産業発展の歴史がわかる。交通安全教育などのプログラムも実施されている。

世中（イェットル）博物館
セ ジュン パンムルグァン

세중 （옛돌） 박물관

京畿道龍仁市処仁区陽智面陽大路155
경기도 용인시 처인구 양지면 양대로 155

南部ターミナルから鎮川・広恵院行きバス乗車、陽智で下車。+82-31-321-7001

イェットルとは石造彫刻の意。2000年に開館した。韓国特有の石の彫刻を6,000点余り収蔵・展示している。14の展示館からなっている。

水道局山タルトンネ博物館

수도국산 달동네박물관

仁川広域市東区ソルビツ路51（松峴洞）
인천광역시 동구 솔빛로 51（송현동）

地下鉄1号線東仁川（160）駅4番出口徒歩約12分。+82-32-770-6131

　タルトンネとは月の町という意味。月がよく見える丘の尾根や斜面などの高台に貧しい人々が集まって暮らす町を表現した言葉である。1960～70年代は東仁川・水道局山の傾斜面は仁川を代表するタルトンネだった。水道局山の1971年11月の夕方6時にタイムスリップしたかのようにジオラマで再現した博物館。どれもこの水道局山に実在した店である。

仁川開港博物館

인천개항박물관

仁川広域市中区新浦路23番キル89
인천광역시 중구 신포로 23 번길 89

地下鉄1号線・国鉄仁川（161）駅1番出口徒歩約8分。+82-32-760-7508

　仁川チャイナタウン近く、かつて日本領事館があった通りより1本北側の通りにある旧日本第一銀行だった建物である。1899年に建築で左右対象のルネサンス様式。仁川の開港と、韓国初の鉄道である京仁鉄道などに関する遺物や資料が展示されている。奥にはかつて金庫だった部屋を使った展示室もあり、当時銀行で使われていた物品も展示されている。

仁川学生科学館（永宗島）

인천학생과학관

仁川広域市中区雲西洞542
인천광역시 중구 운서동 542

空港鉄道雲西駅から車で約5分。+82-32-880-0792

　仁川教育科学研究院の敷地内にある科学館。1階から5階まで各階ごとにジャンルが分かれ実際に体験し科学の原理を学ぶことができる。生物展示や、ミニ水族館も併設している。

仁川黔丹先史博物館

인천 검단선사박물관

仁川広域市西区コサン路121番キル7
인천광역시 서구 고산로 121 번길 7

地下鉄1号線桂山（114）駅から30番・76番バス乗車、ウォンダンサゴリ下車。+82-32-440-6790

　1999年から黔丹地域は土地区間整理事業の一環として行われた発掘調査の結果、青銅器時代を中心に旧石器時代から朝鮮時代に至る多様な時期の遺跡と遺物が確認された。この発掘成果を基に2008年11月27日に黔丹先史博物館として開館した。先史時代の生活を時代別地域別に展示している。体験学習室も運営している。

緑青磁博物館

녹청자박물관

仁川広域市西区陶窯址路 54（景西洞）
인천광역시 서구 도요지로 54（경서동）

空港鉄道黔岩（A7）駅 1 番出口、車で約 10 分。+82-32-560-2932

　2002 年に旧景西洞事務所を改築して開館した。景西洞緑青磁陶窯跡（史跡第 211 号）に関わる資料提供及び陶磁器体験教室を運営している。緑青磁陶窯跡は 1965〜1966 年の 4 回にわたって調査された。この窯跡の磁器は精選された青磁系の胎土に焼き戻して緑がかった褐色の釉薬を塗って焼く緑青磁器で 1970 年 5 月に文化財に指定された。この地域の最初の文化財である。

仁川広域市立博物館

인천광역시립박물관

仁川広域市延寿区清涼路 160 番キル 26（玉蓮洞）
인천광역시 연수구 청량로 160 번길 26（옥련동）

地下鉄水仁線松島駅 1 番出口から車で 4 分。+82-32-440-6750

　2006 年 7 月 10 日にリニューアルオープンした。仁川の歴史や文化遺産を保管し、歴史室には先史時代から朝鮮時代以降の 1945 年までの資料展示がされている。特に歴史的に大きな出来事であった開港の関係の資料がある。体験プログラムも開催されている。八尾島が

見渡せる図書室やカフェではゆっくりとした時間が過ごせる。

江華歴史博物館

강화역사박물관

仁川広域市江華郡河岾面江華大路 994-19
인천광역시 강화군 하점면 강화대로 994-19

江華市外バスターミナルから車で約 15 分
+82-32-934-7887

　世界文化遺産に指定された江華島支石墓（史跡第 137 号）公園にあり、2010 年に開館した。江華島で出土した遺物を中心とし、先史時代から近現代までの江華島の歴史と文化を体系的に展示、保存、研究するために建てられた。

海剛陶磁美術館

해강도자미술관

京畿道利川市新屯面京忠大路 3150 番キル 44
경기도 이천시 신둔면 경충대로 3150 번길 44

東ソウルターミナル・江南高速バスターミナルからバス利用。所要約 1 時間半。
+82-31-634-2266

　海剛（柳根瀅、1894〜1993 年）が収集した陶磁遺物を展示する美術館で 1990 年に開館した。青磁 400 点以上、粉青沙器 90 数点、白磁 420 点、陶片 6,000 点以上が 3 つの展示室（遺物展示室、陶磁文化室、海剛記念室）に展示されている。陶磁文化室では韓国の陶窯を体系的に見ることができる。海剛記

念室は故柳根瀅の作品20点を展示し彼の業績を称えている。

実学博物館
シラッパンムルグァン

실학박물관

京畿道南楊州市鳥安面茶山路747番キル16
경기도 남양주시 조안면 다산로 747 번길 16

中央線雲吉山駅からバス(56番)で約25分。
+82-31-579-6000

2009年10月に開館した茶山遺跡地(丁若鏞の生家や墓)の敷地内にある博物館。実学とは朝鮮時代後期に発達した学問で、水原華城の設計者、挙重機(クレーンの一種)の発明家として有名な丁若鏞に関する展示をはじめ、医学、天体観測、地図などの朝鮮時代の資料が展示されている。日本の江戸時代の自然哲学者三浦梅園も大きく紹介されている。

木芽博物館
モガパンムルグァン

목아박물관

京畿道驪州市康川面イムナンキル21
경기도 여주시 강천면 이문안길 21

東ソウルターミナルより驪州バスターミナル行きバスで1時間半。+82-31-885-9952

現代仏教木工工芸家である朴賛守(パクチャンス)によって1993年6月に開設された。本館展示室には宝物3点をはじめとして、仏像類、道具類、木と石の工芸品、絵画がなんと1万5,000点以上も所蔵されている。

〈以下は本文参照〉

国立古宮博物館
クンニプコクンパンムルグァン

국립고궁박물관

忠武公物語・世宗物語
チュンムゴン・セジョン

충무공이야기・세종이야기

ソウル歴史博物館
ヨクサパンムルグァン

서울역사박물관

漢城百済博物館
ハンソンベクチェパンムルグァン

한성 백제 박물관

国立中央博物館
クンニッチュンアンパンムルグァン

국립중앙박물관

ソウル市立美術館
シリブミスルグァン

서울시립미술관

安重根義士記念館
アンジュングンウィサキニョムグァン

안중근의사기념관

文化駅ソウル284(旧ソウル駅舎)
ムナヨク

문화역서울 284

第2章

百済の都・公州と扶余

京畿道
春川
江原道
仁川
ソウル特別市
水原
忠清北道
忠清南道
清州
大田
慶尚北道
全州
全羅北道
大邱
蔚山
慶尚南道
昌原
釜山
光州
全羅南道

済州特別自治道
済州

第1節　忠清南道

百済の都を訪ねて

忠清南道の概要

　忠清南道は朝鮮半島の中西部にあり、西は黄海に面し、北は京畿道、南は全羅北道、東は忠清北道に接し、忠南と略される。朝鮮時代の忠清道が1896年に忠清北道と忠清南道に分けられて誕生した道である。面積約8,597㎢、人口約193万人、かつて道庁が置かれた大田市は1989年に直轄市となり1995年より広域市として分離され、現在の道庁は2012年12月末に洪城郡と礼山郡にまたがる地域に移転した。

　道の3分の1の面積は農地であり、牙山・天安・瑞山・礼山・公州・扶余・論山など、自然と歴史の観光資源が豊かな所である。公州市にある標高845mの鶏龍山が最も高い山で、国立公園に指定されている。また多くの有名寺院があり、韓国有数の海水浴場である泰安海岸国立公園もある。

百済熊津時代の都城公州

　公州は百済2番目の都邑の地である。百済の最初の都邑は河南慰礼城であり、現在のソウル松坡区一帯と推定されている。ここは漢城と呼ばれたが475年に高句麗長寿王の攻撃によって陥落した。
　この時百済蓋鹵王が捕まり一命を落とし、彼の後を継いだ文周王は遺民を収拾し南に下って錦江辺に位置する熊津（公州）に定着した。この時から公州は、538年に聖王が泗沘（現在の扶余）に遷都するまで63年間百済の都邑となった。
　公州の昔の地名は、熊津であるがこれは百済人が「熊の渡し」と呼んでいたのを漢字で表したものである。
　『日本書紀』雄略天皇22年条には「久麻那利」と記され、『南史』『周書』などの中国歴史書には固麻、固麻城と記録されている。現在国立公州博物館西方錦江辺には「コムナル」という所があり、ここには熊の伝説が伝えられている。この近くの熊津洞から熊の石像が発見され、この石熊を祠堂を建てて祀っている。石熊の本物は現在国立公州博物館に展示され、祠堂には複製品が安置されている。

忠清南道
1:1,100,000
0
10
20km
N
江華島 カンファド 강화도
金浦市
摩尼山
江華郡
長峰島
信島
京畿湾
仁川
仁川国際空港
舞衣島
甕津郡
善尾島
徳積島
紫月島
霊興島
仙才島
大阜島
仙甘島
蘇爺島
小伊作島
大伊作島
文甲島
徳積群島
昇鳳島
済扶島
豊島
立波島
仙甲島
池島
大蘭芝島
南陽湾
始華地区
華城
ソウル 서울
金浦空港
富川
光明
冠岳
安養
果川
始興
軍浦
儀旺
安山
水原 スウォン 수원
利川 イチョン 이천
龍仁
議政府
高陽
坡州
金浦
南楊州市
九里
南楊州(金谷)
大成里
河南
城南
広州
京畿道
広州市
利川市
龍仁市
烏山
京畿平野
華城市
西海岸道
安城市
平沢
平沢市
安城
陰城郡
牙山湖
牙山湾
唐津郡
唐津
妊木村
加露林湾
泰安半島
泰安磨崖三尊仏
泰安
泰安郡
瑞山
瑞山磨崖三尊仏
花田里石造四面仏像
海美邑城
普願寺
瑞山市
徳山道立公園
修徳寺
龍鳳寺磨崖仏
貫這島 新津島
瑞山海岸国立公園
居児島
安堅記念館
牙山市
顯忠祠
(忠武公)李舜臣記念館
礼山任存城
新礼院
礼山
香泉寺
広徳寺
成歓
天安
天安市
独立記念館
忠清北道
鎮川郡
清州国際空港
清原郡
梧根場
清州
燕岐郡
鳥致院
五松
洪城
洪城郡
礼山郡
公州市
論山天安道
忠清南道
麻谷寺
浅水湾
安眠島
広川
青陽郡
青陽
公州 コンジュ 공주
国立公州博物館
長谷寺
七甲
七甲山道立公園
長古島
古代島
元山島
保寧
聖住寺跡
大川
無量寺
鶏竜山国立公園
甲寺
東鶴寺
鶏竜市
国立中央科学館
大清湖
西大田
大田 テジョン 대전
孤島
挿矢島
鹿島
保寧市
扶余 プヨ 부여
松菊里遺跡
外煙列島
外煙島
梧島
錦江
論山市
開泰寺
扶余郡
論山
百済軍事博物館
灌燭寺
錦山郡
大屯
錦山
舒川郡
論山平野
江景
咸悦
煙島
開也島
舒川
長項
湖南道
益山市
完州郡
大雅湖
全羅北道
箕篊島
飛応島
群山市
群山空港
群山線
益山
裡里
鳳東
鎮安郡

| 百済熊津時代の城 |

公山城

ユネスコ世界遺産

（コンサンソン　공산성／史跡第12号）

忠清南道公州市熊津路280（山城洞、金城洞、玉竜洞一帯）
충청남도 공주시 웅진로 280 (산성동, 금성동, 옥룡동 일대)

公州バスターミナルから徒歩約15分、または車利用で約5分。

公山城 蓮池（ヨンチ）

　公山城は錦江南岸の標高110mの丘陵に築造された山城である。本来は熊津城と呼ばれたのが高麗時代から公山城とされた。城壁の全長は2,660mで城壁の高さは2～7mである。四方に4つの門があり南門には鎮南楼（チンナムル）、北門には控北楼（コンプクル）、東門には迎東楼（ヨンドンル）、西門には錦西楼（クムソル）という楼閣が復元されている。西門は現在の駐車場から切符売り場を経て公山城への入り口である。

　1980年からの発掘調査で百済と統一新羅時代の建物跡、集水井戸、貯蔵庫などが発見された。南門の鎮南楼から北西へ上がれば双樹亭広場（サンスジョン）に達し、錦江と公

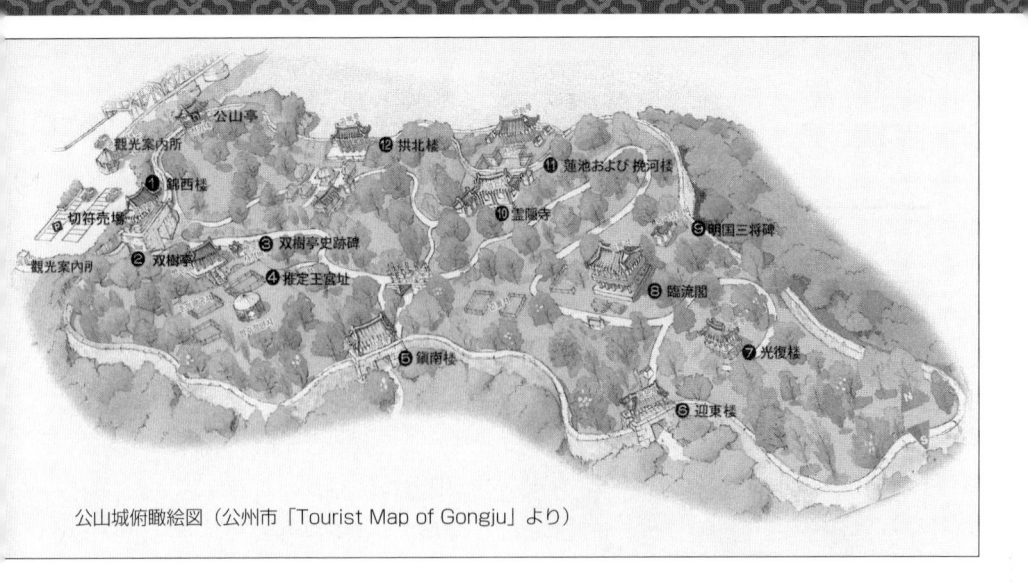

公山城俯瞰絵図（公州市「Tourist Map of Gongju」より）

州市街地が眺望できる。双樹亭は、朝鮮時代に仁祖（インジョ）が李适（イクァル）の乱を避けて公山城に避難したことを記念して建てられた楼亭である。

この広場では建物跡4棟と溜池、木槨庫（もっかくこ）などが発掘され百済の王宮跡と推定されている。建物跡2棟は礎石を用いた建物で、残り2棟は掘立柱建物跡である。溜池は石材で築造され、上部直径7.3m、下部直径4.78m、深さ3mである。木槨庫は土を掘り板材と丸太柱で作った長さ3.1m、幅1.45mの地下貯蔵庫である。このような施設は大田の月坪洞（ウォルピョンドン）山城、錦山の栢領（ペンリョン）山城、洪城の神衿城（シングムソン）と扶余の官北里（クァンブンニ）遺跡でも発見されている。

推定王宮跡から東南に200m離れた平坦地では正面6間、側面5間の建物跡が発見された。ここから百済土器及び蓮花文軒丸瓦と共に「流」と刻まれた軒平瓦が出土して、百済の臨流閣（イムニュガク）跡ではないかと考えられている。『三国史記』百済本紀には500（東城王（トンソンワン）22）年に、王宮の東方に高さ5丈に達する臨流閣を立て、池を掘って珍獣を飼ったという記録がある。臨流閣跡には現在、2階楼閣が復元されている。臨流閣跡周辺では統一新羅時代の12角建物跡、間口28間の建物跡が発見され、百済滅亡以後も公山城に重要な施設があったことがわかる。

公州は統一新羅と高麗、朝鮮時代にも地方行政機関が設置されて重要な機能を担当した。公山城の北方、錦江の向かい側には現在、新市街地が形成され、旧市街地は公山城の南方にある。公山城南西方向の班竹洞（パンチュクドン）には錦江支流の済民川（チェミンチョン）が流れ、その近くに大通寺（テドンサ）跡がある。『三国遺事』に中国南朝（梁）の大通元年に、梁の武帝のために大通寺を創建したと記されている。大通元年は526（百済聖王4）年にあたり、百済の首都が公州にあった時である。

111

Column

クダラの由来と建国伝説

武寧王陵出土石獣

日本語における呼称「クダラ」の由来は不明だが、図書寮本『類聚名義抄』(1081年)には「久太良」とあり訓は清音である。古代には「クタラ」と発音していたのではないかと思われる。通説では中国の『魏志』韓伝に見られる馬韓諸国の中の伯済国が前身だと考えられている。伯済は「クンナラ」「クンダラ」と読まれ、後に「クダラ」となったといわれるが、これも詳細は不明である。

百済の建国神話は『三国史記』百済本紀などの朝鮮史料にさまざまな話が伝えられているが、いずれも扶余の東明神話が変化したものと見られる。『三国史記』によれば次のようである。高句麗の始祖である朱蒙には3人の子があり、長男の瑠利が高句麗を継いだ。『三国史記』の別伝によれば2人の弟は朱蒙の実子ではなく、朱蒙が生まれた東扶余有力者の娘の連れ子となっている。そこで二男の沸流と三男の温祚は自分たちの国を建てようと、10人の家臣と大勢の百姓を伴い南方へ逃れた。漢江を渡り漢山へ辿り着いた2人は家臣と共に負児岳という高い山に登って周囲を見渡して、それぞれ国を興す場所を決めた。沸流は家臣の反対を押し切り現在の仁川辺りの海浜に国を興し、温祚は家臣たちの意見に従って漢山の慰礼城、現在のソウル東南部に国を興し、10人の家臣にちなんで十済と呼んだ。後に沸流は、自分が興した国は湿地が多く、また塩分があり、農耕にはあまり適当な場所でなかったことを悟り、苦悶の中で病となって亡くなり、その国も温祚の下に帰属した。

「十済」は百姓を受け入れたので国号を「百済」と改めたという。また、初め百家で海を渡ってきた(百家済家)から「百済」としたともいう。『三国史記』では紀元前18年の建国になっている。百済が大きな勢力となったのは、高句麗の建国より約400年も後のことであり、百済の国名の初出は中国の『晋書』帝紀372(咸安2)年正月の条である。

宋山里古墳群と武寧王陵 【ユネスコ世界遺産】

百済・中国・日本の関係を物語る王陵

（ソンサンニコブングンとムリョンワンヌン　송산리고분군과 무령왕릉／史跡第13号）

忠清南道公州市王陵路37-2（熊津洞）　충청남도 공주시 왕릉로 37-2（웅진동）

公州市外バスターミナルから車で10分。

宋山里古墳 武寧王陵

　武寧王陵は百済第25代武寧王（462〜523年）の墓である。ソウルの南方約120km、公州市にある二十数基からなる宋山里古墳群の中に所在する。公州はかつて熊津、熊川と呼ばれ、百済の3番目の都が置かれた（475〜538年）。北東から南東に流れる錦江の屈曲部に、周囲を丘陵で囲まれた市街地が広がり、王宮跡はその北東の錦江に面している。市街地を挟んだ西方標高75mの丘陵上に宋山里古墳群がある。1927年からの発掘調査で5基の石室古墳が確認された。一帯には29基の古墳があったと伝えられ現在十数基が残存している。1971年宋山里古墳群中の2基の古墳背後で排水溝を掘削したところ、塼で密封された羨

113

武寧王陵 玄室

　門(墓の入り口)が発見され緊急調査が行われた。中には2枚の墓誌石上に中国の五銖銭の束が積んであり、その後ろには頭に角のある石獣(国宝第162号)が置かれていた。1枚の墓誌石に「寧東大将軍百済斯麻王」と刻まれ墓の主が武寧王であることが判明した。もう1枚は王妃のもので、墓誌に王と妃が死去して墓に埋葬された年代も記録され、特に武寧王が523年5月に死去したという内容は『三国史記』の記録と一致する。

　『日本書紀』によると、武寧王は461(雄略天皇5)年筑紫の各羅嶋(佐賀県松浦郡鎮西町加唐島か?)で生まれ嶋君と名づけられ、後に斯麻・斯摩王と呼ばれた。百済の第25代蓋鹵王が弟の昆支を倭に遣わすにあたり、産月に近かった王妃を同行させていたことによる。百済と倭(日本)との関係を理解する上で重要な事柄である。

　墓室は羨門、羨道、遺体を安置した玄室からなり、塼を積み上げて造られている。玄室は羨道から一段高く、平面形は長方形で天井はアーチ状である。

副葬品の総数は4,687点に及ぶ。墓室内には金製冠や耳飾り、銀製の釧(腕輪)など高度な技術で製作された副葬品も大量にあった。陶磁器には中国南朝地域の製品が含まれ、隣接する古墳から塼にヘラ書きで中国南朝梁の技術で製作されたことが記されていた。

　3面出土した青銅製獣帯鏡の1面は、日本出土の3面(滋賀県三上山下古墳2面・群馬県綿貫観音山古墳1面)と同型鏡である。これらの4面の鏡は鋳型傷の特徴から製作順序が想定できる。武寧王陵と三上山下古墳の2面は同一の鏡を原型として製作され、観音山古墳は三上山下古墳の内の1面を原型としている。

　観音山古墳以外の鏡は中国で製作され、百済に持ち込まれ、その一部が日本へ渡った。そして、三上山下古墳出土鏡の1面を原型として作られたのが観音山古墳出土鏡である。王と妃の木棺は高野槙で韓半島にはなく日本からの輸入品である。武寧王陵は百済・中国・日本の関係が反映した古墳といえる。

　墓誌には武寧王が523年に死去して525年に、王妃は526年に死去して529年に埋葬されたとある。この時間差の謎の解明は、艇止山遺跡で1996年に特殊な遺構群が発見されてからである。当遺跡は古墳群から北へ延びる丘陵の錦江を見下ろす先端に位置する。遺跡からは二重の木柵で囲まれた瓦葺建物跡や地下式竪穴(氷室)が多数発見された。墓誌に「酉地(西地)」に喪を行う場所があり、墓に使うために「申地(西南)」側の土地を買ったとあり、この艇止山遺跡が百済王室の殯殿であり、宋山里古墳群は王室の墓所であったと判明した。

日本書紀にも登場する百済武寧王陵の特別室

国立公州博物館

(クンニプ コンジュバンムルグァン　국립 공주박물관)

忠清南道公州市観光団地キル34(熊津洞)　충청남도 공주시 관광단지길 34(웅진동)

直行バス大田(東部、西部、儒城)から公州、30分。市内バス(8番)で公州市外バスターミナルより博物館前まで乗車15分。車では約10分。

　公州博物館は1971年に発見された武寧王陵出土品が特別管理されており、王陵の出土遺物のほとんどを見ることができる。本博物館は1934年公州古蹟保存会が百済の遺物を収集したのが始まりで、1946年国立博物館・公州分館と

国立公州博物館

武寧王冠飾

武寧王妃枕

して開館し、1972年、国立中央博物館・公州分館と改称、1973年新築移転、1975年国立公州博物館と改称された。2004年に熊津洞観光団地にある現在の建物に移転した。

現在の博物館の建物は武寧王陵出土品を展示するために新しく建てられたもので、また、忠南の北部地域から発掘された文化財も保管・展示している。

2つの展示室があり現在は国宝19点と宝物4点などを含む約千点の遺物が展示されている。2階にある第1室は武寧王室で出土遺物が展示され、王と王妃の墓誌が刻まれた2枚の誌石、中国の五鉄銭、石造の守護動物像がある。また、王と王妃が使っていた数多くの金製冠飾、金製耳飾、金銀の腰帯、金銅靴、銀製腕輪も見ることができる。王の統治権を象徴する龍と鳳凰で飾られた「大刀」、「青銅鏡」3面と「承台付有蓋銅鋺(銅托銀盞)」な

どの熊津百済時代の優品もある。実物大の武寧王陵の墓の模型が展示され、王陵内部の構造を見ることもできる。

第2室では百済熊津時期の忠南地域から出土した遺物が時代別に展示され、住居、墓、城郭、対外交流に関する資料を見ることができる。野外には公州一帯で出土した多くの石造遺物が展示され、本館前にある庭園には水を盛るために使われる大きな2つの石の器などが展示されている。公州博物館子供学校、歴史文化研究会、夏休みプログラム、地域住民のための伝統文化教室等、多様な活動が行われている。

韓国旧石器研究の出発点となった遺跡

石壯里遺跡と博物館
（ソクチャンニユジョク　석장리유적／史跡第334号）

忠清南道公州市金碧路990（石壯里洞）　충청남도 공주시 금벽로990（석장리동）

公州ターミナルから東へ約8km、市内バス10分程。

石壯里遺跡

公州から大田へ行く国道32号線沿いの錦江岸にある旧石器遺跡で、発見者は米国人留学生アルバート・モアである。1964年に延世大学の孫宝基（ソンボンギ）が韓国で初めて旧石器時代の正式な発掘調査を行った記念碑的遺跡である。その後1974年まで延世大が、1990〜1992年は韓国先史文化研究所が12次にわたる調査を行い、後期（1万〜7万年前）から前期（12万〜30万年前）旧石器時代に至る文化層を発掘した。韓国の旧石器編年の基礎を構築し、旧石器考古学の出発点となった遺跡である。

まず後期旧石器時代の石器を見れば、前半段階の剝片尖頭器（はくへんせんとうき）を有する文化層を欠くが、後半段階を代表する細石刃石器群（さいせきじん）を初めて発掘し、早くから日本の研究者の関心も呼んだ。さらに前・中期旧石器時代については、全谷里遺跡（チョンゴンニ）の発見よりも前にハンドアックスや球形石器等の大型重量石器の存在が把握され、北朝鮮の屈浦里遺跡（クルポリ）や韓国の採集資料を含めて韓半島の前・中期旧石器時代の存在の見通しを示すことになった。

現地には石壯里博物館があり、石壯里遺跡の常設展や国内外の旧石器特別展示が開催され、また竪穴住居、動物・植物相などの復元が見られる野外展示コーナーや、子供の体験学習施設も設置されている。最初の旧石器の発掘が縁となって、群馬県の岩宿文化資料館との学術・文化交流が行われている。

> 春の景色が美しい景勝地

麻谷寺
(マゴクサ　마곡사)

忠清南道公州市寺谷面麻谷寺路966　충청남도 공주시 사곡면 마곡사로 966

公州ターミナルから北西方向に26.4km、7番の市内バスで終点下車。約40分。

麻谷寺 大光宝殿

　640（新羅善徳女王9）年に戒律宗の開祖である慈蔵律師が創建したと伝えられる忠南の代表的な寺院である。名前の由来は、一説では普徹和尚の説法を聞くために集まった人々が、渓谷をうめ尽くす麻畑のように多かったことによる。麻谷寺は泰華山の麓に位置し、美しい景勝地として名高い。特に春の景色が美しく、桜や木蓮などが満開に咲き誇り「春の麻谷寺、秋の甲寺」と並び称されている。

　朝鮮時代に入り儒教が国教となり仏教は弾圧され、特に許された寺院以外は廃寺となり麻谷寺も廃寺となったが1651年に覚淳大師が再興した。現在残

る建物は再興後に建立されたものである。解脱門（ヘダルムン）、天王門（チョンワンムン）、五層石塔、銅鐘、大光宝殿（テグァンボジョン）、大雄宝殿（テウンボジョン）、霊山殿（ヨンサンジョン）、応真殿（ウンジンジョン）、冥府殿（ミョンブジョン）、興聖楼（フンソンメ）などがある。五層石塔はラマ教の影響を受けたものといわれ、韓国で唯一金銅製の相輪が最上段にある。解脱門と天王門をくぐり、極楽橋を渡ると本殿である大光宝殿のある広場に出る。解脱門には、色彩豊かな金剛力士像と普賢菩薩、文殊菩薩、童子像が祀られている。

大光宝殿（宝物第802号）は本尊の毘盧遮那仏を祀る5間、3間の建物である。建立年代は不明であるが、火災により焼失し1813（純祖（スンジョ）13）年に再建された。大光宝殿の後ろには、正面5間、側面4間の大雄宝殿（宝物第801号）がある。寺を再興した際に建立されたもので最も古い建物の一つである。殿内には釈迦、薬師、阿弥陀如来の三世仏が祀られている。

もう一つの古い建造物が解脱門の左横に建つ霊山殿（宝物第800号）である。釈迦の生涯を称え功績を表す建物である。殿内には仏像1,000体が祀られている。扁額は、朝鮮第7代世祖（セジョ）（1417～1468。在位1455～1468年）の字とされている。この他にも銅製入舎香炉・銅鐘など12件の忠清南道地方文化財に指定されたものがある。また麻谷寺ではテンプルステイと呼ばれるお寺体験を行っており、修行僧の日常を気軽に体験することができる。

秋の甲寺と称される景勝地

甲寺
（カプサ　갑사）

忠清南道公州市鶏龍面甲寺路567-3　　충청남도 공주시 계룡면 갑사로 567-3

甲寺は公州バスターミナルの東南方向20kmに位置し、市内バス2番で30分程度。大田の忠南大学前からも市内バス340番で50分程。

鶏龍山西側にあるこの甲寺は420年に阿道（アド）和尚による創建説と、556年に恵明（ミョン）大師が創建したとする2説がある。統一新羅時代の679年に義湘（ウィサン）が華厳十刹の一つとして復興、後に岬寺、鶏龍甲寺（コッサ）などと呼ばれていたが、現在は甲寺に改められている。現在の建物は近代に再建されたものであるが、境内に百済・高麗・朝鮮王朝時代の遺物が残されている。

国の文化財として甲寺三身仏掛仏幀（ケブッテイ）（国宝第298号）、鉄幢竿（テットウカン）（宝物第256号）、僧塔（宝物第257号）、銅鐘（宝物第478号）、釈迦如来三世仏及び腹蔵遺物（宝物第1651号）の5点が指定されてい

甲寺 大雄殿

甲寺 梵鐘楼

る。鉄幢竿は特に有名で、統一新羅時代に造られた直径50cm、鉄筒24個を連結した高さ15mのものである。鉄筒は元々28個であったが、落雷で4個破損したということである。幢竿は旗を掛ける竿のことであり、高さ3m、2つで一組の石製支柱で支えられている。このような支柱は統一新羅時代に発達したもので結界を表している。支柱と幢竿が統一新羅時代のまま残っている唯一の例である。
　四天王門(サチョンワンムン)をくぐると本堂の大雄殿に至る。ここには薬師如来をはじめとする仏像と仏画があり、絢爛たる世界が見られる。本殿の大雄殿、石造如来坐像、大寂殿(テジョンジョン)、霊圭大師墓(ヨンギュテサミョ)、表忠院(ピョチュンウォン)など14件が忠清南道地方文化財に指定されている。表忠院には壬辰倭乱(イムジンウェラン)の際に戦った僧兵長休静・惟政・騎虚(フュジョン・ユジョン・キホ)の影幀(えいてい)が奉安されている。毎年秋に大法会が開かれ、国宝に指定されている甲寺三身仏掛仏幀が開帳される。

鶏龍山の東に位置する尼寺

東鶴寺
（トンハクサ　동학사）

忠清南道公州市反浦面東鶴寺1路462　　충청남도 공주시 반포면 동학사 1 로 462

大田市内から東鶴寺行の市内バスで終点下車、所要約1時間。

東鶴寺 渓谷

　東鶴寺は公州市街地の南東、大田広域市・公州市・論山市にまたがる鶏龍山国立公園内にある。麓の反対側には有名な甲寺があり、そこへ通じる登山道路も整備され3〜4時間の各コースがある。周辺には鶏龍山窯跡や鶏龍山陶芸村もある。

　東鶴寺は鶏龍山の4大寺（新元寺・九龍寺・甲寺・東鶴寺）の一つで、鶏龍山の東側に位置する尼寺である。大雄殿の奥数十mに尼房がある。724（新羅聖徳王23）年に上願祖師の発願で、懐義和尚が創建したものを高麗の太祖王建の願堂に定め、国運を祈願したと伝えられる。

　1728（朝鮮英祖4）年に全焼し、1814（純祖14）年に錦峯月印和尚が再建した後、1864（高宗元）年に大伽藍に改築した。

　境内には清涼寺跡五層石塔と清涼寺跡七層石塔、そして道指定文化財として鶏龍招魂閣跡、三聖閣、三層石塔、三隠閣、肅慕殿などがある。また参道沿いには「東鶴僧伽大学」という尼僧の教育機関がある。

Column

陶磁戦争

1592（文禄元）年から1598（慶長3）年の2回にわたって、豊臣秀吉が朝鮮半島を侵略した戦争を現在日本では文禄・慶長の役と呼んでいる。朝鮮側では1592年、1598年の干支により「壬辰倭乱（イムジンウエラン）」「丁酉再乱（チョンユチェラン）」と呼んでいる。この戦には豊臣秀吉の命により日本全国の大名が動員されて渡海、出兵した。出兵の際に諸大名が集結し、陣を構えたのが肥前の名護屋（現佐賀県唐津市）であった。ここに秀吉が九州諸大名を動員して築いた名護屋城を大本営とし、半径3km程の範囲に、全国から参集した諸大名の陣所が130以上も設営された。往時には将兵・商工人を合わせ10万を超える人々が駐留・居住していたとみられている。

日本では戦国時代、茶道の興隆に呼応して桃山時代になると、茶陶文化が展開した。瀬戸黒・黄瀬戸・志野・鼠志野などの瀬戸・美濃窯、そして茶陶を集約化した織部、朝鮮陶工の指導により開窯した佐賀の唐津窯、長次郎・仁清・乾山などの京焼であった。

6年に及ぶ戦の終結に臨んで、西日本の大名たちは朝鮮の陶工を自国に連れ帰り優遇し、藩内で焼き物生産に従事させた。特に現在の佐賀県有田に入った陶工たちが有田の泉山で磁器生産に最適な原料磁石の山を発見したことから、この地域が一大窯業地となって、近世以降の日本の窯業発展に大きく寄与することとなった。これらのことから、文禄・慶長の役は陶磁戦争、焼き物戦争などとも呼ばれている。

以前に開窯していた唐津窯に加え、新しく興った窯には、毛利藩（山口県）の萩、鍋島藩（佐賀県）の有田、島津藩（鹿児島県）の薩摩、細川藩（福岡県）の上野（あがの）、黒田藩（福岡県）の高取などがある。

このうち、唐津は東日本の瀬戸・美濃窯に対して西日本を代表する施釉陶器を生産する窯で、文禄・慶長の役以前の天正年間後半には開窯していたと見られるが、これも朝鮮半島から渡来していた陶工によるものと考えられている。

これらの朝鮮陶工により始められた国産磁器生産のうち、以後最も普及定着したのが有田窯の磁器であろう。佐賀県有田での磁器生産は、伝承によれば朝鮮半島から渡来した陶工李参平（りさんぺい）が始めたとされていたが、窯跡の発掘調査による考古学的検討により、それよりやや遡る慶長年間ではないかと推定されるようになった。いずれにしても国産磁器生産は江戸初期に始まった。

唐津窯の陶器生産を母体に、文禄・慶長の役を契機とした渡来陶工の力により大きく展開したものである。この有田地域で焼かれた磁器は、北に隣接する伊万里

123

の港から舟運により全国各地に出荷されたことから、伊万里焼と呼ばれるようになった。
　一方、韓国の陶磁器生産を見ると朝鮮時代は粉青沙器と白磁の時代であった。粉青沙器は高麗の象嵌技法が継承されたものとも見られ、灰色素地に白土で加色した陶磁器の総称で、日本では三島、刷毛目、粉引などと呼ばれた。16世紀に入ると陶磁器生産は次第に白磁の比率が高くなり、この文禄・慶長の役の戦乱で生産体制が崩壊し、粉青沙器生産が途絶えることになった。

Column

論山大仏として親しまれる四頭身弥勒菩薩

灌燭寺
（クァンチョクサ　관촉사）

忠清南道論山市灌燭路1番キル25（灌燭洞）　충청남도 논산시 관촉로1번길25

論山市外バスターミナル前より建陽大、可也谷行き市内バス乗車、灌燭寺で下車（約14分）。車で約5分。

灌燭寺 石仏

　論山市街地の南東約3kmに位置する灌燭寺は大韓仏教曹渓宗第6教区本山である麻谷寺の末寺で、高麗の光宗968年に創建された寺院である。慧明大師の開山とされる。本堂は1386年に建立したものであるが、現在の建物は1674年に修築されている。
　昔、中国僧智安がこの寺にある石造弥勒菩薩立像を見て、蠟燭の光のように光ると言って拝んだことから、灌燭寺と名づけられたと伝えられる。

この寺の石造弥勒菩薩立像（宝物第218号）は1006年に完成したとされる韓国最大の仏像で、人々から論山大仏・恩津弥勒と呼ばれ親しまれている。細長い造りと長く伸びた頭、顔は額が狭く顎が広い三角形で、円筒形の冠とその上の四角形の2段の宝蓋が特徴である。宝蓋の四隅には風鈴が付されている。花崗岩製で高さ約18m、周囲約9m、目の間約2m、耳の長さは2mある。巨大な仏像、土俗的彫刻である点で韓国を代表する仏像である。

　弥勒菩薩の前には同時代に製作されたといわれている大石灯（宝物第232号）がある。四角石灯で火窓を中に、下に台石を3段、上に屋根石と笠石を配置した形である。境内にはこの他、舎利塔、蓮華拝礼石、事蹟碑、観音殿、三聖閣、四溟閣、解脱門、顕忠閣、独立運動記念碑などがある。

高麗太祖（王建）の開国報恩の寺

開泰寺
（ケテサ　개태사）

忠清南道論山市連山面階伯路2614-11　　충청남도 논산시 연산면 충백로 2614 - 11

論山バスターミナルの東方向に約16㎞の地点にあり、バスでは約50分。
KTX 大田駅から南西28.2㎞、車で45分。

　この寺は高麗太祖が、後百済と最後の決戦を繰り広げた後、三国を統一して高麗を開国することができたのは仏の恩恵と思い、これに報いるため936（太祖19）年激戦地であったここに建てた最大規模の開国の寺院である。その後高麗末の政局混乱の隙を見て西海岸に侵入した倭寇が、公州を経て忠南連山まで侵入して開泰寺をしばしば襲撃した。

　倭寇の出没による放火と略奪のため廃寺になっていたが、1930年に尼僧が昔の寺跡に埋められている三尊石仏を探し出したのを契機に、元の寺跡に一部の建物を建設した。

　その三尊仏像は高麗初期に作られたと推定される三尊石仏（宝物第219号）である。端正であるが小太りな体型で大きい両手と重量感ある腕、多少厚くなった天衣と線で刻んだ衣文などは、統一新羅より高麗初期の堅固な気性が表れている新しい様式の特徴を見せる代表的な仏像である。

開泰寺 三尊仏（現在は極楽大宝殿に安置）

階伯将軍墓と百済の軍事と武器の展示館
百済軍事博物館
（ペクチェ グンサ パンムルグァン　백제 군사 박물관）

忠清南道論山市夫赤面忠曲路311-54　충청남도 논산시 남편적면 충곡로 311-54

論山駅から車で約25分。

　論山バスターミナルで開泰寺(ケテサ)へ行く途中に百済軍事博物館がある。博物館敷地内には階伯将軍墓(ケベク)、階伯将軍の位牌と影幀(えいてい)を祀る忠壮祠、百済の軍事活動と武器を知ることができる展示館などがある。博物館内部は地下1階、地上2階で百済時代土城を造る様子の再現と、当時の武器類と鎧、黄山原(ファンサンボル)の戦闘場面などが展示されている。

　百済の将帥(しょうすい)階伯将軍は、新羅・唐連合軍が百済首都の泗沘・扶余を攻撃して百済が絶命の危機に陥った時、家族を全て殺して5千人だけの決死隊を率いて、論山地域で最後の決戦を繰り広げ全滅した。

見学の手引き

　公州は百済時代には熊津といわれ、457年から63年間は都が置かれた。毎年10月には百済文化祭が開催される。主な見どころは百済時代の遺跡が中心で、宋山里古墳群・国立公州博物館・公山城へはシティツアーが便利。近郊へのショートトリップとしては、市内バスで40分ほどの儒城温泉、鶏龍山や麻谷寺がお勧めである。

- ソウル江南高速バスターミナル→公州高速バスターミナル（20〜40分間隔、所要時間2時間20分）
- 大田東部（及び西部）市外バス共用ターミナル→公州市外バス共用ターミナル（5分間隔、所要時間1時間）
- 公州シティツアー：日曜日と第2・4土曜日、武寧王陵駐車場　10:00発
- 公山城周回1時間コース：チケット売場→（西エリア）錦西楼→（南エリア）双樹亭・双樹亭史跡碑・推定王宮池・鎮南楼→（東エリア）臨流閣・明国三将碑・東門楼・光復楼→（北エリア）霊隠寺・蓮池・挽河楼・拱北楼

　論山の名所は灌燭寺と、そこにある論山大仏として知られる弥勒菩薩である。大田東部（及び西部）市外バス共用ターミナルからのアクセスがあり、10分間隔で発車、約50分で着く。江景塩辛定食が有名なので、機会があればぜひご賞味を。

第2節 扶余

百済最後の都・扶余

扶余と王城の概要

扶余 全景（中央が扶蘇山城、奥が白馬江〈錦江〉）

　扶余は公州の南西方およそ27kmの距離に位置し、百済最後の都邑、泗沘都城があったところである。扶余郡は1邑と15の面(町)で構成されているが、百済の泗沘城は現在の扶余邑一帯に該当する。現在の扶余邑は扶余の行政中心地として郡庁があり市場が形成されている。

　百済第26代王で武寧王（ムリョンワン）の息子、聖王（ソンワン）(523～554年)は538年熊津（ウンジン）から泗沘へ遷都し、その後百済が滅亡した660年まで123年間都城として存続した。『三国史記』にはここを所夫里（ソブリ）と記録している。『三国史記』によれば、百済最初の都邑は河南慰礼城（ハナムイェリソン）であり、紀元前18年に温祚王（オンジュワン）が建国した後、475年まで維持され漢城と呼ばれ、この500余年の期間は百済漢城期と呼ばれている。ソウル松坡（ソンパ）区にある風納土城（プンナプトソン）と夢村土城（モンチョントソン）がその遺跡と推定されている。

　百済の2番目の都邑は熊津城である。

高句麗 長寿王(チャンスワン)の攻撃で漢城が陥落して蓋鹵王が殺された後、彼の息子の文周王(ムンジュワン)が遊民を収拾して南遷した475年から、聖王が泗沘都城へ遷都した538年までの63年間、都城として機能した。現在の公州にある公山城が熊津城と推定されている。

第1都邑の河南慰礼城は漢江(ハンガン)辺に位置し、2番目の都邑熊津城(公山城)と3番目の都邑の泗沘都城も錦江辺に位置する。

扶余は公州に比べて錦江下流に近いが、『三国史記』には公州一帯の錦江本流を熊津江、扶余一帯は白江(ペガン)とし、『日本書紀』には白村江と記録されている。泗沘都城は百済都邑が熊津にある時から遷都対象地として選定されて、計画的に造られた新都市である。

中国の『北史』『隋書』を見ると、百済の都城には1万戸あり、5部に編成と、それぞれの部の下に5巷を置いたとある。5部は上部、前部、中部、下部、後部である。扶余の遺跡で発見された標石と刻印瓦、木簡には「前卩」、「後卩」「上卩」「西

ト」「後巷」などの銘文が見られることから、百済の5部は実在し、各部は前・後・上・中・下または東・西・南・北・中など防衛を表す名称で呼ばれていたと思われる。現在5部5方の正確な位置は確認できないが、発掘調査成果を基にいろいろな仮説が提示されている。

泗沘都城王宮の位置は扶蘇山南方の官北里（クヮンブンニ）一帯にあると推定されている。官北里遺跡では大形建物跡と地下木梘庫（もっかくこ）（各種果物と野菜などの保存庫）、瓦を繋いで作った排水路、池跡などが発掘されて王宮後苑の様相を見せるが、王宮の位置は確認されていない。官北里遺跡の北方背後には扶蘇山城があり、王宮の防御施設兼後苑の役割をした山城である。『三国遺事』には泗沘郡に日山（イルサン）、呉山（オサン）、浮山（プサン）という三山があるという記録がある。浮山は扶蘇山南西の錦江向かい側に同じ名前の山があり、日山は扶蘇山、呉山は国立扶余博物館背後の錦山（クムソンサン）と推定する意見もある。

官北里遺跡では北から南へ向かう幅が8.9mの大路遺構が発見された。これと一定の距離を置き平行する小路も発見され、官北里遺跡の南方でも南北大路と直交する幅3.9mの小路が発見されている。

このような百済の道路遺構は最近の扶余市街地はいうまでもなく、扶余邑の南方と東方の低湿地でも多数発見され、大部分が官北里遺跡の道路と軸線が一致して、泗沘都城が南北及び東西方向の道路で碁盤の目のように区画されていたと推定させる。

扶蘇山と官北里遺跡の南方の扶余市街地中心部には定林寺跡（チョンリンサ）があり、王宮と共に泗沘都城の中心となる寺跡である。官北里遺跡の南北大通りを延長してみれば、定林寺西方垣根に続いて南に連結している現在の道路とほとんど一致している。この道を南へ行けば宮南池（クンナムジ）に至り、このラインを繋いで泗沘都城の中心をなす朱雀大路があったと推定される。『三国史記』の659（義慈王（ウィジャワン）19）年9月の条に、「夜に鬼神が宮南路で哭した（夜鬼哭於宮南路）」という記録の宮南路がそれと同じと推定される。

泗沘都城外廓には羅城が築造されていた。泗沘都城の西方と南方には錦江が流れていて、この一帯には城壁が確認されず羅城が造られなかったと推定される。

錦江と羅城は、泗沘都城の防御施設であると同時に都城と外郭の境界線の意味を持っている。泗沘都城は整然と区画され、各区画は道路で区分されていた。東羅城外郭には王陵の陵山里（ヌンサンニ）古墳群をはじめとする多くの古墳群があり、錦江向かい側の西方にも多数の古墳群が知られている。羅城と錦江を境界とした泗沘都城内部の居住空間と都城外郭の墓域がはっきり区分されている。このように居住区域と墓域が明確に区分された構造は中国の都城と相通じ、泗沘都城の緻密な建設企画を見ることができる。

中国『北史』百済の条に「寺塔が多い」と記録があるが、実際、泗沘都城内外には二十数ヵ所の寺跡がある。百済は389

（枕流王元）年東晋から胡僧摩羅難陀が入国して仏教を伝え、翌年初めて仏舎を建設する。泗沘都城内には定林寺が中心部にあり、扶蘇山に西腹寺、扶蘇山南方に旧衛里寺、宮南池西方に軍守里寺などが建設された。扶蘇山の西方下には「クドレ」という船着場があり、ここで錦江を渡れば王興寺があるし、東羅城と陵山里古墳群の間には陵山里寺がある。

扶余は百済の滅亡以後、統一新羅時代には扶余郡が設置されて高麗時代まで続いた。朝鮮時代には扶余県の治所だったので扶蘇山南麓に官衙と客舎が残っている。

世界遺産の扶蘇山城と羅城

扶蘇山 〖ユネスコ世界遺産〗
（プソサン　부소산／史跡第5号）

忠清南道扶余郡扶余邑扶蘇路31（双北里山1）　충청남도 부여군 부여읍 부소로 31（쌍복리 산1）

大田西部市外バスターミナルから約1時間半で扶余市外バスターミナル、徒歩15分程。

扶余 扶蘇山 皐蘭寺

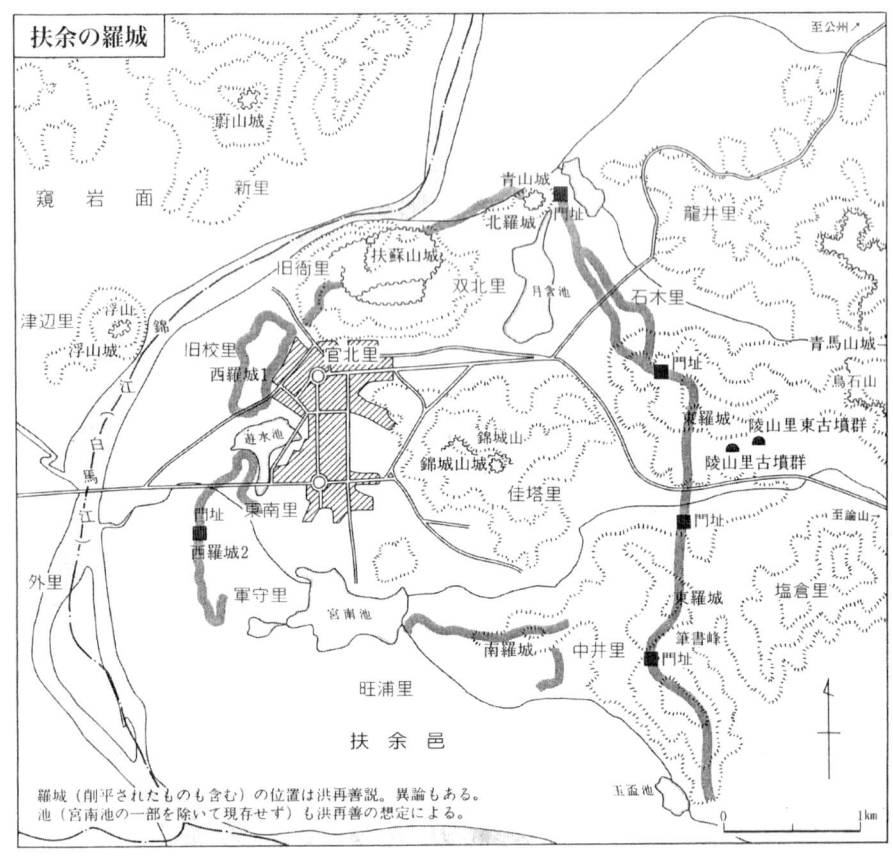

扶余の羅城

扶余の羅城（森 他 1989）

　扶蘇山は扶余市内の北方にある海抜98.2mの山である。東方と南方は緩やかな傾斜をなしているが、北方は錦江に面して急傾斜である。

　扶蘇山には扶蘇山城が築造され、現在百済、統一新羅、朝鮮時代の城壁が残っている。百済の城壁は、扶蘇山頂上部を中心に東方と西方に繋がる稜線に従って築造されて、城は渓谷を囲い込む形態でいわゆる包谷式山城であり、城壁は築地（版築工法）で築造されている。全体長は2,495mに達する。

　統一新羅時代には百済の城壁に続き、扶蘇山頂上部を囲む形態の城壁が築造された。扶蘇山城には東西南北方面に4個の門跡がある。

　城内では4基の建物で構成された朝鮮時代の軍倉跡が発掘され、鉄製武器をはじめとする多くの遺物と共に焼けた米、豆、麦などの炭化穀物も多量に出土

扶余 扶蘇山 泗沘楼

した。軍倉跡の周りには統一新羅時代の山城に繋ぎ合わせた朝鮮時代の城壁がある。この軍倉跡が造られる以前に百済の建物があり軍倉跡から西方へ400mの地点から百済の家屋跡も発掘されている。現在軍倉跡の礎石が保存され、百済家屋跡には展示施設があり発掘当時の姿が見られる。

泗沘城は都の防衛のために町の周囲に羅城を構築している。扶蘇山城は泗沘羅城の起点であるが、城砦は丘陵から平地へと続いて泗沘都城の北方と東方を覆っている。それは扶蘇山城の東門跡から出発して東方の青山城(史跡第59号)を過ぎて、東南に延び、青馬山城附近から南に折れて錦江に至る。

青山城は独立城砦と認識されてきたが、最近の発掘調査で羅城の一部と判明した。扶蘇山城で青山城に至る区間を北羅城とし、青山城から陵山里を過ぎて錦江に至る区間を東羅城という。羅城の全長は8km程度と推定されてきたが、実際城壁が確認された区間は6.3km程度であった。

羅城には全5ヵ所の門跡があり北羅城に1ヵ所、東羅城区間に4ヵ所である。版築築地の扶蘇山城と違って石築で城壁を築造している。地盤が湿地で軟弱な低

泗沘羅城 城壁

地帯では敷葉工法で木の枝を敷いて基礎を固めている。同様なものは大宰府(福岡県)の水城を築造する時にも適用されている。

　扶蘇山城西方も城壁が短く繋がっているが、錦江に沿った泗沘都城西方では羅城は確認されていない。扶蘇山の西方には西腹寺跡（ソブクサ）と呼ばれる百済の廃寺跡がある。1980年に発掘調査され、中門と木塔と金堂が一直線に配置される一塔一金堂式伽藍であった。周囲には瓦積基壇がめぐる回廊跡も発見された。木塔基壇では金銅銙帯金具（かたい）が出土し、寺域においては塑造像と蓮花文軒丸瓦（れんげもんのきまるがわら）、鴟尾（しび）などの遺物が発見され、7世紀中葉に創建され

たと推定される。

　扶蘇山の西北側には高さ40〜50mの岩絶壁があり、ここを落花岩（ナククァアム）と呼ぶ。百済が新羅・唐連合軍に敗れた時、百済の宮女たちが次々に錦江に身を投げた場所と伝えられる。

　扶蘇山西北面には皐蘭寺（コランサ）という寺がある。この寺は高麗時代に創建された伝えられるが、現在の建物は1959年ごろ恩山面の崇角寺（サンミョンスンガッサ）という寺から移され、上棟文（じょうとうぶん）から1729年改築した記録も発見された。皐蘭寺という名前は、寺の後ろの岩壁に皐蘭草が自生することに由来するが、皐蘭草は絶滅危惧種である。岩壁下には薬水が涌きこの薬水を飲めば若返るとい

う伝説がある。
　扶蘇山は百済王宮を防衛する山城だけではなく、王宮の後苑の性格も持っていた。今でも樹齢100年以上の松と各種の木が自生している自然公園として散歩道が整備されていて、市民の休息の場所となっている。

百済の王宮跡地と注目された官北里
官北里遺跡　ユネスコ世界遺産
（クァンブクニユジョク　관복리유적／史跡第428号）

忠清南道扶余郡扶余邑官北里33 外　충청남도 부여군 부여 읍　관복리 33 밖

扶余バスターミナルから北に徒歩で5分程。

官北里遺跡　瓦管導水施設

官北里遺跡は扶蘇山城(ブソサンソン)の南方一帯に位置する遺跡で、1982年の発掘調査において百済の蓮池が発見され百済王宮跡として注目された。以後1992年までは忠南大学校博物館、2001年から2008年までは国立扶余文化財研究所によって13次にわたって発掘調査が行われた。

　蓮池は花崗岩の割石を積んで造られ、東西長11m、南北長6m、深さ1mほどの長方形の池である。池からは百済の蓮華文軒丸瓦と土器、耳飾りと木製品などと共に蓮の葉と種も出土した。池の東方では東西石垣と直角をなす南北方向の道路が確認され、この東方では南北と東西に直交する道路と瓦積基壇建物跡、礎石建物跡などが確認された。

　2001年からは蓮池周辺と西方一円の発掘調査が実施され、百済から高麗時代の遺構が確認された。百済の遺構は建物跡、地下木槨庫、石槨庫、工房、瓦管導水路、木槨(もっかくこ)水槽、石垣池、集水施設、井戸などである。

　東南側一帯には主に工房跡と廃棄場、南方一帯には道路と池、西南側一帯には大型建物跡と地下貯蔵庫、西北側一帯には築台と導水施設が配置されていた。

　大型建物跡は基壇を60cmほど盛土した後に、周囲を上下2段に分けて築いている。下部基壇は割石と瓦片を併用して築造し、上部基壇は大型石材を利用している。積土中央には方形礎石があったと推定され、正面7間、側面4間のものであったと考えられている。

　また、この東方には階段施設の基礎である敷石施設があり、北方には垣根の一部の施設も確認された。この建物跡は既存の瓦積基壇建物跡と道路、地下貯蔵庫などがあった場所を整地して築造してあり、建物跡基壇の盛土層内出土蓮華文軒丸瓦から7世紀以後に建設されたと考えられる。

　630年の大々的な泗沘宮再建、655年の太子宮修理の事実を伝える『三国史記』の記録と関連した建物と推定される。

　大型建物跡周辺では地下木槨庫と石槨庫が多数発掘された。木槨庫からは植物の遺物が多数出土し、果物と野菜の種などが発見され、それらの貯蔵倉庫であることがわかった。

　現在遺跡には木槨庫1基が復元されている。西北方一帯では瓦を連結した東西方向の導水管が発見され、上水道施設であることがわかった。

　官北里遺跡の発掘調査では、王宮に相当する建物は確認されなかった。しかし多くの建物と工房跡などが配置されている点から、王宮運営を支援する施設があった空間として理解されている。特に大形建物跡は泗沘都城の離宮と思われる益山王宮里(イクサンワングンニュジョク)遺跡で発見されたものと同様な構造で、後宮に該当する建物である可能性が大きい。

百済滅亡を刻み込まれた石塔

定林寺跡五層石塔　ユネスコ世界遺産

（チョンリムサジョク オチュンソクタプ　정림사적 오층석탑／史跡第9号）

忠清南道扶余郡扶余邑定林路83　충청남도 부여군 부여읍 정림로 83

扶余市外バスターミナルから東方に徒歩15分。

　定林寺跡は扶余市内の中心部に位置する百済の寺跡である。定林寺跡には発掘調査において確認できた中門前の池が整備され、百済時代に立てられた五層石塔（国宝第9号）と高麗時代に造られた石仏坐像（宝物第108号）がある。石仏坐像は講堂跡に露天展示されていたが1993年保護閣が作られた。

　寺跡東側には2006年定林寺跡博物館が開館し、定林寺の築造過程の模型と出土遺物を展示している。

　定林寺跡は1942年に朝鮮総督府博物館により初めて発掘調査され、以後2011年まで全10回にわたり発掘調査された。1942年の発掘調査で講堂跡から「太平八年 戊辰 定林寺 大蔵当草」という記銘がある高麗時代の瓦が出土して、1028（高麗 顕宗19）年当時、定林寺と呼ばれていたことがわかった。

　1979年から1980年にかけて実施された忠南大学校博物館の発掘調査によると、定林寺跡は講堂跡と金堂跡、石塔、中門、蓮池、南門が一直線上に配置された一塔一金堂様式で、中門から左右につながっていた回廊が、講堂の側面中央部と続いて寺域の中心部を取り囲む構造となっている。

　中門跡は3×1間、金堂跡は7×5間、講堂跡は7×5間の構造である。1992年には講堂跡復元のための発掘調査が実施され、百済期に創建され高麗期に再建されたことがわかった。

　2008年以後国立扶余文化財研究所が定林寺域の中心部を再発掘した結果、地盤が高い北東側は削平し、地盤が低い西南側は大々的な盛土整地して構築したことが判明した。

　泗沘都城の中心大通りに配置され、王宮と共に都城の築造プランの主要要素と理解されて、定林寺跡の築造年代を泗沘遷都がなった538年ころには完了したとするが、遷都以後にも漸進的に造られたとみる意見もある。定林寺跡の造営盛土以前に使われた炉跡の年代測定から、定林寺が7世紀代に造営されたとする見解が提起されている。

　最も重要なのが五層石塔である。この石塔は益山（イクサン）の弥勒寺（ミルクサ）跡石塔と共に現存する百済の唯一の石塔である。石塔の塔身には百済を占領した唐の将軍蘇定方（そていほう）

137

定林寺跡 五層石塔

の業績を称える「大唐平百済国」の銘文が刻まれていて、過去には「平斉塔(ピョンジェタプ)」と呼ばれたことがあった。

　定林寺が泗沘遷都後に建築されたという見解により、石塔の年代は6世紀中葉と推定されている。一方、発掘調査の結果、石塔は木塔が消滅した後に立てられたという反論が提起された。特に定林寺跡では多量の塑像が出土し、これらは本来木塔内に奉安されたものと推定されている。益山の弥勒寺石塔が木塔模倣の石塔であるのに比べて、定林寺跡石塔は典型的石塔様式である点から、7世紀に建設された弥勒寺跡石塔が定林寺跡石塔より先に造られたという見解もある。最近ではこの石塔が百済の滅亡直後に立てられた可能性が提起されている。

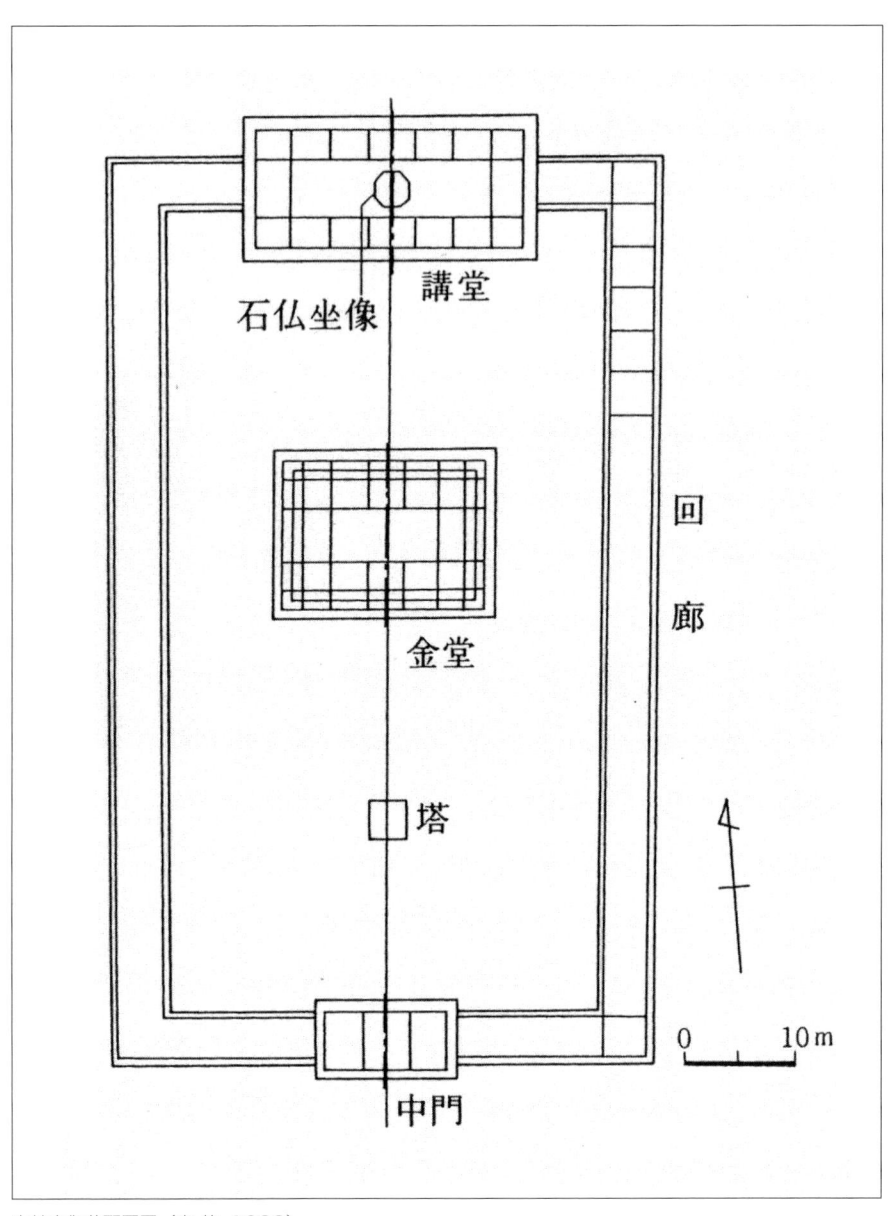

定林寺伽藍配置図（森 他 1989）

> 百済圏の文化を集めた専門博物館

国立扶余博物館

(クンニプ プヨパンムルグァン　국립 부여박물관)

忠清南道扶余郡扶余邑錦城路5　충청남도 부여군 부여읍 금성로 5

扶余市外バスターミナルから東に徒歩約20分。

国立扶余博物館

　国立扶余博物館は錦城山西麓に位置する。1915年創設された扶余古跡保存会が1929年財団法人となり扶余客舎で陳列館が運営され、1939年の朝鮮総督府博物館扶余分館設置が国立扶余博物館の前身となり、1945年国立博物館扶余分館が設立されたのが始まりである。1971年に建物を新築移転した。1975年国立扶余博物館へ昇格し1993年錦城山西麓の現在地に移転した。

　国立扶余博物館は百済文化専門博物館を標榜し、3つの展示室と1つの寄贈室で構成されている。

　第1室には百済以前の忠南地域の歴

扶余 出土塼

史を見ることのできる先史時代遺物が展示されている。松菊里文化を中心にした青銅器時代と初期鉄器時代の文化相を理解する資料を見ることができる。

第2室は泗沘期百済人の生活史を中心に構成されている。

第3室は百済泗沘期の仏教文化をテーマとしている。

朴万植(パクマンシク)寄贈室は建築学者の忠南大学校朴万植教授が忠南各地で収集した百済土器と遺物を展示している。

企画展示室では毎年春と秋に百済文化を中心にした企画展示が開催される。

野外展示場には石仏、石塔、碑石をはじめとする忠南地域の各種石造遺物が展示されている。泗沘(サビ)室という文化センター内の子供博物館には多様な体験プログラムが用意され、公演場では毎週土曜日の各種の文化公演が開かれている。

展示室観覧時間は、午前9時から午後6時であるが、土・日・公休日には1時間延長開館する。夏季節の4～10月の土曜日には夜9時まで夜間開館する。毎週月曜日と毎年1月1日には休館する。

Column

日韓に残る微笑みの百済仏

弥勒菩薩
みろくぼさつ

　朝鮮半島では三国時代ごろから弥勒信仰が盛んになり、至る所に弥勒像が造られた。新羅では花郎(ファラン)の信仰対象となり、百済には弥勒下生の地という伝承がある。

　中国、ベトナムにおいても地域差はあるが、弥勒仏が最も多いといわれている。

　日本では朝鮮半島を経て伝わり、飛鳥時代から弥勒像の制作が行われた。

　弥勒仏は、無文の王冠形宝冠が多く、右膝を大きく誇張し、裳は二重巻、左脛には衣文がない。仏塔をかたどった宝塔をつけた宝冠、宝塔を乗せた蓮華を持っているか、直接宝塔を手にしているかのいずれかで表される。椅坐像で右足を上げて左膝上に置き、右手で頬杖をつき中指を頬に当て薬指を前に曲げ、左手は右足の上に置いた思索のポーズをとっている。そのため、日本では半跏思惟像(はんかしい)と呼ばれている。

　韓国の金銅製弥勒菩薩半跏像(国宝第83号／韓国中央博物館所蔵)、塔形宝冠は丸みのある無文の三山冠で、相好はふっくらした下ぶくれの豊満な相で、半眼の目と弧を描く眉、かすかな微笑みをたたえた口元は柔和である。長い耳朶、装飾は2条の首輪だけである。右膝を大きく誇張し裳は二重巻、左脛には衣文がな

韓国 金銅製弥勒菩薩半跏像

い。全身に鍍金(ときん)し漆箔(しっぱく)を施している。韓国併合直後の1911年か12年に、朝鮮人骨董商より王室が購入し、李王室博物館の所蔵となっていた。入手経緯と出地が不明である。

広隆寺の半跏思惟像(国宝第1号)は603(推古11)年秦河勝(はたのかわかつ)が聖徳太子から賜った仏像を本尊とした。無文の塔形宝冠をかぶり半眼と大きな眉、口元には微笑みが見られる。長く垂れた耳朶、身体の装飾は全くない。右手の薬指を頬に寄せ、左手は右脛に置く思索のポーズである。赤松の一本作りで像の高さ84.2cm、木裏から彫られている。やや細身に見えるがこれは乾漆が落ちたためといわれる。1960(昭和35)年に拝観していた大学生がその美しい姿に魅せられ、右手の薬指を折ってしまった事件があった。様式的にはこの2体の弥勒菩薩は酷似し共に百済仏と考えられる。

歴史の中でこれらの2つの観音像の変遷はどのようなものであったのだろうか。

広隆寺 半跏思惟像

Column

泗沘城内の寺と韓国最古の人工池
軍守里寺跡・宮南池
（クンスリサジョク・クンナムジ　군수리사적／史跡第44号・궁남지／史跡第135号）

忠清南道扶余郡扶余邑軍守里 19-1　　충청남도 부여군 부여읍 군수리 19-1
忠清南道扶余郡扶余邑宮南路 52　　충청남도 부여군 부여읍 궁남로 52

扶余バスターミナルから徒歩15分。宮南池から200m。

宮南池

　軍守里寺跡は扶余市内の南方に位置し、周辺には松林がある。現在軍守里寺跡は埋め戻して保存されている。この遺跡は1935～1936年に発掘調査が行われ、百済時代の寺跡であることがわかった。以後2005～2011年国立扶余文化財研究所により寺域全般に対する発掘調査が行われた。軍守里寺跡は木塔と金堂、講堂が一直線上に配置された百済の典型的な一塔一金堂式伽藍である。講堂左右には一定の距離を置いて建物がある。回廊も整っていたといわれるが発掘調査では削平されて、正確な様相は確認できなかった。回廊外郭には寺の付属建物跡が確認された。

　金堂は二重の瓦積基壇で、木塔跡は塼積基壇であるが、これは百済の寺院伽藍中で唯一の事例である。階段も塼で築
せんづみ

造されている。

　軍守里寺跡では蠟石造如来坐像(宝物第329号)、金銅弥勒菩薩立像(宝物第330号)、忍冬蓮華文箱形塼、蓮華文軒丸瓦、指頭文平瓦など多様な遺物が発見された。

　蠟石造如来坐像と金銅弥勒菩薩立像は金丸、小玉等と共に木塔の心礎石付近で出土した。百済伽藍では木塔の心礎石付近に装身具をはじめとする貴重品を埋納する場合が多く、扶蘇山寺跡、王興寺跡、弥勒寺跡などが代表的な埋納例である。

　軍守里寺跡で出土した箱形塼は、百済の塼の中でも非常に特異な遺物である。この塼は前面に蓮華文と忍冬文が装飾され、側面と後面が開いた中空な空心塼の一種である。隣接する宮南池と軍守里寺跡だけで出土した特異な塼である。この遺跡の南東錦江向かい側にある亭岩里窯跡で、軍守里寺跡と同様な蓮華文軒丸瓦と箱形塼が発見され、軍守里寺へ亭岩里窯跡から瓦・塼が供給されていたことがわかった。

　軍守里寺跡から東に200mに宮南池という大型池がある。ここは扶蘇山から定林寺跡を通る直線の通りで連結し、『三国史記』に出てくる泗沘都城の中心通りの宮南路と推定されている。宮南池の名称は『三国史記』の634(百済武王35)年条の記録、「宮城南方に池を掘り、水を20余里のところから引き入れ、四方の岸に柳を植えて池中に島を造り方丈の仙山に擬した」に由来する。宮南池一帯は広く

軍守里寺跡出土 金銅弥勒菩薩立像

低湿地を形成し、以前から文献記録に見える百済の池と推定されていた。1965～1967年に大規模復元工事が行われ百済土器と瓦が多量に出土した。以後1990～1993年、1995～2000年に国立扶余博物館と国立扶余文化財研究所によって発掘調査が行われ、道路と建物跡などが発見され土器、瓦、塼、木簡、草鞋など多数の遺物が出土した。

　池は確認されなかったため、百済宮南池の正確な位置は不明である。現在の宮南池には『三国史記』に記録されたとおり、池周辺に柳を植えて水中に島を造りそこに東屋を建てた。周辺には大規模に蓮を植え花が満開になる7月に毎年蓮華祭が開かれる。宮南池東側にある花枝山は百済武王が造成した望海亭があった所と伝えられている。

飛鳥寺の原形ともいわれる祈願寺

王興寺跡

（ワンフンサジョク　왕흥사적／史跡第427号）

忠清南道扶余郡窺岩面新里37-2 外　충남로 부여군 규암면 새리 37 - 2 밖

国立扶余博物館より車で14分程。

王興寺跡 舎利函

　王興寺跡は百済王宮があったと推定される扶蘇山及び官北里一帯の西方を流れる錦江の向かい側にある。1934年この一帯で「王興」という銘文がある高麗時代の瓦が収拾され、この一帯が王興寺と比定された。『三国史記』によれば、王興寺は600（百済法王2）年に創建され、634（武王35）年に落成した。

　2000〜2011年まで国立扶余文化財研究所により発掘調査が行われ、百済の伽藍と統一新羅時代の建物跡と高麗時代の伽藍が確認された。伽藍は百済期に創建され、統一新羅時代に廃寺となり、高麗時代に再建された。百済期の伽藍は木塔と金堂が一直線上に配置された一塔一金堂の構造であり、主軸線は真北方

向である。金堂の背後には講堂跡が確認されたが削平のため全貌は不明である。中心寺域の両側には塔跡から回廊跡が繋がるが、正確な構造はわからない。講堂跡西側でも付属建物跡が確認され、東方にも対称的に建物があったと推定できる。金堂跡と木塔跡は高麗時代に削平され百済期の構造は不明である。

　木塔跡の南方15mには中門と推定される礎石建物跡があり、東西方向から寺域に進入する施設がある。

　金堂跡基壇は1段だけ残存し、版築で造成し、縁には割石をめぐらす。残存高は90cm程度である。高麗時代の金堂基壇は百済期金堂より60cmほど内側に築造された。金堂と木塔間には石敷歩道の一部分が残っている。

　木塔跡は一辺12.2mの正方形である。基壇は1段だけ残存し、縁は割石で造られている。

　階段跡は北・東・西側に残存する。基壇中央に心礎石があり基壇の地下50cmに100×110cmの方形心礎石が据え付けられていた。心礎石上面は扁平だが、中央の南に16×12cm、深さ16cmの舎利孔が開けられて、花崗岩の蓋で覆われていた。舎利孔の蓋横には木製箱が置かれ周辺に85点の装身具があり、舎利を安置した時の供養と推定される。

　舎利孔には舎利器が安置され、青銅盒内部に銀製舎利壺、その中に金製舎利瓶が納入される三重のものであったが舎利は確認されなかった。青銅舎利の胴体外面には5字6行総29字の「丁酉年

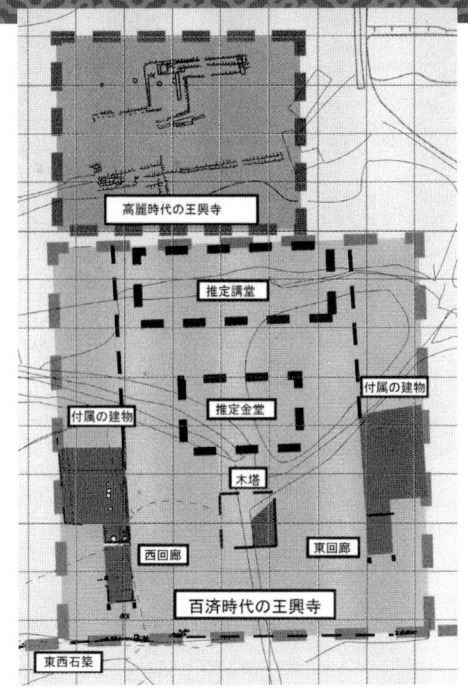

王興寺伽藍配置図（国立扶余文化財研究所パンフレット）

二月十五日 百済王昌(チャン)為亡王子立刹 本舎利二枚葬時神化為三」という銘文が刻まれていた。その内容は、「丁酉年（577年）2月15日百済の王昌が、世を去った王子のために塔を立てる。舎利を2つ入れた時不思議なことに3つになった」という。昌は威徳王(ウィドクワン)の名前であり、567年に建設された陵山里寺木塔跡の舎利箱にも「昌王(チャンワン)」という銘文が書かれていた。これは百済威徳王が577年に死んだ王子のために寺を建てたことを示す。陵山里寺創建の10年後である。威徳王死後、後を継いだ恵王(ヘワン)は喜寿（70歳）に近い年齢の弟だった。この金石文の記録は、王興寺が600（法王2）年に創建されたという記録と相当の違いがあり大きな波紋を呼んだ。

147

焼失した百済文化の立体復元団地

百済文化団地
（ペクチェムンファダンジ　백제문화단지）

忠清南道扶余郡窺岩面百済門路374　충청남도 부여군 규암면 백제문로 374

扶余市外ターミナル付近のバス停留場から咸陽(ハミャン)・虎岩(ホアム)行きバス乗車「百済歴史文化館」下車、徒歩約5分。

百済文化団地 正陽門

　百済文化団地造成事業は、三国文化の一つとして韓民族文化の根幹をなし、古代東方文化の中心として文化の花を咲かせた百済歴史文化を再現するために実施された。1994～2010年まで17年間かけて327万6,000㎡（約100万坪）の敷地に37億余円の予算を投入して造られた。百済王宮の泗沘城、百済の代表

寺院の陵山里寺(ヌンサンニサ)、階層別住居文化を復元した生活文化村、百済開国初期宮城の慰礼城、百済の代表的古墳が見られる古墳公園、忠清南道民の寄贈による百済の林、最初の百済史専門博物館である百済歴史文化館が併設されている。

　当初は「百済歴史再現団地」として、推進されたが、初期段階から、百済時代の

建築様式の基礎資料と生活像の考証不足、近代的建築工法活用など数多くの問題があり話題となった。

一方、団地内にはロッテ扶余リゾートが造られて歴史文化体験はもちろん、レジャー、休養、ショッピング、体験など歴史テーマ型複合観光団地として造成が進められてきた。

また団地内には韓国文化財庁が国立韓国伝統文化大学校を2000年に設置し、2013年には大学院課程も開設して現在に至っている。本校は伝統文化の創造的継承と発展を希求し、文化財の保存と活用に関した理論と応用力を備えた伝統文化のスペシャリスト養成を目的として、現場中心の教育課程を重視しているのが特徴である。

百済の盛衰が見られる百済王室の陵苑

陵山里古墳群（ユネスコ世界遺産）・陵山里寺跡
（ヌンサンニコブングン　능산리고분군／史跡第74号）
（ヌンサンニサジョク　능산리사적／史跡第434号）

忠清南道扶余郡扶余邑王陵路61　충청남도 부여군 부여읍 왕릉로 61

扶余市外バスターミナルから約2km。徒歩20〜25分。車で5〜10分。

陵山里古墳群は泗沘羅城の東方外郭に位置する古墳群で、百済王室の陵園として知られている。1916年と1917年の2度にわたり発掘調査が行われ、陵山里古墳群として知られている6基の中心的古墳とその西方の古墳を調査対象とした。中心の古墳6基は上下2列に配置されていて、それらの位置により東上塚、東下塚、中上塚、中下塚、西上塚、西下塚と命名されて墳丘が復元されている。

西方の古墳群は築造材料と構造及び位置によって塼床塚、割石塚、遥馬大塚、石槨墓と名前がつけられ『大正六年度古蹟調査報告』と『朝鮮古蹟図譜』にその内容が簡略に紹介されている。以後1937年に中心古墳群の東方200m地点一帯に位置する、東1号墳〜東5号墳の調査も実施された。

陵山里古墳群で発掘調査された14基の古墳は地下に墓壙を掘り込み、石積みで墓室を造って前面に入り口を置き、進入する羨道と墓室よりなる横穴式石室墳である。羨道は前面の中央または一方に偏り、入り口には門扉石、門柱石、門楣石、門地枋石が組まれ板石と割石で閉鎖した。百済の古墳は積石塚、土壙木槨墓、甕棺墓、石槨墓など多様な墓制が確認され、特に横穴式石室墳は漢城、熊

149

陵山里古墳群・陵山里寺跡 全景

津、泗沘期を通して最も代表的な墓制である。

　陵山里古墳群の石室平面形は長方形で、壁は1〜3枚の花崗岩製の板石で造られ、天頂は、1〜4枚の板石で築造される。両壁の上に板石を上げて断面形が方形を帯びるものもあるが、両側長壁との角に長台石を少し斜めに積み断面形が六角形とするほうが多い。このような断面六角形の石室墳は「陵山里型石室」と呼ばれ、百済泗沘期の多くの石室墳がこのような構造をしている。

　陵山里古墳群の石室は、表面を研磨した花崗岩製板石で築造されているものもあるが、割石を板石形にして築造したものも多数共存する。このような石材の差は古墳の被葬者の生前の位と関連があると考えられる。床面には割石を敷くものと、研磨した板石を使ったものがある。

　東下塚は、側壁と天頂は研磨した1枚の板石を組み立て断面四角形とし、側壁には四神図が、天頂には蓮華文と飛雲文が描かれている。四神図は東壁の白虎が鮮明に残り、玄武、青竜、朱雀は形状が不鮮明で色感だけが残存している。

　現在古墳は閉鎖され、古墳群の入り口にある展示館前庭に模型が設置され、壁画の模写を見ることができる。

　陵山里古墳群から出土した遺物は、棺材と棺を飾った装飾及び棺釘など数点に限定される。これは盗掘の被害を受けたためでもあるが泗沘期の葬送文化と密接な関連がある。

　泗沘期はそれ以前の時期に比べて石室の規模を小さくし、副葬品を簡素化する薄葬化が実施され、代わりに石室の規

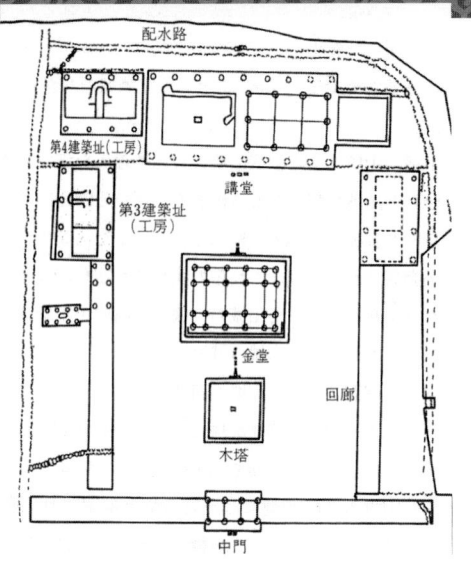

陵山里寺伽藍配置図（早乙女 2000）

格化が明確となる。この変化は百済が古墳の規模と副葬品、特に威勢品の数で支配者の威信を誇示する社会から、法の原理で統治される律令国家へ発展したのに伴った変化が反映されている。

陵山里古墳群は早くから百済王室の墓域と推定されていたので、被葬者への関心度は高かった。特に中下塚は、頭蓋骨付近から金銅製透彫装飾金具が出土し、中上塚では漆塗り棺の一部と金銅の棺釘が出土し聖王か威徳王の墓と考えられた。泗沘期の王は、聖王から義慈王まで6人であり、武王の墓は益山にあり、義慈王は唐に押送されて現地に埋葬された。恵王と法王は在位2年と短命であったから、墓と副葬品に心血を注ぐ余地があるのは聖王と威徳王だけだとの点による。

聖王の墓は塼室墳の公州宋山里6号墳と見る一方、壁画がある陵山里東下塚と見るなど諸説がある。最近、義慈王と太子の隆の墓壇を設置し、その前に「百済国義慈大王壇碑」「百済国扶余隆壇碑」が立てられた。

陵山里古墳群から東に1.6kmの距離にある陵山里ヌンアンゴル古墳群では60余基の古墳が発掘調査され、百済官僚の品階を表す銀花冠飾と銙帯金具などが出土して、百済貴族の墓域と推定されている。

また、陵山里古墳群から南東約3.9kmにある塩倉里古墳群は300余基で構成されているが、冠飾が少なく石室墳の品格も低く下級官僚の墓と推定される。

このように泗沘期には王族と貴族、下級官僚、一般の住民等身分によって墓域を別にしたと考えられる。

泗沘期の古墳は、羅城と錦江で囲まれた都城境域外郭だけに分布している。特に東羅城外郭の陵山里と塩倉里一帯に古墳の密集度が最も高い。

都城と墓域の傾向は、漢城期と熊津期を経て泗沘期に最も明確になるが、これは百済都城制の大きな特徴だ。

陵山里古墳群の西側に陵山里寺跡（史跡第434号）がある。1992～2008年まで全11回にわたる発掘調査が全寺域で行われた。この寺は、陵山里古墳群と東羅城間の低地を整地した土地に造営されている。伽藍配置は中門・塔・金堂・講堂を南北一直線に配置し回廊をめぐらす、一塔一金堂式構造の百済伽藍である。また、西回廊北端にある工房跡から百済文化を代表するとされる百済金銅大香炉が発見された。

百済滅亡と金銅大香炉

古代の日本と朝鮮半島との関係の中で大きな役割を果たしたのが、朝鮮半島南西部に存在した百済（4世紀前半〜660年）である。当初ソウルに都があり風納土城（プンナプトソン）や夢村土城（モンチョントソン）などの百済期の遺構が残る。その後、475年に公州（当時の熊津）、さらに538年には扶余（当時の泗沘）へと都を移した。

後期の百済は新羅と対立する中で日本へと接近し、日本は百済との国交や渡来人などを通して多様な文化を受容した。王仁（ワンイン）による『論語』や『千字文』の伝来、五経博士の渡来、欽明天皇に百済の聖明王（せいめいおう）（聖王（ソンワン））から仏像や経典などが送られたとされるのはその一例である。

その後、新羅の圧迫に苦しめられた百済は高句麗と結び、新羅は唐と同盟することで対立を深めていった。660年、唐の将軍蘇定方（そていほう）に率いられた軍が突如百済に侵攻し、都の扶余を占領した。義慈王（ウィジャワン）は捕えられて、百済は滅亡した。百済の貴重な石塔である、扶余の定林寺五層石塔には、蘇定方の戦勝を記念する刻銘が残されている。百済滅亡の際に多くの宮女たちが、扶蘇山城（プソサンソン）から錦江（白馬江）に身を投げたとされる落花岩（ナクファアム）の悲劇なども伝えられている。

このような混乱のさなかで放棄されたとみられるのが、百済の大香炉と呼ばれる美しい金銅大香炉である。これは1993年に陵山里寺跡（ヌンサンニサジョク）の井戸跡から発見されており、おそらく百済滅亡の混乱時に投棄されたものとみられる。

高さ61.8cm、重さ11.8kgもあるこの大香炉は7世紀末ころの作と考えられており、大きく分けて上部から鳳凰の飾り、蓋、胴体、脚部からなる。蓋の上にはいくつもの山や川、岩、湖などが折り重なるように風景をかたちづくっており、さらに鳳凰、竜、鹿、虎など想像上や現実の動物たち、武人や楽士などが表されている。蓋の穴からは香が立ち上る仕組みとなっている。胴体には蓮花の彫刻が一面になされ、脚部は一匹の竜が蓮をくわえるように支えている。

百済の思想や美術を知る優れた文化財であり、国宝第287号に指定されている。

このような高い技術力を有した百済は、唐の侵攻によって滅亡するが、その文化や技術は多くの百済からの渡来人によって日本に伝えられたのである。

百済金銅大香炉

Column

153

Column

白村江の戦い
（はくそんこう）
（はくすきのえ）

ペンマガン チョントウ（백마강 전투）

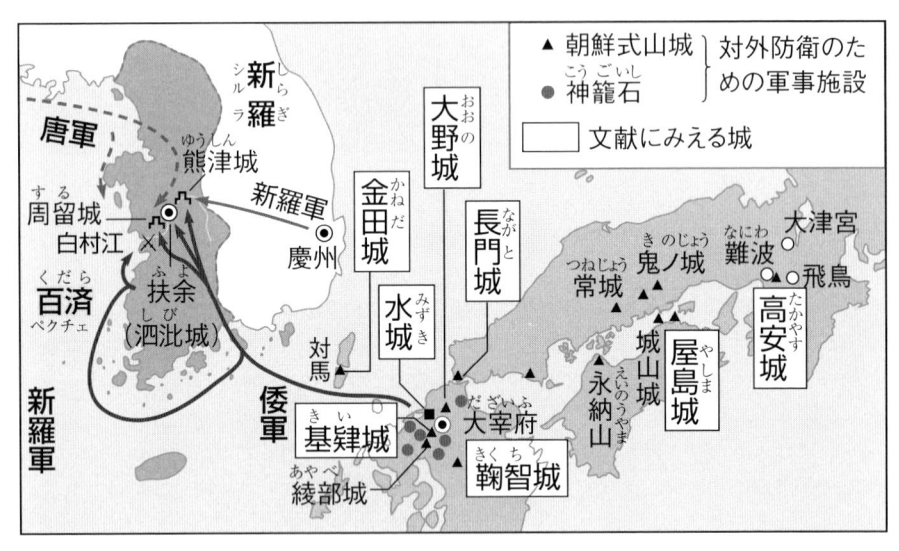

白村江の戦い地図（『詳説 日本史図録』山川出版社、2009 より）

　日本と友好関係にあった百済は、7世紀になると高句麗と結んで新羅を牽制し、新羅は唐との関係を深めて対抗した。

　660年7月、唐は海を渡って百済への侵攻を開始し、新羅もこれに呼応した。百済軍は新羅軍の防戦にあたった階伯（ケベク）将軍の奮戦などもあったが、兵力や準備不足、指揮系統の機能不全などから劣勢となった。

　王都扶余（泗沘）（プソ・サビ）に攻め込んだ唐軍によって王宮のあった扶蘇山城（プソサンソン）は陥落し、義慈王（ウィジャワン）は降伏して百済は滅亡した。その後、唐軍は熊津（ウンジン）都督府を設置して駐屯軍を残し百済の旧領を支配した。

　百済の旧領では遺臣たちによる復興運動が起こった。なかでも鬼室福信（クシルボクシン）の蜂起は大規模で、各地で唐軍から城を奪還し勢力を拡大した。

　さらに、福信らの百済軍は大和朝廷に対して、当時日本に滞在していた義慈王の王子である余豊璋（ヨプンジャン）を百済軍に迎え擁立することと援軍の派遣を要請した。

　当時の日本は斉明天皇と中大兄皇子

のもとで大化改新と呼ばれる諸般の改革を進めている最中であったが、661年、斉明天皇みずから筑紫朝倉宮に遷幸して百済への援軍に応じた。661年から翌年にかけて派遣された日本からの救援軍は3万2,000人ともいわれ、百済復興軍5,000人と合流し新羅軍を破るなどしたが、豊璋が対立する鬼室福信を殺害するなどの混乱も生じた。

このような動きに対して663年、唐は7,000人の水軍を派遣し、5,000人の新羅軍と連合して日本・百済連合軍と対峙した。日本・百済連合軍は唐・新羅の連合水軍が陣を張って待ち受けていた白村江(錦江・白馬江)に突入し激戦を繰り広げたが大敗し、陸上でも唐・新羅連合軍が優勢となり百済復興勢力は壊滅した。

この戦いの後、斉明天皇崩御を受けて即位した天智天皇は、唐・新羅軍の侵攻に備えて九州の大宰府に水城を設け諸国から徴収した防人に守らせ、瀬戸内海から畿内にかけて山城を築いて防御を固めた。

さらに難波から内陸部の近江へと遷都した。一方で遣唐使を派遣するなど、唐との交渉も行われ、日本軍捕虜の送還なども実現した。

百済滅亡によって多くの百済王族や遺民が日本に亡命してきた。百済王子豊璋の弟である善光(禅広)は日本に残り、後に持統天皇から百済王の氏姓を賜り、その血統を伝えることとなった。

Column

Column

白馬江船下り

白馬江（錦江）に沈む太陽

忠清北道の俗離山(ソンニサン)に発し、湖南(ホナム)平野を流れて黄海に注ぐ錦江は、扶余周辺では「白馬江(ペンマガン)」と呼ばれる。古代日本史に出てくる「白村江(はくそんこう)」というのはこの川のことであり、百済と友好関係にあった当時の日本は、百済の援軍要請を受け、唐・新羅の連合軍とここで戦ったのである。

白馬江観光の中心は何といっても船下りである。ちょっとしたハイキングになるが、百済王宮の北側の守りとなる扶蘇山城を市街地側から入り、遊歩道を行こう。半月(パンウォル)楼から扶余の街を一望し、泗沘楼などを回り、百花亭(ペクァジョン)、そして白村江の敗戦の絶望から3,000人の宮女たちが次々に白馬江に身を投じたと伝えられる落花岩(ナクファアム)を経て皐蘭寺の船着場に至る遊歩道コースはお勧めである。

遊覧船の出発点は扶蘇山城北端の白馬江沿いにある皐蘭寺船着場で、短くは落花岩や百花亭を仰ぎ見ながらクドレ彫刻公園側にある船着場まで下る約10分のコースである（逆コースもある）。見上げる岩壁には朱色で書かれた「落花巖」が見える。17世紀の宋時烈(ソンシヨル)の筆によるものといわれる。夕方、沈む太陽が水面を赤く染めるのはまさに幻想的である。

弥生時代の環濠集落と同時代の防御集落
松菊里遺跡
(ソングンニュジョク송국리유적／史跡第249号)

忠清南道扶余郡草村面松菊里山24-1 外　충청남도 부여군 초촌면 송국리 24-1 밖

KTX公州駅から南西18km、車で40分。扶余市外バスターミナルから東へ15km、車で27分。

松菊里遺跡 全景

　松菊里遺跡は、韓国の代表的な青銅器時代遺跡である。この遺跡は1974年住民の連絡により石棺墓が発掘調査されて知られるようになった。当時、墓から琵琶形銅剣、石刀、石鏃（せきぞく）、管玉（くだたま）などの副葬品が出土して、韓半島の青銅器文化の中心遺跡として注目された。周辺には他の墓群も密集していたが、特にこの石棺墓は周辺の景観を眺望できる位置にあり、松菊里集落の最高首長墓と考えられている。

　以後 1975年から始まった発掘調査において多数の住居跡が発見された。

　特に、中央部に2つの柱穴がある円形

住居跡が初めて知られ、松菊里形住居跡と呼ばれるようになった。この他に方形住居跡から炭化米が大量に出土して、松菊里人が稲を栽培する農耕生活を営んでいたことが明らかになった。

1990年代には松菊里集落を防御する木柵が発見された。木柵には外部へ通じる出入口と敵の侵入を防御するための施設が整っており、当遺跡は青銅器時代の大規模の「防御集落」であることが明らかになった。

この他にも松菊里遺跡では丸太柵で囲まれた特殊な空間も発見された。

その中には長さ24m程度の大形建物跡と広場があった。外部からこの大型建物に進入するためには狭い出入り口のある二重の丸太柵を通過しなければならなかった。

このような施設は、当時重要な食糧資源だった穀物、特に米の貯蔵と農耕儀礼を行う空間と考えられる。

松菊里遺跡では食糧貯蔵の地下貯蔵穴も発見されている。それだけでなく青銅器を製作する鋳型と管玉のような製品を作る道具も発見された。稲作中心の農耕を基盤として、青銅器と各種道具を製作し、食糧を保存しこれを保護するための防御施設を備えた集落であった。

そしてこれを主導した最高首長が居住した青銅器時代の松菊里集落は、紀元前700年頃以後の「松菊里文化」の中心地であったと考えられる。

松菊里遺跡は毎年発掘調査が行われており、次々と新しい発見がある。松菊里遺跡には現在展示館が建てられており、住居跡を復元、野外公園として散策ができる。

扶余最大の寺院

無量寺
（ムリャンサ　무량사）

忠清南道扶余郡外山面無量路203　　충청남도 부여군 외산면 무량로 203

扶余市外バスターミナルから北西へ28km、車で48分。

無量寺は扶余で一番大きな寺である。忠清南道扶余郡外山(ウエサン)にある万寿山(マンスサン)の麓に位置し、寺の周辺は鬱蒼とした松林と豊かな水の流れが保たれている。寺名の無量とは計り知れないほどに多いことで、無量光仏、無量寿などは阿弥陀仏の異称である。

この寺は統一新羅時代の9世紀に梵(ボ)

無量寺 極楽殿

　日(ミル)国師によって創建され、高麗時代に隆盛を極めた。朝鮮時代には生六臣(センユクシン)の一人である梅月堂金時習(メウォルダンキムシスプ)が世祖(在位1455～1468年)の即位に反対して辞職、出家して放浪し晩年この寺に入寂した。寺には 金時習の肖像画が残されている。

　壬辰倭乱(文禄・慶長の役)で焼失し、17世紀の朝鮮王朝第16代仁祖(インジョ)の時に再建された。

　寺の境内には極楽殿(宝物第356号)、五重石塔(宝物第186号)、石灯籠(宝物第233号)、寺の宗派を示す幢竿支柱(どうかんしちゅう)、金時習画像(有形文化財第64号)、浮屠(有形文化財第25号)など、多くの文化財がある。

　石灯籠は高麗時代初期、石塔は高さ7.5mで1層目が高く各層の2倍の大きさで、百済様式の特徴を残し、百済様式と統一新羅様式を調和させたもので高麗初期と考えられる。

　1971年塔の解体修理の際に中から朝鮮時代の仏像が発見された。

　極楽殿の屋根は弧を描くように外側に広がっているのが特徴で、韓国では他に例を見ない。外見は2層建てに見えるが単層で、内部には3体の大仏が置かれている。極楽殿内部に1627年に描かれたとされる掛仏の釈迦仏画が置かれている。これは朝鮮時代仁祖の時に造られた仏画で色彩が鮮明に残っている。

熊津城と泗沘城の防衛拠点
聖興山城
（ソンフンサンソン　성흥산성／史跡第4号）

忠清南道扶余郡林川面聖興路97番キル167　　충청남도 부여군 임천면 성흥로 97번길 167

保寧総合バスターミナルから東へ9km、車で17分。

聖興山城は加林城(カリムソン)とも呼ばれ、百済の首都だった熊津城と泗沘城の防衛のために築造された城である。

『三国史記』によると、501（東城王(トンソンワン)23）年に聖興山城を築き、衛士佐平苩加(ペカ)に任せ守らせたという。その年に東城王が泗沘の東方野で狩りをしたという記録が続けて出てくる。百済の都邑が熊津城にある時で、遷都以前から泗沘一帯を重要視し、聖興山城はその前哨基地的役割を担っていたという。以後苩加は東城王を殺して、この城によって以後反乱の挙に出るが、武寧王が乱を鎮圧した。

現在の聖興山城は山の頂上を取り巻く石城で、城壁の高さは3～4mであり城内部には南門、西門、北門などの門跡と軍倉跡、井戸などが残っている。百済の時に築造されたと推定される土築城壁もある。

城に上がれば錦江と扶余、江景などの一帯が眺められる。

毎年1月1日にこの場所で日の出迎えの祝祭が開かれている。城の中には高麗前期の将師庾黔弼(ユゲンピル)を祀った霊廟もある。

大雄殿が2つある寺
長谷寺
(チャンゴクサ　장곡사)

忠清南道青陽郡大峙面長谷キル241　　충청남도 청양군 대치면 장곡길 241

青陽市外バスターミナルから東南方向約12kmの距離にある。長谷寺入口停留場で下車、約2km行けば長谷寺に至る。扶余市外バスターミナルからは北方向に約24kmで、長谷寺入口停留場下車、1時間40分。そこから徒歩約1km。

長谷寺 上大雄殿

　長谷寺は七甲山(チルガプサン)にある寺で新羅後期の普照国師(ポジョ)が創建したとされる。詳しい沿革は伝えられていないが、1777(正祖(チョンジョ)1)年に再建され、1866(高宗(コジョン)3)年と1906年、1960年に大修理され今日に至っている。

鉄造 如来坐像

　この寺には地形により上下2ヵ所に大雄殿が配置されている。上、下大雄殿は互いに90度の方向を向いて配置され、上大雄殿は下大雄殿よりはるかに高い所に位置している。上、下大雄殿は、2つの寺が合わせられ、前閣の名前が変わって大雄殿となったと推測されている。

　上大雄殿(宝物第162号)には右側に鉄造薬師如来坐像及び石造台座(国宝第58号)、中央に鉄造碑と仏坐像及び石造台座(宝物第174号)、左側に塑像仏坐像が祀られ、その迫力に圧倒される。

　上大雄殿は柱と礎石の様式からみて創建時期は高麗時代と推定され、建物は朝鮮時代様式で前面3間、横面2間の規模であり、屋根は横面が人字形の切妻屋根である。屋根の軒を支えるために、飾って造った斗栱が柱と柱の間にもある特異な多包様式である。

　下大雄殿(宝物第181号)は、朝鮮中

期に建てられた前面3間、横面2間の建物である。建物内側には上大雄殿が塼石(せんせき)を敷いたのとは違って床を張り、仏壇には高麗後期の金銅薬師如来坐像(宝物第337号)を祀っている。

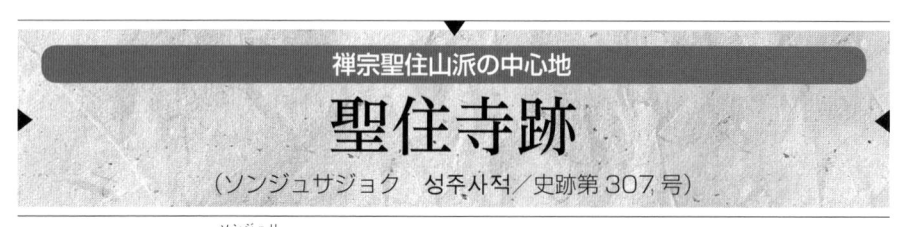

禅宗聖住山派の中心地
聖住寺跡
（ソンジュサジョク　성주사적／史跡第307号）

忠清南道保寧市聖住面聖住里(ソンジュリ)72・74　충청남도 보령시 성주면 성주리 72・74

大川から市内バス随時・聖住寺跡下車（15分）。

聖住寺跡

聖住寺跡は保寧聖住山の南麓に位置している。寺は百済法王の時創建されたと伝えられ、当時は烏合寺(ウハプサ)と呼ばれた。新羅の時に唐から帰ってきた朗慧(ナンヘ)和尚が再建し、新羅文聖王(ムンジョンワン)が聖住寺という名前を下賜したという。寺は壬辰倭乱(文禄の役)の時に全焼した。

　寺域内には中門跡、石灯、五層石塔(宝物第19号)、金堂が南北一直線に配置されている。金堂の後に東三層石塔、中央三層石塔(宝物第20号)、西三層石塔(宝物第47号)があり、その後に講堂跡が配置されている。

　北西側には崔致遠(チェチウォン)が撰述した四山碑銘中の一つ、朗慧和尚白月普光塔碑(ナンヘファサンベクウォルボグァンタプビ)(国宝第8号)がある。また発掘調査で金立之(キムリブジ)撰『聖住寺碑』の断片が数点確認されている。

見学の手引き

　扶余(泗沘)は、第26代聖王が538年に遷都した百済最後の都である。
　仏教文化を花咲かせ、日本にも仏教が伝来したのはこのころである。防衛の要だった扶蘇山城の眼下には、ゆったりと白馬江が流れている。国立扶余博物館、定林寺跡、宮南池、白馬江船下り、泗沘を復元した百済文化団地など見どころが多い。

●扶余市外バス共用ターミナル→大田西部市外バス共用ターミナル(所要1時間30分)→公州市外バス共用ターミナル(所要50分)

●扶余シティーツアーの紹介：
　各コースとも扶蘇山城観光駐車場9：40集合、10：00発

■コース1：　扶蘇山(遊覧船・落下岩)→扶余国立博物館→高麗人参博物館→伝統国楽公演観覧→百済文化団地→扶余高麗人参廠→観光駐車場17：30
　※土曜日運行

■コース2：　扶蘇山(遊覧船・落下岩)→定林寺跡五層石塔→百済園→百済文化団地→観光駐車場17：30　※日曜日運行

■コース3：　長蝦里三層石塔→大鳥寺(聖興山城)→無量寺→盤橋村→陵山里古墳群→観光駐車場17：10　※最終日曜日

■コース4：　余市外バスターミナル→扶蘇山城(南門跡・迎日楼・泗沘楼・落花岩・皐蘭寺)皐蘭寺遊覧船船着場→遊覧船で船下り→クドゥレ渡船場→昼食→定林寺跡→国立扶余博物館→宮南池→陵山里古墳群→百済文化団地→扶余市外バスターミナル

■コース5：　扶余市外バスターミナル→長蝦里三層石塔→大鳥寺(加林城)→昼食→百済文化団地→陵山里古墳群→国立扶余博物館→定林寺跡・定林寺跡博物館→扶余市外バスターミナル

第3節 泰安・瑞山と天安・牙山

ソウルからも便利な忠清南道北西部

泰安・瑞山、天安・牙山の概要
(テアン)(ソサン)(チョナン)(アサン)

　忠清南道の北部と西部にあたり、南部には錦江が貫流して平野部をつくるのに対し、大部分が丘地陵で、北部では挿橋川・天安川などが牙山湾に注ぎ、西部はリアス式海岸で、牙山湾・加露林湾、浅水湾などがあり、450余りの島々が散在している。
(サプキョチョン)(チョナンチョン)(アサンマン)(カノリンマン)(チョンスマン)

　2001年に開通した西海岸高速道路と、2009年に開通した大田-唐津高速道路によって西海岸に位置する洪城と泰安が近くなったこともあり、ソウルや大田からの車や公共交通を利用しての観光客などが増えた。その上2012年、大田広域市にあった忠清南道道庁が洪城と礼山の間に移転したこともあり、新たな発展の期待が膨らんできている。
(テジョン)(タンジン)(ホンソン)

　泰安は西の黄海に突き出た泰安半島に位置し、岸に沿った一帯は泰安海岸国立公園となっている。泰安の東には「にんにくの瑞山」が位置する。

　天安はソウル駅から首都圏電鉄で直行でき、高速鉄道または高速バスでも1時間で行けるので、ソウルのベッドタウンとなりつつあり、牙山には現代的な温泉施設がそろっている。

中国北斉様式の影響を残す百済最古の磨崖仏

泰安磨崖三尊仏立像

（テアン マエサムジョンブル イプサン　 태안 마애삼존불입상／国宝第307号）

忠清南道泰安郡泰安邑遠二路78-132（東門里）　충청남도 태안군 태안읍 원이로 78-132（동문리）

泰安市外バスターミナルから北方向に3.35kmの距離でバスと徒歩を合わせて約35分。

泰安磨崖三尊仏

　白華山(ペクファサン)麓の太乙庵(テイルアム)から東へ約30m離れたところにある。黄海が見下せる白華山の突出したところに位置し、陽刻された百済最古の磨崖仏として知られている。

　泰安は百済時代になると省大兮県(ソンデヒョヒョン)に属し、5世紀末から大陸と通交するようになった。これを実証しているのが泰安磨崖三尊仏立像である。この仏像は韓国に出現する磨崖仏の初期の例で、仏像の姿が岩面の四角形の龕室(がんしつ)に深く浮き彫りされている。特に中国の石窟外側壁に刻まれた仏像群と似ており、中国文化との海上交流あるいは中国石窟の影響が見られる例として注目される。

　三尊仏の配置は、1体の如来仏像と2体の菩薩像で構成される一般的な三尊仏像と違って、1体の観音菩薩立像と2体の如来立像が一組となっている。

　2体の如来立像は量感豊かな顔に大きく広がる微笑、広い堂々とした肩と立派な体軀、U字形ひだとY字形に見える衣、やや分厚く鋭い台座の蓮華文様などの特徴を見せる。仏身の足元が露出して百済時代の蓮花台座が確認される。

　中国との交流上の要衝地に位置することで、6世紀中頃の北斉様式仏像との関係を考える上で非常に重要な作品で、瑞山磨崖如来三尊像（国宝第84号）に先行する造形様式を持っている。

　ここまで来たら、ちょっと離れるが、郡内の古南(コナムミョン)面古南里(安眠島(アンミョンド))にある古南貝塚博物館も尋ねてみたいところである。

　安眠島は自然休養林も有名な風光明媚なところである。

| 光により表情を変える百済の微笑み |

瑞山磨崖如来三尊像

(ソサン マエヨレ サムジョンサン　서산 마애여래삼존상／国宝第84号)

忠清南道瑞山市雲山面磨崖三尊仏キル65-13　충청남도 서산시 운산면 마애삼존불길65-13

瑞山市外バスターミナルから龍峴里行きの市内バス利用で、瑞山磨崖三尊仏像前で下車。所要時間は約30分。

瑞山磨崖如来三尊像

　雲山面伽耶山渓谷に沿って入れば絶壁に、巨大な如来立像を中心に向かって左側には菩薩立像、右側には半跏思惟像が彫刻されている。厚い唇、大きな目、頬を膨らませた如来立像は、百済人の典型的な微笑を表しており、光が当たる角度によって微笑みが様々に変わる。

　「百済の微笑」として称されたこの磨崖仏は、花崗岩の岩壁を少し彫り込んで、その前方に木で覆屋を付した磨崖石窟形

式の代表的な例であった。

　1964年雨水と風化などから守るために木造の保護閣を建設して、外部環境から遮断して管理しようとしたが、石仏の白化現象が現れ保護閣内部右側面の岩盤で漏水が発生した。また通風遮断による多湿・結露が地衣類発生の原因となり、2007年保護閣を撤去し今の状態にいたっている。

　蓮華を刻んだ台座上に立っている如来立像(高さ2.8m)は、肉付きがよい顔に半円形の眉毛、杏仁形(きょうにん)の目、浅くて広い鼻、微笑を浮かべた口などを表現し、全体の顔の輪郭が丸くて豊満な百済仏特有の印象を見せる。

　衣は厚い体の輪郭を隠し、前面にU字形のひだが繰り返し見られる。光背の中心に蓮華文を刻み、その周りには火焔文を配している。

　頭に冠を被っている左側の菩薩立像(高さ1.7m)は、顔が本尊同様肉付きがよく、満面の微笑を浮かべている。天衣をまとわない上体は首飾りだけをつけ、下体のスカートは足の甲まで長く延びている。

　右側の半跏像(高さ1.66m)も微笑を浮かべ丸く豊満な顔をしている。両手は大きく損傷を受けているが、左脚上に右脚を上げて、左手で足首をつかみ、右側の指で顎を支えている。脇侍に半跏像が彫刻された異例なこの三尊像は「法華経」に出てくる釈迦と弥勒、提華褐羅菩薩(ていげかつらぼさつ)を表現したと推測される。

　この磨崖仏は6世期末から7世紀初のものと考えられている。

　特にここは百済の時代、中国に通じる交通の中心地である泰安半島から扶余へ行く道筋にあたり、この磨崖如来三尊像は当時の活発な中国との文化交流を垣間見ることができる作品である。

磨崖如来三尊仏から、そして開心寺へ

普願寺跡

(ポウォンサジョク　보원사적／史跡第316号)

忠清南道瑞山市雲山面磨崖三尊仏キル16　충청남도 서산시 운산면 마애삼존불길 16

瑞山共用バスターミナルから雲山龍賢行きバスに乗車。磨崖三尊仏入口で下車、南へ2.2km、徒歩32分。瑞山共用バスターミナルから東へ19.6km、車で38分。

　高麗時代の高僧法印国師(ポビン)が修道し入寂した由緒深い所で、寺域内には大小の遺跡90余ヵ所がある。現在残っている法印国師宝乗塔碑文(ボスンタプビムン)によると、僧侶1千余名が普願寺に寄居したとあり大寺刹であったことがわかる。普願寺は創建及び

普願寺跡

廃寺年代が明確でない。しかし文献では統一新羅時代にはすでに創建され、高麗時代に繁盛し朝鮮時代まで法脈が続いていたことがわかる。

　寺域内に現存する次の石造物5点は宝物に指定されていたが、全体的な保存が必要として、1987年寺域全体を国史跡にした。国指定文化財に指定されたのは石槽(宝物第102号)、幢竿支柱(宝物第103号)、五層石塔(宝物第104号)、法印国師宝乗塔(宝物第105号)、法印国師宝乗塔碑(宝物第106号)である。

　一方、国立扶余文化財研究所は普願寺跡の遺物と高麗初期と推定される五層石塔との年代関係を確認するため、2006年から発掘調査を開始した。

普願寺 五層石塔

寺跡中心域で確認された7基の建物跡からはじめ、年毎に外側に拡張調査を行い、記銘瓦、元祐通宝、風鐸、青磁、粉青沙器、白磁、金銅菩薩坐像及び立像、宝相華文塼、鉄製釜、鬼面文軒丸瓦、唐草文軒平瓦などの出土遺物を確認した。

寺跡中心域で確認された建物跡群は建築時期が2期に分けられる。1期は高麗時代(12～14世紀)で2棟、2期は朝鮮時代(15世紀以後)で金堂跡など5棟である。

同じ雲山面開心寺路には修徳寺の末寺である開心寺があるので、見学の足を延ばすのもお勧めである。

朝鮮時代の倭寇対策の城・天主教殉教の地
瑞山海美邑城
（ソサンヘミウプソン　서산해미읍성／史跡116号）

忠清南道瑞山市海美面邑東門1キル36-1　충청남도 서산시 해미면 동문1길 36-1

瑞山市外バスターミナルから海美行きの市内、市外バスを利用。海美邑で下車、約30分。

海美邑城 鎮南門

高麗末からの国政の混乱の間隙に乗じ、倭寇が海岸地方に侵入して莫大な被害を受けた。この倭寇防御のために1417（太宗17）年から1421（世宗3）年の間に、当時徳山にあった忠清兵馬節度使営をこの場所に移して築城した。以後1652（孝宗3）年に節度使営が清州へ移る前まで230余年間軍事的中心地として重要な役割を果たした。その後に海美県の官衙がこの城に移されて内浦地域の行政と軍事の中心的役割を担った。

　海美邑城は城郭の周囲1,800m、高さ5m、面積は約20万㎡の石城として造られ、城郭周りには堀があり城内には井戸が3ヵ所あったと記録されている。城門は東門と西門及び南門の3門で、それぞれ門楼があった。

　この邑城には東軒（守令の執務所）をはじめ衙舎（ガシャ）（守令起居所）及び作庁等の建物が確認され、1974年東門と西門が復元された。1981年には城内の一部を発掘した結果、現在の東軒西方で客舎が、衙門西方30mの地点で昔の衙門跡が確認され、官衙外郭の石堀跡が発見された。城の周りには簡単に近寄れないように棘があるカラタチが植えられた。

　1866（高宗3）年、丙寅迫害（ヘイイン）の時には多数の天主教信者が処刑された所で、当時天主教の拷問につかわれた槐（エンジュ）の木と石が残っている。天主教聖地として全国的に知られ、天主教信者の訪問が多い。

　瑞山市では毎年10月に遺跡活用・地域活性化のために3日間の海美邑城歴史体験祝祭を開催している。

高麗時代末の韓国最古級の木造大雄殿

修徳寺
（スドクサ　수덕사）

忠清南道礼山郡徳山面修徳寺路741　　충청남도 예산군 덕산면 수덕사로 741

長頂線洪城駅から北西12㎞、車で約30分。礼山市外バスターミナルから西へ24㎞、車で37分。

　一柱門を過ぎて金剛門を通ると四天王門が見える。もう少し歩いて行くと黄河（ファンハ）精楼（ジョンル）と遭遇する。黄河精楼の前の階段を進めば修徳寺が現れる。

　修徳寺は599（百済法王（ポプワン）元）年に知明（チメ）法師によって創建され、翌年大雄殿が建立されたと伝えられる。

　一方、寺の記録によると百済後期に崇済（スンジュ）法師が創建し、第30代武王（ムワン）に至り恵顕（ヘヒョン）法師が法華経を講論し、第31代恭（コン）

修徳寺 山門

　愍王(ミンワン)の時、奈翁(ナオン)が再建したとされる。

　釈迦牟尼仏像を祀る大雄殿は、1308(高麗忠烈王(チュンニョルワン)34)年に建設されたことが1940年の修理工事の時、大黒柱の墨書で明らかになった。

　大雄殿(国宝第49号)は一柱門を過ぎて境内の最も奥に位置しており、現存の木造建物中で安東鳳停寺極楽殿(アンドンボンジョンサヨンジュ)、栄州浮石寺無量寿殿(プソクサムリャンスジョン)に次ぐ古い建物である。

　大雄殿は百済系統の木造建築様式を継いだ高麗時代の建物で、建物側面の装飾が非常に美しい。また側面の桁と桁の間に牛尾梁を連結して美しい架構を見せている。

　大雄殿にある木造三世仏坐像及び腹蔵遺物と蓮花台座、須弥壇などは宝物第1381号に指定されている。境内には三層石塔と七層石塔、万空塔(マンゴンタプ)など多くの地方文化財がある。

　大雄殿前三層石塔の両側には修道場である白蓮堂(ペクヨンダン)と青蓮堂(チョンヨンダン)があって、その前に祖印精舎(ソインジョンサ)と三層石塔がある。そして1,020の階段を上がれば弥勒仏立像、万空塔(マンゴン)等と、万空が参禅道場として建てた定慧寺(チョンフェサ)がある。

　修徳寺を含む徳崇山(トクスサン)は道立公園に指定され、奇岩怪石群が人や動物の姿をした形状で美しい絶景をなしている。

　同地から約3kmの同郡大洞面(テドンミョン)には韓国古建築博物館があり国宝級建築文化財の縮小模型30余点が集められている。また洪城郡洪城邑五官里(ホンソングンオグァンニ)には洪州邑城(ホンジュウプソン)があり、興味があれば足を延ばすのもよい。

全山石山の龍鳳山中腹に微笑む
龍鳳寺磨崖仏
（ヨンボンサ マエブル　용봉사 마애불／忠清南道有形文化財第118号）

忠清南道洪城郡洪北面龍鳳山1キル109　　충청남도 홍성군 홍북면 용봉산1길 109

長項線洪城駅から北へ7km、車で13分。

　礼山郡徳山面と洪城郡洪北面にかかる龍鳳山は、辺りの伽倻山と徳崇山（トクスサン）が道立公園に指定されている。山全体が岩山で、山の中腹に百済時代の龍鳳寺と高麗時代の磨崖石仏がある。
　龍鳳寺の一柱門を過ぎて寺に行くと西方に磨崖仏が見える。突出した岩に彫刻した高さ4m程の巨大な仏で高麗時代のものとされている。頭部分は龕室を表したかのように深く浮き彫りになっているが、下へいくほど浅く、最下部は平面に近い。

したがって顔は体に比べて大きくて豊かに見え、静かな微笑を浮かべ、おだやかな印象を漂わせている。
　龍鳳寺はその創建年代が伝えられず、寺域周辺で発見された瓦片から、百済末期に創建されたと考えられる。石垣上に大雄殿と三聖閣、寮舎がある。現在の寺は、本来の位置ではなく、元々は現位置から西方に少し上がった所にあった。朝鮮後期に勢力家の先祖墓に使用するため寺を今の位置に降ろしてしまった。

百済復興軍の泗沘城奪還のための最終拠点
礼山任存城
（イェサン イムジョンソン　예산 임존성／史跡第90号）

忠清南道礼山郡大興面上中里山8　　충청남도 예산군 광시면 대흥면 상중리산 8

礼山駅（長項線）から南方におよそ18kmに位置し、一般バス75分。礼山バスターミナルからは南方およそ22km地点で、光時入口（馬沙里）で下車。一般バス40分。
長項線洪城駅から東へ17.5km、車で約33分。

　百済時代、首都防衛の外郭基地の役割を果たしたこの山城は、城壁が鳳首山（ボンスサン）（高さ483m）頂上を取り囲む、周囲約2.4kmの自然地形を利用した鉢巻式石築

任存城 復元城壁

山城である。城壁は良好に残っているところで高さは2〜3m程である。南側の城壁は曲がりくねっており、城の内側には堀が造られている。

城内には3ヵ所の井戸があり、南の城壁に長さ30㎝、幅70㎝の水口を設置している。現在は城門跡と城門の下に小川の水が流れるようにした水口門、そして井戸場、建物の基礎が残っている。本来北方を防御するために築造された山城とみられ、百済が高句麗対策として築造したと考えられている。

百済が滅亡したあとに周留城と共に、百済復興軍が泗沘城を取り戻すための最後の拠点とした所である。

自然石四面に浄土の仏を刻んだ唯一の百済仏

花田里石造四面仏像

（ファジョンニ ソクチョサミョンブルサン　화전리 석조사면불상／宝物第794号）

忠清南道礼山郡鳳山面花田里山 62-3　　충청남도 예산군 봉산면 화전리 산 62-3

礼山市外バスターミナルから北西 17km、車で31分。

花田里石造四面仏像閣

この石仏は、自然石に仏像を彫刻した百済四面仏としては唯一のものである。

四面仏とは東西南北の四方浄土に君臨する薬師仏、阿弥陀仏、釈迦仏、弥勒仏をいう。最も広い南面には坐像を刻み東・北・西面には立像を刻んでいる。これと類似した形式の四方仏としては、慶州(キョンジュ)掘仏寺(クルブルサ)跡石造四面仏像がある。

この仏像は螺髪(らほつ)が仏頭のわりに肉髻(にっけい)が小さく、光背に彫られた火焔文や蓮華文は百済特有の様式を表している。

法衣は通肩でひだが非常に深く、胸下のしわはU字形に重なっている。

朝鮮半島最初の百済時代四方仏で、1983年初めに倒れた状態で発見されて、同年7月、国立文化財研究所が周囲の緊急調査を実施した。出土遺物には石造小仏立像、宝輪、灯皿などがあった。

独立の道程を見ることができる記念館

独立記念館

（トンニプキニョムグァン　독립기념관）

忠清南道天安市東南区木川邑三芳路95　충청남도 천안시 동남구 목천읍 삼방로 95

KTX天安牙山駅から東へ15㎞、車で25分。天安総合バスターミナルから南東へ15㎞、車で16分。天安総合バスターミナルから市内バス（400番）で独立記念館下車。

独立記念館は韓民族の独立運動の歴史と民族文化の主体性を確立しようと1987年開館した。1982年、日本の教科書に載った韓国植民地の記述部分が韓国社会全般に大きな憤怒の反響を起こし、独立記念館建設を推進するようになった。

展示館は7つの展示館で構成されて、第1展示館は「韓民族のルーツ」のテーマで先史時代から朝鮮後期までの文化遺産と国難克服を内容としている。

第2展示館は「韓民族の試練」をテーマとして1860年代から1940年代で、開港期から日本による占領期までを内容としている。

第3展示館のテーマは「国を守る」で、

独立記念館

義兵戦争と愛国啓蒙運動で代表される大韓帝国末期の国権回復運動を内容としている。

第4展示館は「民族の叫び」で、韓国最大の抗日独立運動「三・一運動」を内容としている。

第5展示館は「国を取り戻すための戦い」で、日本占領下における抗日武装闘争を内容としている。

第6展示館は「新しい国造り」のテーマで、日本占領期の民族文化守護運動と抗日闘争、大韓民国臨時政府の活動を内容としている。

第7展示館は「独立運動体験館」で、各種ディスプレイ方式と作動装置などで愛国精神と歴史が体験できる空間になっている。

独立記念館の東南方向約7km地点には柳寛順(ユ グァンスン)が三・一運動当時万歳を叫んだ所で有名なアウネ市場があり、柳寛順烈士遺跡(史跡第230号)がある。

少し離れるが礼山郡徳山面には尹奉吉(ユン ボンギル)義士記念館がある。日本敗戦に当たり、東京湾上の戦艦ミズリー号で降伏文書に署名した重光 葵(しげみつまもる)外相が杖をついているのは、独立運動家であった尹が起こした上海天長節爆弾事件で片足を失ったことが原因であった。

将軍の偉業を後世へ伝える施設

李舜臣記念館と顕忠祠

(イスンシンキニョングァンとヒョンチュンサ　이순신기념관과 현충사／史跡第155号)

忠清南道牙山市塩崎邑顕忠祠キル126　충청남도 아산시 염치읍 현충사길 126（李舜臣記念館）
忠清南道牙山市塩崎邑顕忠祠キル130　충청남도 아산시 염치읍 현충사길 130（顕忠祠）

天安バスターミナル・天安駅乗車顕忠祠行き乗車、終点下車1時間。
温陽バスターミナル乗車、終点下車15分。

　顕忠祠は訪花山(パンファサン)麓に位置し、李舜臣将軍の偉業を伝えるための施設であり、李が武科に及第する前まで過ごした所である。

　1706(粛宗(スクチョン)32)年、忠清道の儒生(ユセン)たちが粛宗へ上訴して許諾をうけ祠堂を建設し、1707年粛宗から顕忠祠の額を下賜された。1868(高宗(コジョン)5)年大院君(テウォングン)の書院撤廃令によって顕忠祠は撤廃されたが、1905年日朝間で締結された第2次日韓協約(乙巳約条)に憤怒した儒林(ユリム)たちが顕忠祠遺墟碑を建設した。

　日本占領期に墓所が競売で日本人の手に渡ったので、朝鮮の志士たちが「李忠武公(イチュンムゴン)遺跡保存会」を組織し、東亜日報社の協力で基金を集めて1932年顕忠祠を再建した。1966年朴正煕(パクチョンヒ)大統領が聖域化事業を推進して、1967年本来の霊廟(旧本殿)上方に本殿を竣工した。

　李舜臣の誕生日4月28日を記念して毎年政府主管で祭典を行っている。

　2011年展示館と教育館を揃えた李舜臣記念館が建設された。展示館には李舜臣と壬辰倭乱に関した遺物が展示され、教育館では李舜臣の偉業を伝えるための講義とセミナーが開かれている。

見学の手引き

　忠清南道西部に位置する泰安や瑞山は磨崖仏の他、瑞山浮石寺、海美邑城など見どころも多い。仁川空港から市外バスで泰安にも瑞山にも行ける。

　泰安は北・西・南が黄海に突き出た泰安半島にあり、干潟が多く、長さ3kmの白い海岸線がのびる万里浦は、韓国有数の海水浴場である。泰安の東にある瑞山は、古代の扶余や公州から中国への交易路の途中に位置している。

　天安まではソウルから鉄道と市外バスがある。鉄道はソウル駅か龍山駅から天安駅まで約1時間、KTXを利用して天安牙山駅まで行く方法もある。バスではソウル高速バスターミナルから天安総合バスターミナルまで、これも約1時間で行ける。天安も牙山も大田から高速バス、市外バスでもアクセスできる。

　天安から約15km西に行った牙山市の温陽温泉は古くから知られた温泉である。天安総合バスターミナルの市内バス乗り場から、独立記念館や温陽温泉行きのバスが頻繁に出ている。温泉街には民営の温陽民俗博物館があり、民間に伝わる民俗資料約2万点を所蔵し展示している。珍しい江原道の板葺民家の実物も見られる。

●コース紹介：貢税里聖堂──120年の伝統を誇る聖堂。ドラマ、映画のロケ地としても有名。

●牙山高速バスターミナル(蜜頭里、挿橋、大音方面行き市内バス)→貢税里下車(約30分所要)

第4節　このエリアの主な博物館

唐津海洋観光公社(艦上公園)
タニジンヘヤンクァンゴンサ

당진해양관광공사（함상공원）

忠清南道唐津市新平面挿橋川3キル79
충남 당진시 신평면 삽교천 3 길 79

ソウル南部ターミナルから挿橋湖経由の唐津行きバスを利用。+82-41-363-6960

挿橋湖の艦上公園に退役艦艇が2隻停泊し、海軍と海兵隊に関連する展示施設とされ海軍・海兵の歴史が体験できる。1隻は揚陸艦で内部をテーマ別展示館としている。

他の1隻の駆逐艦では作戦室、レーダー室、艦長室などの軍艦施設物が体験できるようになっている。

韓国古建築博物館
ハングコゴンチョクパンムルグァン

한국고건축박물관

忠清南道礼山郡徳山面ホンドクソ路543
충청남도 예산군 덕산면 홍덕서로 543

市外バス　洪城ターミナルから修徳寺行き市内バス利用。+82-41-337-5877

国宝・宝物級の古建築文化財が縮小サイズで展示され、韓国建築の発達史を見学することができる博物館。

錦山人蔘館
クムサンインサムグァン

금산인삼관

忠清南道錦山郡錦山邑人蔘広場路30
충청남도 금산군 금산읍 인삼광장로 30

大田東部高速ターミナルから　錦山、錦山邑へ、徒歩10分。+82-41-750-2629

1998年に開館した高麗人蔘の総合展示館。錦山は全国人蔘の総生産量の80％以上が流通する中心地であり、錦山人蔘の優秀性を広く知らせるために人蔘栽培効能、料理、種類などに関わる情報を紹介している。

大田歴史博物館
デジョンヨクサパンムルグァン

대전역사박물관

大田広域市儒城区道安大路398（上垈洞）
대전광역시 유성구 도안대로 398 （상대동）

ソウル地下鉄1・4号線ソウル駅1番出口からソウル駅。ソウル駅からKTXで西大田駅下車。大田駅儒城温泉駅から車で12分。西大田駅から車で21分。+82-42-270-8600～8604

大田広域市道安新都市団地内にある。

2012年開館、常設展示室、寄贈遺物室、企画展示室、野外展示、都市広報館がある。常設展示室には大田の旧石器から鉄器時代までの通史と、大田の儒学者文化をテーマにした文化財が展示されている。

尤庵史跡公園
우암사적공원

大田広域市東区チュンジョン路53（佳陽洞）
대전광역시 동구 충정로 53 (가양동)

ソウル駅からKTXで大田駅下車、大田駅から中央市場停留所まで約488m 移動、311番の幹線バスで尤庵史跡公園下車、徒歩で移動270m。+82-42-673-9286

　朝鮮末期の大儒学者である尤庵・宋時烈（1607～1689年）が学問を修めた場所で、1991年から蔵板閣、遺物館、書院などの建物を再現し、1998年史跡公園とした。宋時烈が晩年に学問を指導した「南澗精舎」（大田広域市有形文化財第4号）や「杞菊亭」、宋時烈の文集「宋子大全板」（有形文化財第1号）などが保管されている。

貨幣博物館
화폐박물관

大田広域市儒城区科学路80-67（柯亭洞）
대전 유성구 과학로 80-67 (가정동)

大田駅、地下鉄（磐石方向）で政府庁舎駅3番出口下車、301番または318番バスでエキスポ科学公園下車、徒歩15分。大田複合ターミナル、市内バス106番乗車、ギャラリア百貨店タイムワールド下車して604番に乗換え、原子力安全技術院下車、徒歩15分。+82-42-870-1200

　1988年に開館した韓国初の貨幣専門博物館。2階建てで4つの常設展示室があり、約12万点の貨幣や有価証券類資料のうち約4,000点を時代別、種類別に展示し、歴史的な史料として体系的にまとめてあり、韓国貨幣の1,000年の歴史を一目で見ることができる。

国立中央科学館
국립중앙과학관

大田広域市儒城区大徳大路481（九城洞）
대전 유성구 대덕대로 481 (구성동)

大田市外ターミナル屯山バス停から車で4分。徒歩で北へ直進して大徳橋を渡り30分。+82-42-601-7894～6

　1990年に科学技術史の資料の研究、展示施設として開館した。野外展示場には飛行機などの大型展示物が展示され、常設展示館には自然史、韓国科学技術史、自然の理解、自然の利用など4分野の4,200点の資料が展示されている。

　特別展示館では全国科学展覧会や館所蔵の特別展が開催される。

　天体館はドーム型の建物で、70mmの大型アストロビジョンと天体投影機、プラネタリウムがある。

ソロモン・ロー・パーク

솔로몬 로파크

大田広域市儒城区エキスポ路219-39（院村洞）
대전광역시 유성구 엑스포로 219-39（원촌동）

東ソウルターミナルから高速バス、政府大田庁舎で下車。そこから車で10分。儒城錦湖高速バスターミナルおよび儒城市外バスターミナルで下車し、そこから車で8分。大田駅（東広場）新灘津向かい側から各40分。
+82-42-863-3165～6

　法教育のためのテーマパーク。法の歴史を理解し、韓国の法制度全般を体験できる立法体験室、科学捜査室、模擬法廷室、刑務所体験室がある。ソロモン・ロー・パークに建造された法体験館と法研修館を中心として法体験、法研修が行われている。

ハンバッ教育博物館

한밭교육박물관／大田広域市文化財資料第50号

大田広域市東区尤庵路96（三省洞）
대전광역시 동구 우암로 96（삼성동）

大田駅より車で約6分。大田駅西側から北へ右折徒歩15分。+82-42-670-2200

　1911年8月の朝鮮教育令により大田市で最初に作られた三省堂小学校の校舎で、1913年大田栄町公立尋常小学校、1922年に大田第一普通学校と改称した。

　現存する2階建ての赤煉瓦の建物は1938年に完成した大田で最も古い建物で、日本統治時代の教室が残ってい

る。忠清南道庁と同じようなエントランス、丸窓が印象的。朝鮮戦争の時には国連と北朝鮮軍が交互に駐屯したため、当時の銃弾痕が鮮明に残っている。9つの展示室と3つの展示場、野外展示場などがある。昔の教科書、教育関連図書、教育学習記録、教員学生書状、その他関連資料を27,000点余りを保存・展示している。

〈以下は本文参照〉

独立記念館

독립기념관

顕忠祠

현충사

国立扶余博物館

국립부여박물관

百済文化団地

백제문화단지

国立公州博物館

국립공주박물관

石壮里博物館

석장리박물관

第3章

湖南を訪ねる
全羅南北道と済州島

第1節　全羅北道

伝統文化が今も息づく街

全州城 豊南門

全羅北道の概要
チョルラブクド

　全羅北道は朝鮮半島西南部に位置し、南側は全羅南道、北側は忠清南道、西側は西海を隔てて中国と接している。地形は東西約175km、南北95kmで面積は8,067km²、全国土の8.1%を占めている。

全羅北道は湖南平野の中心地であり、米の主産地で韓国農業の象徴である。歴史的には三韓中の馬韓の中心地であり、統一新羅9州5小京中の完山州(現全州)と南原京(現南原)があった。

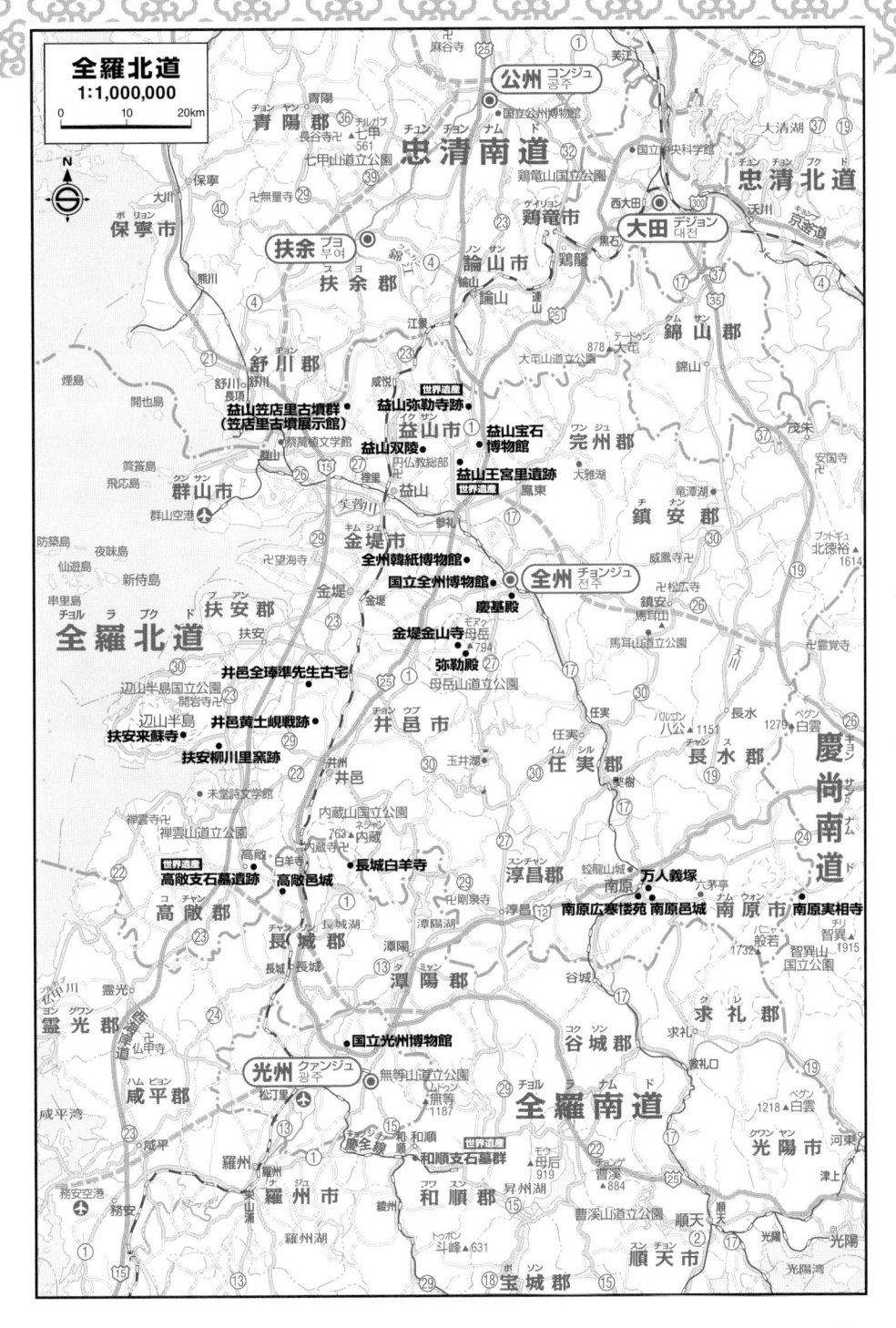

全羅北道

1:1,000,000

百済武王の王后が創建した東洋最大の仏教伽藍
益山弥勒寺跡 _{ユネスコ世界遺産}
（イクサン ミルクサジョク　익산 미륵사적／史跡第150号）

全羅北道益山市金馬面弥勒寺址路362　전라북도 익산시 금마면 미륵사지로 362

益山駅前からバスで弥勒寺跡下車。

弥勒寺跡

　益山は百済第30代武王(600～641年)である薯童王子が生まれた所で、武王が「薯童謡」という歌を通して新羅の善花公主と縁を結んだ所としても広く知られている。

　武王は百済の首都を扶余から、ここ益山に移そうとし、弥勒寺や宮城を築造し、城中には美しい庭園を造ったりした。益山にはその他にも弥勒山城、益山土城、帝釈寺跡、笠店里古墳群、蓮洞里石仏坐像など百済遺跡が数多くあり、双陵は武王と善花公主の陵として知られている。

　弥勒寺は『三国遺事』に「百済武王が王妃と師子寺に行く途中、龍華山下の池

弥勒寺復元図（尹・柳沢 1997）

に弥勒三尊が現れ、ここに王妃の頼みを受けて池を埋めて塔、金堂、回廊を建てた」という縁起説話が伝えられている。

ところが弥勒寺石塔を解体する過程で発見された金製舎利奉迎記の記録により、弥勒寺は武王の王后で佐平沙宅積徳（チャピョンサテクジョクトク）の娘が、639年に創建したことが明らかになった。

寺の配置は東・西に石塔があり中間に木塔がある。塔後方には金堂がそれぞれ位置してこれが回廊で区分される3つの寺を1ヵ所に建てた三院並立式伽藍配置であり韓国のみならず中国、日本にも類例がない珍しい伽藍配置をしている。

金堂の規模は前面5間、側面4間で底には空間がある。これは底床の湿気を避けるためのものである。西側の金堂前の石塔(国宝第11号)は現在韓国に残っている石塔中最古で木造建築の技法を使って造られており、新たに復元するために解体中である。東石塔は元の姿を推定して復元したものである。

1997年に弥勒寺跡遺物展示館を開館し、展示館内には弥勒寺の復元模型がある。弥勒寺は発掘調査で出土した白磁、瓦などから、朝鮮時代中期(16〜17世紀)まで存続したことがわかる。

益山の弥勒寺跡と王宮里遺跡は、扶余・公州の百済遺跡と共に「百済歴史地区」という名称で、2015年7月に世界遺産に登録された。

宮殿と美しい庭園が調和した百済のもう一つの王宮

益山王宮里遺跡　ユネスコ世界遺産

（イクサン ワングンニ ユジョク　익산 왕궁리유적／史跡第408号）

全羅北道益山市宮城路666　전라북도 익산시 궁성로 666

益山駅から金馬・参礼方面バス乗車、王宮里下車。

王宮里遺跡 五層石塔

　王宮里遺跡は「王宮坪(ワングンピョン)」と呼ばれ、弥勒山の東に延びた低い尾根が終わる地点に位置し、弥勒寺跡から東南方へ4.8kmの距離にある。王宮跡であった可能性がある所として知られており、百済から統一新羅時代にかけて重要な地域だった所で、特に百済武王が金馬(クムマ)に首都を移し、ここに都邑を定めたものと推定されていた。

　1989年から扶余文化財研究所により全面的な調査が行われ、南北に約490m、東西約240m規模の長方形の城壁をめぐらす大規模な宮城及び寺刹施設であったことが明らかになった。城中に

王宮里遺跡 全景

　はトイレ、庭園、建物跡、工房跡などの宮城関連施設、五層石塔と係わる寺院建物の金堂跡、講堂跡などが確認され「王宮寺」「大官官寺」などの銘文瓦も出土した。

　また多彩な造景石で飾られた庭園と水路施設で構成された後園が、宮殿と関連して造成されていることがわかった。

　王宮里五層石塔(国宝第289号)は1965年解体修理したが、塔の1層屋根石中の塔心柱を支える礎から、高麗時代と推定される金製金剛経板と瑠璃製舎利瓶・金製盒・各種荘厳具などが発見された。塔の基壇は四隅に八角に削った礎を柱のように立て、柱と柱の間には長くて大きな四角い石をジグザグにかみ合うように複数層積み上げて、木造塔の形式を石塔でそのまま再現している。最近の発掘過程で石塔に先立って木塔の痕跡が石塔下部で発見されて注目を集めている。

　遺跡に隣接して王宮里遺跡展示館が新設され、出土遺物の数々が展示されている。

百済武王と王妃の陵墓と伝えられる
益山双陵
（イクサン サンヌン　익산 쌍능／史跡第87号）

全羅北道益山市石旺洞山55、56　전라북도 익산시 석왕동산 55、56

湖南線益山駅前から、東へ12km、車で23分。

益山双陵 大王墓

　益山石旺洞山に南北に2基の墓が並んでいるので双陵と呼ぶ。墓の外形は2基とも円形の封土墓で墳丘以外に何の飾りもない。北側の大きい墳丘を大王墓、南の小墳丘を小王墓とも呼ぶ。

　大王墓の墳丘は直径30m、高さ5m、小王墓は直径が24m、高さ3.5mである。

　1916年に発掘調査がされ、百済後期に流行した横穴式石室墓であることがわかった。石室の中で石棺台、木棺彫刻、蓋棺輪、八葉蓮華装飾の座金具を含めた金属製装飾物が発見された。

　双陵は墓室形式と出土遺物は百済末期の王陵級の規模と形式を揃えており、弥勒寺跡から南に直線距離で約3.4kmと近く、百済武王と王妃の陵墓である可能性が高い。

| 江田船山古墳出土金銅製冠帽と同形式品が出土 |

益山笠店里古墳群
（イクサン イブジョムニコブングン　익산 입점리고분군／史跡第347号）

全羅北道益山市熊浦面笠店里山174　전라북도 익산시 웅포면 입점리 산 174

KTX：ソウル龍山駅乗車、益山駅下車。53番バス利用。

益山笠店里古墳展示館

　笠店里古墳群は西海岸高速国道群山ICから熊浦方向に約7kmの地点にある。笠店里古墳群が位置する錦江河口は、百済が熊津（現公州）に遷都した後、泗沘（現扶余）に移るまで百済の対外関門としての役割を果たした所である。周囲には御来山城、咸羅山城、そして熊浦里・将相里古墳群など多くの百済遺跡がある。
　笠店里古墳群の墓形式は竪穴式石槨墳、横口式石槨墳、横穴式石室墳、甕棺墓などが混在して地域形式と百済中央形式が一緒に存在する様相を見せている。
　出土遺物は土器類、金銅製冠帽、金耳輪、ガラス玉、馬具、青磁四耳壺などがあり、墓形式と出土遺物から見て5世紀頃のものである。
　金銅製冠帽は金銅板を頭巾形にして後ろ部分に半球形の飾りを付け、表面に肉鱗模様を刻んだもので羅州新村里9号墓から出土したものと類似し、熊本の江田船山古墳の出土品と同形式で5世紀後半の百済と日本の交流を推測することができる。
　2004年笠店里古墳展示館が開館した。

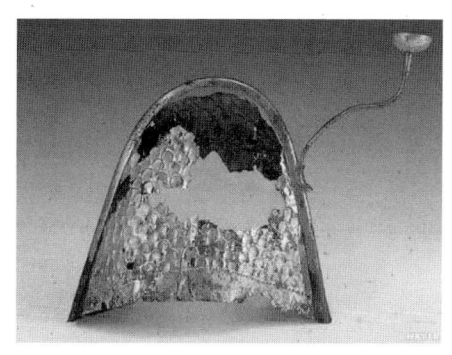

笠店里古墳出土　金銅製冠帽

> 味と音楽の都市全州

全州城、豊南門、慶基殿
（チョンジュソン、プンナムムン　전주성 풍남문／宝物第308号）
（キョンギジョン　경기전／史跡第339号）

全羅北道全州市完山区豊南門3キル1　　전라북도 전주시 완산구 풍남문3길1

全州駅前から市内バスで殿洞聖堂前下車。

慶基殿正殿

　全州は900年甄萱(キョンフォン)が立てた後百済の最後の首都であり、朝鮮王朝の発祥地として1200年以上の歴史ある都市である。

　全州はまたユネスコが定めた食文化創造都市としてビビンバ、もやしクッパ、マッコリなどが有名であり、世界無形遺産の「パンソリ」の本場で、韓屋・韓食・韓紙など伝統文化を最もよく見せてくれる都市である。

　全州(邑)城は朝鮮時代に現行政区域である全羅南北道と済州島を管轄した統治の中心だったが、丁酉再乱(1597年)の時破壊され、1734(英祖10)年観察使趙顕命(チョヒョンミョン)が大きく改築したが1767年の火災で西門と南門が消失した。全州城中には豊南門、慶基殿、肇慶廟(チョギョンミョ)、客舎(ケクサ)、そして朝鮮王朝実録を保管した四大史庫の一つ、全州史庫がある。

　純宗(1907～1910年)の時、都市計画で城郭と城門が撤去され、豊南門も多くの損傷を被ったが1978年からの補修工事で現在の姿になった。

　豊南門は全州邑城の南門で丁酉再乱時に破壊され、1734(英祖10)年改築され明見楼(ミョンギョンル)と名付けられた。豊南門という名前は1767(英祖43)年の火災後、翌年再建された時に付けられた名前である。この時元来の3階建てから現在の2

階楼閣形態に縮小された。1階は前面3間・側面3間、2階は前面3間・側面1間の入母屋造りである。平面で見た時2階の建物が1階に比べて著しく減る姿が特徴である。

　慶基殿は朝鮮王朝を建国した太祖李成桂の御容(肖像画、宝物第931号)を祀った所で「慶ばしい国家の基礎」という意味で慶基殿と名付けられた。1410(太宗10)年に初めて建てられ、1597(宣祖30)年丁酉再乱の時焼失。1614(光海君6)年11月に再建された。

　秋の風景が美しくてドラマ撮影地でも脚光を浴びている。後には全州李氏の始祖李翰と始祖妃慶州金氏の位牌を祀った祠堂である肇慶廟がある。肇慶廟は1771(英祖47)年に建立され、1854(哲宗5)年10月に慶基殿とともに改修された。

近代の生活を体験できる村
全州韓屋村
（チョンジュ ハノクマウル　전주 한옥마을）

全羅北道全州市完山区豊南洞、校洞一円　전라북도 전주시 완산구 풍남동、교동일원

全州駅からタクシーで20分。全州高速バスターミナルからタクシーで5〜10分。

全州韓屋村

　全州韓屋村は1930年を前後して校洞と豊南洞一帯に形成され始めた。ここ韓屋は当時西門近辺の日本式建物、華山洞の洋式宣教師村、学校、教会などと互いに対比される風景を作っていた。

　韓屋村には現在708棟（韓屋543棟、非韓屋165棟）の建物に2,200人が居住して、韓屋生活体験館、工芸工房、酒博物館、工芸品展示販売所などがあり、伝統婚礼、茶道体験、韓紙製作及び工芸体験などができる。

●**韓屋村定期ツアー**：平日午後2時／週末午前10時、午後1時・3時（韓屋村観光案内所前集合）

■**コース1**：韓屋村観光案内所出発→酒博物館→チダム道（工芸工房村紙談）→韓屋生活体験館→600年銀杏→崔明姫（チェミョンヒ）文学館→殿洞聖堂→韓屋村観光案内所。

■**コース2**：韓屋村観光案内所出発→梧木台→養子斉→張鉉植（チャヒョンシク）古宅、東軒→全州郷校→寒碧楼→南川橋→剛菴書芸館→工芸品展示館→韓屋村観光案内所。

国立全州博物館

（クンニプ チョンジュ パンムルグァン　국립 전주 박물관）

全羅北道全州市完山区スッコゲ路249　전라북도 전주시 완산구 쏙고개로 249

市内バス：(旧)統計庁前から、金溝方面行きのバスを利用。車で全州駅から約30分、高速・市外バスターミナルから約20分。

国立全州博物館

1990年10月開館。韓国史の流れの中で全北文化の位置づけが理解できるように展示されている。展示は古代文化室、美術室、民俗室そして全羅北道歴史文化室で構成されている。

古代文化室は世界遺産高敞(コチャン)コインドル遺跡と青銅器文化遺物、全北地域の青銅器文化と初期鉄器文化を紹介している。

青銅器製作に使用した完州葛洞(カルドン)出土范や、全北地域出土の韓国式青銅剣など多様な青銅器を展示し、この地域における青銅器文化の多様性と優秀性を解説している。

さらに初期鉄器文化の長水南陽里(ナムヤンニ)遺跡と完州葛洞遺跡なども一緒に紹介し、鉄器文化と農耕文化を基盤に成長した全北地域の馬韓の実体とその文化的性格を明らかにしている。

三国時代文化は百済の中興を夢見た武王とかかわる益山弥勒寺跡、帝釈寺跡、王宮里遺跡などの関連遺物を紹介し、その歴史的意味を証明している。特に最近の発掘を通じて確認された宮城と王宮里遺跡の主要遺物が展示されている。

1992年全州博物館が発掘した扶安竹幕洞(チュンマクトン)祭祀遺跡は、古代海洋の祭祀と共に百済の海洋交流の様相を見ることができる。ここには各種祭祀用器、青銅器、鉄器類、中国陶磁器片、日本須恵器、伽耶系土器などの遺物が展示されている。

全羅北道歴史文化室では朝鮮王朝実録を保管していた全州史庫の模型をはじめ、全羅北道の記録文化遺産を一覧でき、音の本場といわれる全羅北道の音楽と名唱を伝統音楽体験施設などで体験できる。

| 後百済甄萱の配流地 |

金堤金山寺と弥勒殿

（キムジェ クムサンサとミルクチョン　김제 금산사와 미륵전／
金山寺：史跡第496号、弥勒殿：国宝第62号）

全羅北道金堤市金山面母岳15キル1　전라북도 김제시 금산면 모악 15 길 1

金堤駅から金山寺行きバスで金山寺駐車場下車。車で金堤駅から約38分。

金山寺 弥勒殿

全州市から西南方へ約12km、母岳山（モアクサン）（海抜794m）西麓に位置する金山寺は599（百済法王元）年、王の自福寺として創建され、真表律師（チンピョ）が766（新羅慧恭王（ヘゴンワン）2）年に修造した。1400余年の歴史を持っている弥勒信仰の本山として法脈を受け継いできており、後百済甄萱（フベクチェキョンフォン）の配流地として知られている。1598年丁酉再乱時に焼失し、1609（宣祖34）年再建され、高宗の時補修された。

金山寺の主要な殿閣は弥勒殿をはじめ、大蔵殿（宝物第827号）、冥府殿、羅漢殿、一柱門、金剛門、普済楼などがあって、石蓮台（宝物第23号）、慧徳王師真応塔碑（宝物第24号）、五層石塔（宝物第25号）、方等戒壇（宝物第26号）、幢竿支柱（宝物第28号）、石灯（宝物第828号）など多くの文化財がある。金山寺一帯は史跡に指定されている。

弥勒殿は弥勒尊仏を奉安した仏殿で竜華殿、丈六殿とも呼ばれる。丁酉再乱の時焼失し、1635（仁祖13）年に再建され、その後複数回の修理を経て今日に至っている。

韓国に1つしかない3層建ての仏殿で1層は大慈宝殿、2層は竜華之会、3層は弥勒殿という扁額が掛けられている。1層と2層は正面5間、側面4間、3層は正面3間、側面2間の入母屋造りの多包式建築である。軒は二重で、軒の真下に活柱があり支えている。内部は3層全体が吹き抜けの通層になっていて、中央の弥勒仏立像は金色で高さ11.82m、左右の脇侍は高さがそれぞれ8.79mの巨大な塑像である。統一新羅時代の仏像様式の本尊仏と朝鮮後期菩薩像の様式を備えた脇侍菩薩で構成されている。また内壁と外壁の間に菩薩と神将、そして修道する姿など多くの壁画が描かれている。

> 東学農民運動の指導者全琫準の生家

井邑全琫準先生古宅

(チョンウプ チョンボンジュン ソンセンニン コテク　정읍 전봉준 선생님 고택／史跡第293号)

全羅北道井邑市梨坪面長内里 458-1　　전라북도 정읍시 이평면 장내리 458-1

井邑駅、井邑高速ターミナルから車で約 25 分。

全琫準生家

　長内里鳥巣村(チョソ)には1878(高宗15)年に建てられた東学農民運動指導者全琫準(1855～1895年)が住んだ家がある。

　元々は部屋1間、物置1間、台所1間だったが、現在は前面4間・側面1間で南向きに敷地を取って、東から台所・広間・上部屋・端部屋の順になっている。家の周囲に石垣塀をめぐらし塀の上は藁葺きで覆っている。

　全琫準は35歳前後に東学に入信し、東学第2世教主崔時亨(チェシヒョン)から古阜(コブ)地方の東学接主に任命された。東学を社会改革の基本理念であると認識し、農民の立場から東学教徒と農民を結合させ、農民運動の指導者として活動した。

　1894年彼が率いる東学百姓軍は黄土峴(ファントヒョン)で政府軍を大破し、倡義文(布告文)を発表し、さらに全州城を占領して公州まで進撃したが日本軍と朝鮮政府軍によって鎮圧され逮捕された。その後日本軍に引き渡されて裁判を受け絞首刑にされた。

| 東学農民戦争の戦跡 |

井邑黄土峴戦跡

（チョンウプ ファントヒョン ジョンジョク　정읍 황토현 전적／史跡第295号）

全羅北道井邑市德川面東学キル742　　전라북도 정읍시 덕천면 동학길 742

井邑駅、井邑高速ターミナルから車で20分。

黄土峴戦跡

　東学農民運動当時、農民軍が官軍を大きく撃退した地である。東学農民軍は古阜郡守趙秉甲（チョビョンガプ）の苛政に対抗して、1894年1月古阜官衙を襲撃した。

　農民軍は10余日ぶりに解散したが、政府から事態解決のために派遣された官吏が間違って農民軍を弾圧すると、農民軍は全琫準の指揮の下「輔国安民、除暴救民」をかかげて再起した。古阜官衙を占領した農民軍は白山に進出し、官軍と井邑の黄土峴で対峙し、大半を撃破した。黄土峴の戦いの勝利によって気勢の高まった農民軍は全州まで掌握するようになった。

　黄土峴で全琫準は東学運動の意義を表す布告文を発表した。黄土峴の戦いの勝利は東学農民運動を大きく拡大させる契機となった。以後公州牛禁峙（ウグムチ）の戦いで官軍と日本軍に敗れて東学農民運動の幕が降りた。

高麗王朝の青磁窯
扶安柳川里窯跡
（ブアン ユチョンニ ヨジョク　부안 유천리 요적／史跡第69号）

全羅北道扶安郡保安面青磁路1493（扶安青磁博物館）
전라북도 부안군 보안면 청자로 1493（부안 청자박물관）

扶安高速バスターミナルから来蘇寺方面行きバスで柳川里下車。

柳川里青磁博物館

　柳川里窯跡はコムソ湾海岸北にある貯水池西方の野原に位置している。

　現在まで確認された窯跡は40余ヵ所あり、大部分柳川里を東西に横切る道路の南側に集まり、北の山側にも10余ヵ所がある。

　最近、飛雁島（ビアンド）と十二東波島（シブイドンパド）の沖合の水中で発掘された青磁は、ここ柳川里で製作されたことが明らかになった。柳川里窯跡の時期は12世紀中頃から13世紀全般にわたり、12号窯跡一帯で高品質の陶磁片が発見されている。

　陶磁器の器種は皿・碗・鉢・梅瓶・瓶・托盞（たくさん）など多様であり、「孝文」「照清」などの銘文があり、高麗陶磁史研究に貴重な資料を提供している。柳川里窯跡は康津の大口面高麗青磁窯跡と共に、高麗王室と貴族層が使う陶磁器を生産していた。

　柳川里から西に約4kmの距離にある鎮西里（チンソリ）窯跡（史跡第70号）は柳川里と類似した性格を持ち同時期に運営された青磁窯跡で、鉄絵青磁が多く作られた。1929年に日本人野守健が初めて発掘調査して窯体構造を確認した。

　扶安青磁博物館は柳川里窯跡に2011年4月開館した。遺物展示館は2階に青磁歴史室、青磁名品室、1階に青磁製作室、青磁体験室があり、野外には窯跡を直接観察できる露出展示空間が作られている。

花格子の寺

扶安来蘇寺
（ブアン ネソサ　부안 내소사）

全羅北道扶安郡鎮西面来蘇寺路243　전라북도 부안군 진서면 내소사로 243

扶安高速バスターミナルから来蘇寺方面行きバスで終点下車。

来蘇寺大雄宝殿

　来蘇寺は扶安柳川里鎮西里を過ぎて西北方向に5kmの地点にあり、633（百済武王34）年に創建された寺で、入り口から天王門に至るモミ林の道には風情がある。大雄宝殿(宝物第291号)は朝鮮中期に建てられた正面3間、側面3間の入母屋造で、法堂後部壁面の白衣観音菩薩座像と蓮華と睡蓮で飾った花格子が美しい。

　境内には高麗銅鐘、法華経折本写本などの国家指定文化財と、三重石塔などの地方有形文化財が保存されている。

　この寺には樹齢約500年のケヤキと、高さ約20m、樹齢約1000年のケヤキの

来蘇寺の花格子

巨木が植わっている。また西海方へ行けば辺山(ピョンサン)半島で海に最も突き出た所に採石江(ソクカンジョク)・赤壁江(ピョンガン)がある。
　強い波によって形成された地形で数万冊の本を積みあげたような岩石層理面など海岸の自然美がすぐれた所であり、周辺に常緑広葉樹植生が形成されていて扶安格浦里(キョクポリ)にあるタブノキ群落(天然記念物第123号)も見られる。

先史時代の特徴的な巨石文化
高敞支石墓遺跡　ユネスコ世界遺産
（コチャン コインドルユジョク　고창 고인돌유적／史跡第391号）

全羅北道高敞郡高敞邑支石墓公園キル74　전라북도 고창군 고창읍고인돌 공원길74

高敞邑から郡内バス利用。

高敞支石墓 碁盤型

　高敞支石墓（コインドル）遺跡は、世界的に支石墓分布密度が最も高く多様な形式の支石墓を見ることができる。支石墓の分布域は竹林里梅山村を中心に東西約1.8kmに及ぶ山麓で、標高15mから50mの範囲内に440余基の支石墓が群をなし竹林里、上甲里一帯が最も密集している。

　韓国の支石墓は紀元前10世紀前後の青銅器時代の人々の墓であり、碁盤式、テーブル式、蓋石式など多様な形式があるが、ここではそのすべてを見ることができる。

　高敞支石墓遺跡は2000年に和順支石墓、江華支石墓とともに世界遺産に登録された。2008年9月ドルメン公園造成事業の一環で高敞支石墓博物館が開館した。

完全な姿を残す邑城
高敞邑城
（コチャン ウプソン　고창 읍성／史跡第 145 号）

全羅北道高敞郡高敞邑牟陽城路 1　　전라북도 고창군 고창읍 모양성로 1

高敞共用バスターミナルから車で 3 分または徒歩 16 分。

高敞邑城

朝鮮時代、高敞県の邑城で長城笠岩山城(サンソン イ バム)と共に湖南内陸を防御する前哨基地の役割を果たした。牟陽城(モ ヤン ソン)ともいわれ、高敞地域が百済毛良夫里(モ リャン ブ リ)と呼ばれたことに由来する。

『新増東国輿地勝覧』に周囲3,008尺、高さ12尺、城中には三池四泉があると記録されている。城壁の周囲は1,684m、高さは4〜6mで、東、西、北の3ヵ所に門があり雉城(チ ソン)6つ、水口2つ、そして甕城(オンソン)を備え邑城としてはほぼ完全な形で保存されている。

城壁の外壁に「済州始、和順始、羅州始 癸酉所築宋芝政」などの刻銘があり、癸酉年に全羅道の多くの地域で築城のために役夫が動員されたことがわかる。築城法から癸酉年は1573 (宣祖6)年と推測される。

かつて城中に官衙を含めて22個の建物があった。現在は北門、西門、東門、そして作庁、東軒、客舎、豊和楼、内衙、官庁、郷庁、西庁、将庁、獄舎などの建物が復元されている。

高敞邑城は女性たちが城壁を歩く風習で有名で、頭に石を載せて城を一巡りすれば病気が良くなり、二巡りすれば無病長寿、三巡りすれば極楽へ往けるという話がある。有事に武器に使うための石を女たちも運び、城の入り口に積んだことに由来する。

邑城の前には朝鮮後期のパンソリの大家申在孝(シンジェヒョ)の生家がある。

Column

人が集まる場所で歌う歌

パンソリ

（판소리／重要無形文化財第5号〈1964年〉・ユネスコ無形文化遺産〈2003年〉）

パンソリとは「パン（場）」と「ソリ（歌）」の合成語で、「パン」は多くの人が集まる場所を意味し、「パンソリ」とは「人が集まる場所で歌う歌」という意味である。

朝鮮の中期以後南道地方特有の曲調を土台として発達した民族芸能である。

パンソリの演技形式は歌い手が立って歌い、語り、しぐさを交えながら長い話を編んでいき、鼓手は座ってチュイムセ（かけ声）を入れ太鼓の長短（拍子）をとるパンノルム（大道芸の一種）である。一般に2～4時間にわたって歌われる。

平民文化が勃興し始めた朝鮮粛宗（スクチョン）（1674～1720年）の頃から始まり、「春香歌（ニャンガ）」「沈清歌（シムチョンガ）」「興夫歌（フンブカ）」などパンソリ12マダンが成立した。以後歌曲の唱法が流行するにつれ英祖（ヨンジョ）、正祖（チョンジョ）年間（1724～1800年）にパンソリの基礎が確立し、純祖（スンジョ）（1800～1834年）以後パンソリが盛んになった。朝鮮後期に桐里申在孝（トンリシンジェヒョ）が体系を整えて、パンソリ12マダンを6マダンに改編して以来、このシナリオに基づいて歌うようになった。さらに、地域的特性と伝承系譜によって流派が生じ、全羅道東北地域の歌唱法は東便制、全羅道西南地域は西便制、京畿道・忠清道は中高制といわれる。

高敞邑城前に現在のパンソリを理論的に確立した申在孝の生家があり、現在はパンソリ博物館となっている。ここでは、申在孝をはじめ陳彩仙（チンチュサン）、金素姫（キムソヒ）といった名人たちの資料を展示してパンソリ伝統を継承発展させるための事業を展開している。

Column

時代を通じて愛され続けている恋愛物語

春香伝
（チュニャンジョン）

　春香伝は全羅道南原（ナモン）を舞台に妓生（キーセン）の娘・春香（ヤンバン）と両班の息子・李夢龍（イモンニョン）の恋愛を描いた朝鮮時代の物語で、韓国では広く親しまれている作品である。

　南原府使の息子夢龍は、広寒楼で妓生の娘春香を見かけ、一目惚れする。春香は夢龍の半ば強引な誘いを即興の詩で見事にかわすが、夢龍はますます春香に思いを寄せる。やがて二人は愛し合い夫婦になる約束をする。しかし、夢龍の父が都へ戻ることになり、身分違いの二人は離ればなれとなってしまう。後任の卞（ピョン）府使は、春香を自分のものにしようとするが、春香はそれを断固として拒む。そのため春香は拷問の末に牢に入れられ、ついには処刑されることになってしまう。

　一方、都で科挙試験に合格した夢龍は、暗行御史（アメンオサ）という地方の様子を探る密使の仕事を与えられ、乞食に身をやつして南原に戻ってくる。卞府使の悪政ぶりを知った夢龍は、卞府使を捕らえ、牢に入れられていた人々を助け出す。春香も助け出され、その後、二人は幸せに暮らした。

　春香伝はパンソリの代表的な演目の一つである「春香歌（チュニャンガ）」を小説化したもので、古典小説として高く評価されている。パンソリは唱本（台本）によって記録されたが、この唱本は各流派に分かれ、小説も全州地方の完板本と都の京板本に分かれ異本も数多い。近代以降は、映画や舞台、ミュージカル、漫画などさまざまなジャンルで繰り返し取り上げられている。身分を越えた愛という一途な恋愛ものと、正体を隠して地方を探り、悪代官を裁く日本の「水戸黄門」のような側面も持ち合わせている。さまざまな楽しみ方ができることから大胆に脚色される例も少なくない。

　日本では1882（明治15）年に半井桃水（なからいとうすい）が初めての翻訳である「鶏林情話春香伝」を新聞に連載し知られるようになった。昭和10〜20年代には舞台、オペラの上演や戯曲の出版、レコードの制作などもされた。

　春香伝は身分制度の厳しい朝鮮時代を舞台とし、ヒロインの春香は低い身分にもかかわらず高い教養を身につけ、貞節で愛情深く誇り高い女性として描かれている。貴族階級（両班）の夢龍に言い寄られても媚びることなく、また、卞府使の横暴に対しては、棒で打たれ血を流しながらもその非道を告発し続けた。

　春香が両班に対して臆することなく自己主張をする姿や、強者に屈せず信念を貫いた春香が最後に幸せになる逆転劇は、身分制度に苦しむ人々にとって痛快だった。

　春香伝の舞台である南原では毎年春香祭（チュニャンジェ）という「春香伝」をテーマとしたお祭りが盛大に開催され、多くの来場者を集めている。このように「春香伝」は時代を越えて愛され続けている。

春香伝の舞台

南原広寒楼苑
（ナムォン クァンハルルウォン　남원 광한루원／名勝 第33号）

全羅北道南原市蓼川路1447（川渠洞）　전라북도 남원시 요천로 1447（천거동）

KTX全羅線南原駅から車で6分、南原高速バスターミナルから車で8分。

広寒楼苑

　広寒楼苑は春香伝の舞台となった所で、春香と李夢竜が会って遊んだ烏鵲橋(オジャクキョ)と玩月亭(ワンウォルジョン)などがある。
　広寒楼は正面5間、側面4間の入母屋様式である。元々の名前は広通楼(クァントンル)だったが鄭麟趾(チョンインジ)が広寒楼と改称した。丁酉再乱の時失われたものを、1639年南原府使申鑑(シンカム)が修復した。1794年には瀛州閣(ヨンジュカク)が復元され、1964年には方丈島(パンジャンソム)方丈亭(パンジャンジョン)が建てられた。
　広寒楼は池に面して南向きに建てられ、縁側に欄干を回し、柱の間には皆四分閣門をつけて夏に開放するようにした。広寒楼東には「烈女春香祠」という祠堂があり、春香の肖像画を祀っている。春香の誕生日(旧暦4月8日)に祭祀を行い、毎年5月末に南原で春香祭が開かれている。

丁酉再乱の激戦地
南原邑城跡と万人義塚
(ナムォン ウプソンジョクとマンニンイジョン　남원 읍성적와 만인의총)
邑城　史跡第298号、万人義塚 史跡第272号

南原邑城：全羅北道南原市東忠洞464-1　　전라북도 남원시 동충동 464-1
万人義塚：全羅北道南原市万人路3　　　　전라북도 남원시 만인로 3

KTX全羅線南原駅から車で5分。南原高速バスターミナルから車で5分。

南原邑城

　統一新羅神文王時代に南原小京が置かれ、南原城が築かれた(『三国史記』)が、南原邑城は朝鮮時代に造られた石城で、1597(宣祖30)年に日本軍の侵入に備えて改築された。

　城内に70余の井戸と泉があったほど大規模だったものの、今は城跡だけになっている。

　南原邑城は全羅道と慶尚道から越えてくる交通の要衝であり、同時に忠清道と首都圏を防御する戦略地である。丁酉再乱の時、朝鮮・明連合軍が城を守ったが、1597年日本軍との戦いで大敗し、1万名余の民が犠牲になった。当時日本軍は湖南・湖西地域を占領した後に北上する計画を立て、宇喜多秀家を大将に5万の兵力で南原邑城を攻撃した。当時城内には朝鮮軍1,000余名と明国軍3,000余名、1万の民がいた。彼らは援軍を待ち戦ったが同年8月16日陥落し、城内の全建物は焼かれ、鼻を切られた死体が山を成したという。乱後、死体を1ヵ所に集めて埋葬した墓が万人義塚である。万人義塚は1964年に現在の場所に移され、1979年に浄化事業を終えた。

　南原邑城は1894年東学農民戦争の時にも城壁が崩れ、近代都市の成立で城郭は大部分取り払われたが、市内中心部の道路は今も碁盤目状に残っている。

第2節　全羅南道

東アジアへの海上交易の舞台

楽安邑城

麗水鎮南館

全羅南道の概要
チョル ラ ナム ド

　全羅南道は東は慶尚南道、西は黄海、南は対馬海峡、北は全羅北道と接している。

　面積は1万2,212.90km²で、人口は約190万人である。歴史的には馬韓の故地で後に百済の領土になった。統一新羅では9州制の下、武珍州に属した。全羅南道は昔から芸郷と呼ばれ、詩人墨客やパンソリの名人など文化芸術分野で傑出した人物をたくさん輩出した地域でもあり、それらの関連文化遺跡が残っている。

全羅南道
1:1,000,000
0
10
20km
N
全羅北道
全羅南道
長城郡
淳昌郡
潭陽郡
南原市
求礼郡
谷城郡
河東郡
咸平郡
光州 クァンジュ 광주
羅州市
和順郡
光陽市
順天市
宝城郡
霊岩郡
長興郡
麗水市
海南郡
康津郡
高興郡
763▲内蔵
内蔵寺
白羊寺
長城白羊寺
長城湖
長城
筆巌書院
剛泉寺
淳昌
潭陽湖
潭陽
松江亭
南原
広寒楼
実相寺
智異▲1915
1732
般若
智異山国立公園
泉隠寺
谷城
求礼華厳寺
求礼鷰谷寺
双磎寺
姑蘇城郡立公園
求礼
求礼口
霊光
仏甲寺
国立光州博物館
潭陽瀟灑園
無等山道立公園
松汀里
無等
1187
白雲
1218
河東
咸平湾
咸平
和順
慶全線
母后
919
曹渓
884
津上
羅州
務安空港
務安
伏岩里古墳群
世界遺産
和順支石墓群
綾州
昇州湖
順天
松広寺
順天仙巌寺
支石墓群公園
曹渓山道立公園
順天
光陽
国立羅州博物館
羅州平野
羅州湖
和順雲住寺
斗峰
631
和順雙峰寺
大原寺
光陽
羅州潘南古墳群
回山蓮華堤防
楽安邑城と民俗村
順天倭城
猫島
光陽湾
積良
一老
南海湾
麗水空港
国立海洋文化財研究所
霊岩
長興宝林寺
筏橋
獐島
霊岩王仁博士遺跡
栄山湖
809
月出
宝城
礼堂
麗水
霊岩道岬寺
康津無為寺
全羅左水軍本営
月出山国立公園
得粮湾
順天湾
白日島
麗水半島(麗水鎮南館)
修仁山城
長興
霊岩湖
康津
長興
八景
609
楞伽寺
狼島
突山島
海南恐竜博物館
宝城湾
高興
影山道立公園
白蓮寺
得粮島
海南
海南尹氏緑雨堂
高興半島
蓋島
723
天冠
金鰲島
頭輪山道立公園
内羅老島
天冠山道立公園
珍島
海南大興寺
703
頭輪
道岩湾
上馬島
金塘島
居金島
海南半島
古今島
矢山島
外羅老島
美黄寺
莞島清海鎮遺跡
助薬島
忠島
417
達磨
莞島

国立光州博物館
(クンニプ クワンジュ パンムルグァン 국립 광주 박물관)

全羅南道光州広域市河西路110 전라남도 광주광역시 하서로 110

光州駅から車で約10分、光州総合バスターミナルから車で約8分。

国立光州博物館

1978年12月開館。室内の1階と2階に展示室、野外に展示空間がある。1階中央ホールには中興山城出土双獅子石灯を展示している。

1階は先史文化室、農耕文化室、古代文化室で構成されている。先史文化室は旧石器時代から鉄器時代までの全羅南道地域出土遺物を展示し、霊岩長川里(ヨンアムチャンチョンリ)の遺物と和順大谷里出土青銅一括遺物(ファスンテゴクリ)がある。農耕文化室では光州新昌洞遺跡出土木製農具をはじめ各種土器と農耕関連遺物を見ることができる。古代文化室には三国時代から統一新羅時代に至る時期の遺跡・遺物が展示され、特に羅州新村里9号墳出土金銅冠(国宝第295号)(チャンボゴ)と、張保皐の清海鎮遺跡出土遺物が見られる。

2階展示は仏教美術、陶磁文化、儒教文化、書画、アジア美術室に区分されている。仏教美術室には光州新龍洞五層石塔出土舎利荘厳具をはじめ、全南地方の仏教美術品を一堂に集めて展示している。

儒教文化室にはこの地域出身儒者の資料を展示してあり河西金麟厚(ファソキムインフ)、高峰奇大升(コボンキデスン)、孤山尹善道文集(コサンユンソンド)などが見られる。

書画室では湖南文人画の花を咲かせた代表的文人画家たちの作品を見ることができ、特に尹斗緒(ユンドゥソ)が描いた沈得慶肖像(シムドゥキョン)(宝物第1488号)が展示されている。

野外展示としては住岩ダム水没地区から移転したドルメン(支石墓)と康津高麗青磁窯の復元窯跡、和順普安寺跡の浮屠などの仏教彫刻がある。

> 韓国5大寺院の一つ

長城 白羊寺
（チャンソン ペギャンサ　백양사）

全羅南道長城郡北下面白羊路1239　전라남도 장성군 북하면 백양로 1239

井邑高速バスターミナルから白羊寺行直行バスあり。

長城 白羊寺

　白羊寺は1,400余年前の632（百済武王33）年に如幻祖師が創建した古刹で湖南仏教の発祥地である。白岩山裾の白鶴峰の下にあり内蔵山国立公園に含まれている。

　白羊寺は春には桜、夏には新緑、秋には五色紅葉、冬には山寺の冬風景が人々の足を向けさせる所である。主要殿閣は極楽殿（全南有形文化財第32号）、大雄殿（全南有形文化財第43号）、四天王門（全南有形文化財第44号）と1896年頃に建てた冥府殿、そして釈迦の真身舎利が安置されている九層塔がある。

　白羊寺は海印寺、通度寺、松広寺、修徳寺などとともに韓国仏教の5大寺刹中の一つである。

ソンビの伝統庭園

潭陽瀟灑園

(タミャン ソセウォン 담양 소쇄원／名勝 第40号)

全羅南道潭陽郡南面瀟灑園ギル17　전라남도 담양군 남면 소쇄원길 17 등

光州トンシン大学前から225番バスで瀟灑園前下車。

瀟灑園

　朝鮮時代中期の学者梁山甫(ヤンサンボ)(1503～1557年)が、恩師である静庵 趙光祖(チョグァンジョ)(1482～1519年)が己卯士禍(キミョサホ)(士林派の失脚事件)で綾州に配流され亡くなると、出世への意志を捨て、自然の中で隠居するために故郷に帰って構えた別荘庭園である。自然に一部人工を加味して造った民家庭園で韓国伝統庭園の特徴を見せてくれる。瀟灑園とは梁山甫の号(瀟灑翁)からきており、清々しいという意味を込め「安貧楽道」の風流を楽しむ情緒あふれる所である。

　後方は山で、谷間に沿って流れ下る渓流を敷地の中心に取り、平面は渓流を中

214

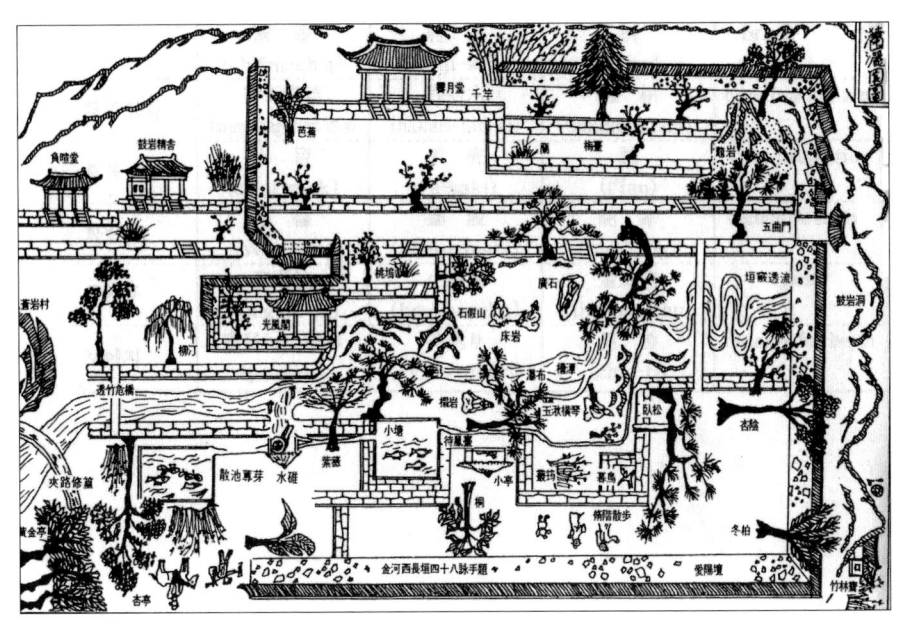

瀟灑園図（尹・柳沢 1997）

　心軸に台形とし、土石を積んだ塀が外部世界との境界を仕切っている。渓谷の傾斜面を階段状に造り、全体の構成は非対称な山水園林である。大きく愛陽壇区域、五曲門区域、霽月堂区域、光風閣区域に区分することができる。

　愛陽壇区域は瀟灑園入り口であり、渓流の自然と人工との調和を鑑賞することができる空間である。竹林中の一本道を上がれば左に2つの方池がある。

　五曲門区域は五曲門側塀の下に流入してくる渓流と、その周辺の岩盤よりなる空間である。五曲門の真下には渓流の水が流れ込む水門形態の穴を石で作っている。「五曲」とは周囲の岩盤の上を渓流が之字に五回曲って流れゆくという意味から出た名前である。

　霽月堂区域は五曲門の南西方向に位置する直線道路の上側部分をいい、主人のための私的空間である。

　光風閣区域は霽月堂区域の下側にある光風閣を中心にする広間機能の空間である。光風閣横の岩盤には石仮山がある。

　瀟灑園では菊や蓮華、松や楓といったさまざまな四季の花木を楽しむことができる。

Column

栄山江(ヨンサンガン)流域の前方後円墳

　前方後円墳は韓国では長鼓墳ともいわれ、朝鮮半島の西南部に位置する全羅南道栄山江流域に分布している。現在までに確認されたもので外形が明らかな前方後円墳は霊光月渓古墳(ヨングヮンウォルゲ)、咸平神徳古墳(ハムピョンシンドク)、光州明花洞古墳(ミョンファドン)、月桂洞(ウォルゲドン)1号墳・2号墳、霊岩チャラボン古墳(ヨンアム)、海南長鼓山古墳(ナムチョンゴサン)、竜頭里古墳(ヨンドゥリ)など10余基である。

　これらのほとんどは丘陵頂上部に沿って立地し、造営時期は5世紀後半から6世紀初めにかけてである。出土土器は蓋・杯・有孔広口小壺などであり、これら器種は日本の古墳でも普遍的に出土する。また円筒形土器・埴輪が見られる点から日本の前方後円墳と相当に密接な関連がある。前方後円墳が栄山江流域で築造された背景と被葬者の性格について論議されたが、これらの集団が日本と密接な関連があると見る説が主流となっている。

　霊岩チャラボン古墳は全羅南道霊岩郡始終面立席部落737番地、海抜6〜7mの低い丘陵に位置している。墳丘の形態は前方部が後円部の半分の大きさで、墳丘の高さも半分くらいである。このように前方部が後円部に比べて未発達の墳丘は、前方部が発達した古墳より時期的に先行すると考えられている。

　咸平新徳古墳は全羅南道咸平郡月也面礼徳里山176番一帯に位置し、韓国で初めて発掘調査され内部が明かされた前方後円墳である。墳丘裾に溝が回り、石室が後円部の一方に片寄って封土上に設置される地上式で、墳丘は完全な盛土墳である。

　光州月桂洞古墳(光州広域市記念物第20号)は光州広域市光山区月桂洞765-5にある。栄山江の支流に挟まれた低い丘陵地帯に2基の古墳が位置している。第1号墳は全長45.3m、円部直径25.8mである。長軸は西北西〜東南東方向を向き、方部は西北西を、円部は東南東を向いている。周溝は盾型をしている。第2号墳は全長34.5m、円部直径20.5mである。長軸は東から北に少し傾いて東西に近い方向を向き、方部は西方を、円部は東を向いている。周溝は第1号墳と同じく盾型である。2つの古墳の周溝で円筒状土器(円筒埴輪)とラッパ形土器(朝顔形埴輪)を含め多くの遺物が出土した。

　明花洞古墳(光州広域市記念物第22号)は光州広域市光山区明花洞170-5番地にある。古墳は平洞貯水池の上流にある華洞村背部の丘陵末端部に位置している。墳丘の全長33mで最小型の墳丘である。円形部と方形部の接続部の東に円筒状土器(円筒埴輪)が一定の間隔に直立して並べられていた。

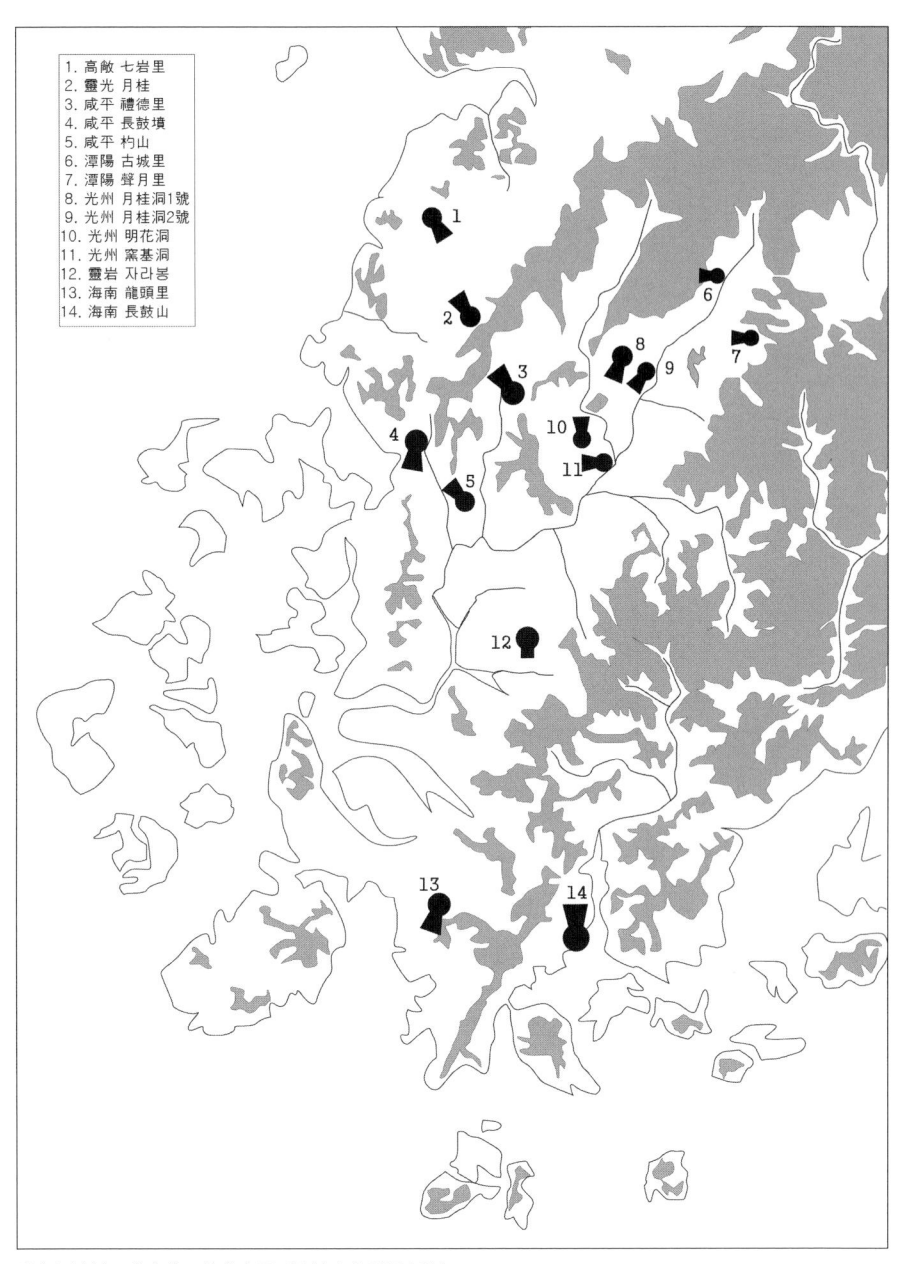

1. 高敞 七岩里
2. 靈光 月桂
3. 咸平 禮德里
4. 咸平 長鼓墳
5. 咸平 杓山
6. 潭陽 古城里
7. 潭陽 聲月里
8. 光州 月桂洞1號
9. 光州 月桂洞2號
10. 光州 明花洞
11. 光州 窯基洞
12. 靈岩 자라峰
13. 海南 龍頭里
14. 海南 長鼓山

栄山江流域の前方後円墳分布図（大韓文化財研究院）

Column

41基の多様な形式の墓室が造られたマンションのような古墳

羅州伏岩里古墳群
（ナジュ ポガムニ コブングン　나주 복암리 고분군／史跡第 404 号）

全羅南道羅州市多侍面伏岩里 873-17　　전라남도 나주시 다시면 복암리 873-17

羅州バスターミナルから車で 24 分。

羅州伏岩里古墳群 3号墳

　三浦江の支流である文 平 川流域にあ
り潘南古墳群の変遷と軌を一つにしなが
ら一番遅い時期まで残っていた古墳群で
ある。現在4基が残っているが、元々は周
辺にさらに3基あり七造山と呼ばれてい
た。
　伏岩里3号墳は墳丘が膨大型で東西
38m、南北42mの一つの墳丘の中に41
基の多様な形式の墓が発見された。墓の
形態は甕棺墓、竪穴式石室墓、石棺墓、
横穴式石室墓、横口式石室墓など栄山
江流域で現れるすべての形式の墓制が
見える。出土遺物は金銅製履物、冠帽、
三葉環頭太刀など最高支配層の墓であ
ることが明らかにされた。
　古墳造営時期は4世紀から6世紀末
にかけている。長い年月の間様々な墓形
式が一つの封墳に現れることは栄山江流
域の土着勢力である甕棺墓系統と百済
勢力である石室古墳系統が融合しなが
ら封墳を引き続き拡大した結果であり、こ
れは栄山江流域で現れる多葬複合墓的
性格を示す例である。

埴輪の出土する古墳群
羅州潘南古墳群
（ナジュ パンナム コプングン　나주 반남고분군／史跡第513号）

全羅南道羅州市潘南面新村里・大安里・徳山里一帯　전라남도 나주시 반남면 신촌리·대안리·덕산리 일대

羅州駅、栄山浦バスターミナルからバスで国立羅州博物館停留所下車。

　栄山江(ヨンサンガン)の支流である三浦江周辺には紫微山(チャミサン)を中心に大安里、新村里(シンチョンリ)、徳山里(トクサンニ)に約40基の古墳が分布している。1917年から1930年まで日本考古学者谷井済一、有光教一が調査して知られた。大型甕棺と共に金銅冠、金銅履物、鳳凰文環頭太刀など多様な遺物が出土した。甕棺古墳は栄山江流域に分布する独特の墓制で、墳丘を積んだ後頂部に甕棺を安置している。

　栄山江流域の甕棺古墳は大型の転用甕棺を使ったもので栄山江流域の土着勢力によって完成された墓制と理解される。潘南古墳群には大安里一帯に12基、

羅州新村里古墳出土の金銅冠

新村里一帯に9基、徳山里一帯に14基以上が確認され、築造年代は5世紀中葉〜後半頃と判断される。

　新村里9号墳では国立光州博物館に展示されている羅州新村里出土金銅冠（国宝第295号）を含めた金銅履物、金製指輪、環頭太刀、銅製腕輪など多様な遺物が出土したが、1999年の再発掘において頂上部から円筒状土器32点が出土した。円筒状土器は日本の「埴輪」のような性格のもので、韓国と日本の古代史研究に重要な手がかりになる遺物である。

　2013年11月、新村里9号墳のすぐ南に国立羅州博物館が開館した。栄山江流域の文化、特にこの地域独特の甕棺古墳からの出土遺物を中心に展示している。

羅州潘南古墳群・新村里古墳

潘南古墳群のための博物館

国立羅州博物館
(クンニプ ナジュ パンムルグァン　국립 나주 박물관)

全羅南道羅州市潘南面古墳路747　　전라남도 나주시 반남면 고분로 747

栄山浦バスターミナルからバスで国立羅州博物館停留所下車。

　2013年11月に開館。国立春川博物館に次いで12番目の地方国立博物館である。新村里9号墳(史跡第77号)の南に隣接し、羅州潘南古墳群(新村里、徳山里、大安里／史跡第513号)の中に位置している。

　地上2階、地下1階建てで2つの常設展示室があり、第1展示室は1階で歴史の黎明、馬韓の形成、栄山江流域の古墳文化、川の道、海の道の4ブースに分かれ、旧石器から高麗朝までの栄山江流域の文化、特に古墳文化を中心に展示されている。主要な展示遺物には、栄山江流域の古墳から出土した大型の甕棺とその中に副葬されていた遺物、新村里9号墳出土の金銅冠、金銅靴、銀装三葉文環頭刀子や伏岩里出土の金板装飾、金銅履物、銀製冠の装飾などがある。

　第2展示室は地下1階で考古学の世界、見える収蔵庫に分かれる。霊岩のジャラボン古墳の土層断面が展示され、遺跡の発掘調査過程を知ることができる。また収蔵庫の内部を見えるようにし、文化財の保管の様子を知ることができるよう工夫されている。また、スマートフォンを利用した展示案内システムを導入している。

新安沈船で有名な博物館

国立海洋文化財研究所
（クンニプ ヘヤン ムナジェ ヨングソ　국립 해양문화재연구소）

全羅南道木浦市南農路136　전라남도 목포시 남농로 136

木浦駅からバスで三鶴島経由海洋文化財研究所下車。

国立海洋文化財研究所

　国立海洋文化財研究所は韓国で水中文化財を調査、研究、展示する唯一の国家機関で、1976年新安海底遺物発掘をはじめとし、最近の馬島（マド）1、2、3号船調査に至るまで11隻の沈船と数多くの水中文化財を発掘し、各種船と水中出土遺物を展示している。

　展示館は2階の常設展示室4室、企画展示室1室、野外展示場で構成されてい

る。第1室の高麗船室は高麗時代の沈船の遺物と高麗人の海上交易、漕運（そううん）を見ることができる。第2室の新安船室は新安宝船に積まれていた文化財と東アジアの海上交易を紹介する所でこの博物館の目玉である。新安船は1976年から1984年まで韓国で最初に発掘された水中文化財で、1232年に沈んだ中国と日本間の貿易船である。船に積まれた各種遺物

新安沈船

は、中世東アジアの文化と海上交易を見せてくれる重要な資料である。

遺物は青磁、白磁、黒釉など陶磁器が多かった。青磁は中国竜泉窯系統で元代の物が大部分で、宋代の技法を見せる青磁もある。白磁は景徳鎮窯系統が主流をなしている。

その他に金属器、木製品、漆器など出土遺物は3万余点に達し、船底には20トンを超える銅銭が積まれていた。さらに香木や家具材の紫檀木500余点と木簡300余点、漢薬材も引き揚げられた。紫檀木は家具材、香木は樹皮をむいた状態で多量に積まれていた。木簡は表面に墨で字を書き入れ符号、アラビア数字が書かれ紫檀木の用途や荷主を表示したと推定される。沈船の船体も分解、引き揚げられ、保存処理を経て展示室の真ん中に展示されている。

第3室は船舶史室で、遺物と文献資料を通して復元された模型船を中心に韓船の歴史を紹介している。古代船形土器、張 保皋貿易船、達里島船、漕運船、朝鮮通信使船、モントングリ船など伝統韓船の構造と特徴を見ることができる。

第4室は漁村民俗室で、漁村の生活の様子や漁法、民俗信仰と風習などが見られる。野外では中国やベトナム、韓国漁船などが展示されている。

海洋遺物展示館周辺には韓国南画の巨匠で雲林山房3代主人南農許楗（1908～1987年）が南画の伝統継承発展のために建立した南農記念館があり、自然史博物館も見られ笠巌は海岸名勝地として名高い。

国宝解脱門のある寺

霊岩道岬寺

(ヨンアム トガプサ　영암 도갑사／道文化財第79号)

全羅南道霊岩郡郡西面道岬路306　전라남도 영암군 군서면 도갑사로 306

霊岩市外バスターミナル乗車、道岬寺行きの郡内バスを利用。道岬寺下車、20分。

道岬寺 解脱門

　月出山国立公園内に位置し、新羅末道詵国師が創建。1453 (世祖3) 年世祖が信眉和尚を施主として守眉大師と一緒に再建にあたり、1473 (成宗4) 年に完成。当時は966の堂宇が建ち並ぶ大伽藍であった。1977年に冥府殿と解脱門を除く全堂宇が焼失し、1981年復元再建。現在大雄宝殿、冥府殿、弥勒殿、国師殿、解脱門(国宝第50号)などの建物がある。

　解脱門は正面3間、側面2間、1960年の解体修理の際に「道岬寺解脱門上梁文」が発見され、1473 (成宗4) 年の再建が確認された。朝鮮初期の建築様式で中央の一間は通路、左右に童子像と金剛力士像が安置されている。

　弥勒殿の中には石造如来坐像(宝物第89号)が安置されている。道岬寺に向かう道は春になると1km続く花のトンネルになる。王仁博士遺跡とは3km程度の距離にあり、霊岩陶器博物館、鳩林マウルなど多くの名所がある。

日本に千字文を伝えた王仁の伝説地
霊岩王仁博士遺跡
（ヨンアム ワンインパクサ ユジョク　영암 왕인박사 유적／全羅南道記念物第20号）

全羅南道霊岩郡郡西面王仁路440　전라남도 영암군 군서면 왕인로 440

木浦ターミナルから霊岩行バスで王仁博士遺跡地前下車。10分。

王仁博士の銅像

王仁博士は百済第14代近仇首王(クングスワン)（375〜384年）の時、霊岩郡郡西面東鳩林里聖基洞(ソンギドン)で誕生した。幼くして儒学と聖典を学び18歳で五経博士に登用された。応神天皇の招聘で論語10巻、千字文1巻を持って日本に渡り太子の師匠になったという。彼の子孫の西文氏(かわちのふみうじ)は河内（現大阪府東部）を本拠地として、代々文筆で朝廷に仕えた。

古事記では「和迩吉師(わにきし)」、日本書紀では「王仁」と記されている。王仁博士の墓地（大阪府史跡第13号）は大阪府枚方市にある。

王仁博士遺跡は鳩林村東側の文筆峰麓に位置している。正門である百済門を入ると、左側に日本から献呈された王仁浄化記念碑、右側には展示館があり、博士が飲んだと伝えられる聖泉、誕生地の横に遺跡碑がある。月出山中腹には博士が勉強したと伝わる洞窟、文山斎、養士斎がある。洞窟前には博士を称えるための石像がある。誕生地の西にあるドルジョン峠は博士が日本に発つ時、同僚、門弟たちとの別れをした所であり、上台浦は博士が日本に発つ時船に乗った所で当時国際貿易港だった。

鳩林村は、また新羅末期、風水思想で有名な道詵(トソン)国師の誕生説話と関連があり、さらに朝鮮時代の書家として有名な韓石峰(ハンソクボン)がここで幼い時代を過ごし、この村で母と書や餅切りの試合をしたと伝わる。また統一新羅時代、陶器を生産した鳩林土器窯跡と陶器博物館もある。

鳩林里村は韓屋保全模範村に選定されて10余軒の伝統家屋が新築され、村の中に韓屋民宿施設が造成されて伝統婚礼、藁工芸など多様な体験ができる。毎年桜の季節には王仁文化祭が開かれる。

西方極楽浄土を表した宝殿

康津無為寺
（カンジン ムウィサ　강진 무위사）

全羅南道康津郡城田面無為寺路308　전라남도 강진군 성전면 무위사로 308

城田面から無為寺までは郡内バス・タクシーを利用。

無為寺 極楽宝殿

　7世紀初め新羅の元曉(ウォニョ)が観音寺として創建し、道詵が重建して葛屋寺と改称したといわれている。ただ境内に立っている先覚大師塔碑(宝物第507号)の銘文によれば統一新羅時代には無為甲寺と呼ばれていた。現存する建物の大部分は1555(明宗10)年に再建されたものである。
　極楽宝殿(国宝第13号)は仏教の理想形である西方極楽浄土を描写した建物である。1983年の解体修理の際に「宣徳午年」の墨書銘が発見され、1430(世宗12)年に建てられたことがわかった。朝鮮初期を代表する建造物の一つである。
　内部の壁には阿弥陀如来三尊壁書(国宝第313号)、白衣観音図(宝物1314号)、の内壁四面壁書(宝物1315号)など29点の壁画があったが今は本尊仏後の仏幀画だけ残っていて、28点は保存閣に保管されている。

225

両班の邸宅と日本輿図

海南尹氏緑雨堂
（ヘナム ユンシ ノクダン　해남 윤씨 녹우당／史跡第167号）

全羅南道海南郡海南邑緑雨堂キル135　전라남도 해남군 해남읍 녹우당길 135

海南総合バスターミナルから車で約5km。

緑雨堂（海南尹氏の邸宅）

　緑雨堂は孤山尹善道(1587〜1671年)が住んでいた家で、建てられたのは15世紀半ばである。家の後には徳蔭山があり、前には硯峰が見える穴場にある。大門を入ればすぐ庭があり、舎廊棟(主人の居間)と小さな池がある。舎廊棟の裏門を入れば「コ」の字形の内棟(母屋：女性の部屋)があり、祠堂は内棟の後ろにある。

　緑雨堂は内棟と舎廊棟が「ロ」の字形で構成されて行廊棟(下僕の部屋)が揃っている朝鮮時代上流層住宅の典型的な姿であり、入り口の銀杏と裏山のカヤの森(天然記念物第241号)は緑雨堂と

歴史を共にしている。
　緑雨堂に上がる途中に孤山記念館がある。孤山記念館には孤山の文学作品を綴った『山中新曲集』(宝物第482号)、『漁夫四時詞集』をはじめ3,000余点の遺物が保管展示されている。
　また孤山の曽孫である恭斎尹斗緒(コンジェユンドゥソ)(1688～1715年)が描いた絵がたくさんある。尹斗緒自画像(国宝第240号)、海南尹氏家伝古画帖などは貴重な遺産である。海南尹氏家伝古画帖は尹斗緒が描いた山水・人物・風俗・花鳥・動物画など紙本水墨、淡彩形式の小品を集めた書画帖で尹斗緒の画風が見られる資料である。記念館にはその他に尹氏家宝(宝物第481-1号)、家伝宝絵(宝物第481-2号)、東国輿地図(宝物第481-3号)、日本輿図(宝物第481-4号)などが展示されている。
　日本輿図は尹斗緒が1710(粛宗36)年に描いた日本の地図である。尹斗緒は粛宗の命を受けて粛宗が日本に送った48人の諜者たちが収集した情報をもとに描いたことで知られている。朝鮮から日本までの航路、日本の各列島間の航路と内陸の交通路が詳しく描かれている日本輿図は特別な目的のもとで描かれたものであり、壬辰の乱後には朝鮮通信使一行の中に日本地図を作成する役目を担った人物がいたことを推測することができる。

日本輿図（孤山記念館所蔵）

Column

日韓の歴史や文化の交流

朝鮮通信使と宗氏

　日本と朝鮮とは、古代から盛んに交流が行われてきた。その際に重要な役割を果たしたのが、地理的に朝鮮半島と九州の中間にある対馬である。

　日本から派遣された遣唐使や遣新羅使、大陸や朝鮮からの使節の寄港地、そして貿易の中継地点として繁栄した。

　一方、1019（寛仁3）年に起こった刀伊の入寇（女真族の侵攻）や、1274（文永11）年と1281（弘安4）年の2度にわたる元寇（モンゴル・高麗の侵攻）、そして、1419年の応永の外寇（朝鮮の侵攻）など戦乱の舞台にもなった。

　この対馬を鎌倉時代から明治維新までの長期間にわたって治めていたのが宗氏である。宗氏は本姓を惟宗（これむね）と称した大宰府の官人で、12世紀頃に対馬に入り、守護少弐氏のもとで守護代として勢力を伸ばし、対馬全島の支配権を確立した。宗氏は外交や交易だけでなく、戦乱の際にも日本の最前線に立たされた。

　宗氏にとって最も大きな危機の一つが、豊臣秀吉による文禄・慶長の役である。秀吉は日本統一の過程で、宗氏に対して朝鮮を服属させるよう命じた。朝鮮との関係を重視する宗氏にとっては、存亡をかけた難題である。

　高麗の武将であった李成桂が朝鮮王朝を建国した1392年の日本は、金閣を造営し室町幕府の最盛期を築いた3代将軍足利義満が、南北朝の合一を果たした年である。この室町幕府と朝鮮との間では、日本からは「日本国王使」が、朝鮮からは「信を通わす」（よしみ）という意味で「通信使」が、それぞれ派遣されていた。宗氏はこの前例にならい秀吉からの命令を偽り、朝鮮に対し秀吉の国内統一を祝賀する通信使の派遣を要請したのである。

　1590年通信使が派遣されたが謁見した秀吉は朝鮮が服属したと判断し、明（中国）征服の先導役を命じた。当時の対馬島主である宗義智（1568〜1615年）は、通信使に対して秀吉が命じた明征服の先導と明へ兵を送るための道を貸してほしい（仮途入明）と説明した。しかし、朝鮮が納得するはずもなく交渉は決裂した。

　1592年4月、宗義智は小西行長らと第1軍に所属し、先鋒として朝鮮に攻め込んだ。釜山や東萊を攻略する際にも、城内に対して「仮途入明」を求めて開戦を避けようとし、平壌攻略後も講和の機会を探るなど、対馬の置かれた立場を反映した動きをみせた。明との停戦や和議の交渉においても、釜山と日本の間を往復して尽力し、小西行長とともに日本側の交渉

窓口として大きな役割を果たした。

　1598年、秀吉の死を契機として日本軍が朝鮮から撤退すると、宗氏は、ただちに朝鮮との講和をはかろうとした。1600年の関ヶ原の戦いで宗氏は西軍についたが、特に大きな処分を受けることはなかった。これは朝鮮との外交関係において、宗氏が必要不可欠の存在だったことを表している。

　宗氏は日本や朝鮮の国書の偽造まで行って講和の準備を整え、やがて、1605年に朝鮮使節と徳川家康との会見が実現した。

　その後、1607年に通信使（当時は正式には回答兼刷還使）が派遣され江戸城で将軍徳川秀忠に謁見し、日本と朝鮮との国交が正式に回復した。この1607年の通信使から、幕末の1811年まで12回にわたって朝鮮通信使が来日した。当初は捕虜の送還や日本の国情偵察などの目的もあったが、やがて将軍の襲職を祝うものとなった。500人前後の通信使の一行は、対馬藩士らの先導で釜山と江戸とを往復し、岡山県牛窓の唐子踊りなど通信使が残した足跡を各地で見ることができる。

　現在、釜山には朝鮮時代の水軍の拠点であった釜山鎮城の跡が、子城台公園として整備されている。実はこの城は日本軍が文禄・慶長の役の際に朝鮮半島に築いた日本式城郭「倭城」の一つで、戦乱終結後に朝鮮側が再利用したものである。

　子城台公園の一角にはかつて釜山鎮城の施設であった永嘉台と呼ばれる朝鮮式の楼閣が復元されている。この永嘉台は朝鮮通信使が日本に渡る際に、航海の安全と無事の帰還を祈った場所である。

　子城台公園は文禄・慶長の役という戦乱の歴史と、朝鮮通信使という交流の歴史の現場なのである。公園に残る日本式の勾配を持った石垣や復元された朝鮮式の城門や楼閣が共存する不思議な空間の中で、日韓の歴史や文化の交流を感じたいものである。

Column

海南恐竜博物館

(ヘナム ゴンリョン パンムルグァン　해남 공룡 박물관)

全羅南道海南郡黄山面牛項里博物館キル234　　전라남도 해남군 황산면 우항리 박물관길 234
海南総合バスターミナルから黄山面南利里行き、南利里で下車、牛項里まで2km。

牛項里恐竜足跡化石

　海南牛項里の古生物化石産地(天然記念物第394号)は海南邑から西方約20kmの地にあり、昔は海南湾の南側に位置した海辺だったが、今は錦湖防潮堤によって形成された湖の端にある。

　中生代白亜期(8,300万～8,500万年前)に形成された堆積層から、恐竜、翼竜の足跡と鳥の足跡、そして恐竜の骨化石などが発見された。ここは世界で最古の2種類の水掻き鳥の足跡が翼竜と生息地を共有したということを立証する最初の事例である。調査の結果、竜脚類、獣脚類、鳥脚類など多様な恐竜の足跡化石514点、翼竜類の足跡化石443点、鳥の足跡化石

1,000余点、生痕化石などが発見された。その中で水掻き鳥の足跡化石は世界最古で、世界唯一の大型竜脚類恐竜の足跡化石、世界最大の足の大きさと足跡個数を持っているテロダックティルロイド種類の翼竜の足跡化石、アジアで最初に発見された節肢動物歩行痕を持った生痕化石などがある。牛項里で発見された化石は、地名を取って、翼竜の足跡はヘナムイクヌス・ウハンリエンシスと、水掻き鳥の足跡はウハンリクヌスジョンアイ・ファンサンイペスジョアイラという学名が付けられた。

　海南化石産地は世界遺産登録を推進中である。

　牛項里恐竜博物館は2007年に開館された。展示館1階にある牛項里室は化石の発掘過程、学術的意味、白亜期の生態環境などを見せてくれる。展示内容は大型草食恐竜足跡、翼竜足跡、大型鳥脚類であるケリリクニウムの足跡化石などである。地下1階には恐竜科学室、恐竜室、中生代再現室、海洋爬虫類室、翼竜室、鳥の出現室、巨大恐竜室、地球科学室があり、各時代別恐竜の骨格を展示し、時代別に環境と恐竜の特徴を見ることができる。

　さらに博物館周囲の湖岸に沿って大型恐竜館、翼竜・鳥類館、鳥脚類恐竜館などがあり、実際の恐竜の足跡など、至る所で恐竜の模型をみることができる。

Column

海割れと珍島犬（チンドケ）

珍島
チンド

全羅南道は朝鮮半島の南西側に位置し、西側と南側に屈曲の多い海岸と多くの島がある。

珍島（本島）は半島西南端の海南郡と幅約300mの鳴梁(ミョンリャン)海峡で隔てられ、南西側の黄海と東シナ海の境に位置し珍島郡という行政区となっている。人口約3万2,500人、面積は約431㎢、韓国では済州島(チェジュド)・巨済島(コジェド)に次ぐ3番目に大きい島である。郡内には230もの島があり、一帯の海域は多島海海上国立公園に指定されている。珍島北東側には半島へ渡る唯一の陸上交通路として珍島大橋が架けられている。

「海割れ」が起こるのは東海岸の回洞(フェドン)で、霊登(ヨンドゥン)サルといわれ、潮が引くと回洞里(フェドンリ)村から海を挟んで向かい側にある茅島(モド)まで幅30〜40m、長さ2.8kmにわたる道が現れ、1時間ほどでまた潮が満ちてくる。

この現象は4月から5月頃で春の海割れ祭りは世界中から観光客が訪れる一大イベントである。茅島までは1時間かかり、行くと戻れなくなるので途中で引き返す必要がある。

珍島犬（天然記念物第53号）は日本の柴犬や紀州犬に似ている中型犬で三角形の立ち耳、扁桃形の小さな目で毛色は暗褐色、巻き尾か差し尾である。被毛は二重構造で毛色は赤、白、黒、黒褐、狼灰、虎毛のいずれかで、性格は飼い主に忠実で寒さに強い。天然記念物として珍島犬事業所で保護・育成され訓練場は観光客も見学できる。

珍島は伝統芸能の里としても有名で、昔流刑された文人たちがもたらした文化と土俗文化が融合して独特の芸能を築き上げた。

「珍島の三宝」とされる「珍島犬、クコの実、岩ワカメ」と「珍島の三楽」の「民謡、書画、紅酒」があり自然と文化を多様に楽しめる。南道野良歌などが重要無形文化財に指定され、通常は珍島郷土文化会館で毎週土曜日（4月〜11月、14時）公演されている。

郡内には多くの支石墓があり先史時代から人々が暮らしていたことが窺える。黄海と東シナ海の境に位置する海上の要衝として、幾度か戦場にもなった。1270年には三別抄がここを拠点に蒙古に抗戦した歴史的な場所でもある。

三災不入の寺

海南大興寺

(ヘナム テフンサ　해남 대흥사)

全羅南道海南郡三山面大興寺キル400　전라남도 해남군 삼산면 대흥사길 400

海南市外バスターミナルから大興寺行郡内バス乗車、大興寺下車、所要時間25分。

西山大師浮屠

海南頭輪山(703m)の絶景を背景に、統一新羅時代に創建された寺である。特に壬辰倭乱(1592～1598年)以後、西山大師の衣鉢が伝えられ、重要な地位を占めるようになり、護国仏教と茶文化の聖地として知られた。境内には北弥勒庵磨崖如来坐像(国宝第308号)、塔山寺同鐘(宝物第88号)、北弥勒庵三層石塔(宝物第301号)、応真殿三層石塔(宝物第320号)がある。僧侶で構成された義兵隊隊長だった西山大師浮屠(宝物第1347号)、西山大師遺物(宝物第1357号)など重要文化財がある。

千仏殿には慶州の玉石で作られた千仏が奉安されている。この千仏にはで伝説があり、大興寺に運ばれる途中、漂流して長崎に着いたものもあり、地元の人が祀ろうとしたら夢にこの仏像たちが現れ、「朝鮮の海南大興寺にいく途中なので、ここに奉安されてはいけない」といった。日本人はこの夢に従い玉仏を大興寺に送ったという。

頭輪山の高髻峰は大興寺バス停の近くからケーブルカー(頭輪山温泉家族ホテル付近)を利用して登ることができ、天気が良い日には、展望台から多数の島や入り江が見える絶景を堪能できる。寺の近くにある伝統的韓式旅館の遊仙館は、知る人ぞ知る有名な旅館であるが予約が必要である。

海神張保皐の根拠地

莞島清海鎮遺跡
（ワンド チョンヘジン ユジョク　완도 청해진 유적／史跡第308号）

全羅南道莞島郡莞島邑長佐里734　전라남도 완도군 완도읍 장좌리 734

莞島共用バスターミナルから車で7km、14分。

莞島清海鎮遺跡

　莞島沖の小島の将島にあり、統一新羅時代に張保皐が造った清海鎮（828～851年）の中心地で、西南海岸の海賊を掃討し中国山東地方と日本を結ぶ海上交易の本拠地だった。

　1991から2001年まで8度にわたって、国立文化財研究所が調査した。清海鎮城の全長は890mの城壁を版築技法で造り、島入り口に木柵列を立てた軍事基地で建物跡・門跡があることが判明し、土器・磁器片・金属製品など3万余点の多様な遺物が出土した。また、張保皐の海上活動と関連した、港施設と推定される石築石列遺構と井戸・排水溝などが発見

され、ここが清海鎮の本営であると推定された。

　張保皐は平民出身で唐に渡り将軍になったが、海賊が新羅人を捕らえ奴隷とするのを見て憤慨し新羅に戻ってきて、王の許しを得て828（新羅興徳王3）年に清海鎮を設置した。ここを拠点に海賊を掃討して新羅と中国山東地方、日本を結ぶ海上交易の本拠地とした。さらに清海鎮は国際貿易の中心地として東アジア貿易を独占し、大勢力に成長したが王位継承に係わる権力争いに巻き込まれて、846年張保皐が暗殺され、以後清海鎮は閉鎖された。

　京都の赤山禅院には弓を持った張保皐の影幀（肖像画）が祀られている。これは円仁が張保皐の作り上げた新羅人の交易ネットワークの助けで、赤山法華院から五台山、さらに長安に求法修行の旅をし、無事帰国できた縁による。円仁は『入唐求法巡礼記』に「普段奉じて仕えることができなかったが、長い間高潔な風貌をしていました。伏して仰ぎ欽慕することがつのります」という手紙を残して張保皐に対する尊敬を表している。2001年円仁と張保皐の深い友情が日韓両国の友好に寄与することを願い、延暦寺文殊楼脇に「清海鎮大使張保皐碑」が莞島郡によって建立された。中国山東半島の先端にある栄成市赤山法華院に行けば張保皐の影幀を見ることができる。また近くに張保皐が建てたという法華寺跡が残っている。

　2000年から土城復元など、清海鎮遺跡の整備・復元事業が行われ、将島の周辺一帯を清海鎮歴史公園として整備し、その一画に張保皐記念館が2008年2月29日に開館した。

高麗青磁窯跡と康津青磁博物館
（コリョ チョンジャ ヨジョクとカンジン チョンジャ パンムルグァン
고려청자요적 와 강진청자박물관／史跡第68号）

全羅南道康津郡大口面青磁村キル33　전라남도 강진군 대구면 청자촌길33

康津バスターミナルから馬良行バスで大口面沙堂里下車。

康津高麗青磁窯跡

高麗青磁窯跡は康津大口面龍雲里・桂栗里・沙堂里・水洞里一帯に多数分布する。大口面一帯には高麗全時代にわたる窯跡が残っている。ここは陶磁器の原料であるカオリン（高陵土）と珪石が産出し、山には薪になる木が多く陶磁器を作るのに良い条件を備え、また海に近く輸送が便利だった。窯跡は龍雲里に75ヵ所、桂栗里に59ヵ所、沙堂里に43ヵ所があり、沙堂里には特に品質の良い青磁が作られた高麗中期と後期の窯跡がある。

扶安柳川里とともに高麗青磁生産の中心地だった。康津青磁博物館は高麗青磁の研究と教育のために、12世紀に青磁を焼いた窯跡がある大口面沙堂里に1997年に開館した。常設展示場、企画展示場、セミナー室、図書館などからなり、敷地内に高麗青磁窯跡2基と現在青磁を作る作業場が並んであり、青磁の過去と現在を見ることができ、直接青磁製作を体験することもできる。

所蔵遺物には高麗青磁完品100点と青磁窯跡で収集した青磁片3万余点がある。青磁片は康津にある188基の青磁陶窯跡で集めたもので陶窯跡別に青磁を焼いた当時の状況がわかる遺物である。青磁研究には貴重な資料である。

新羅の鉄造仏の寺

長興宝林寺

(チャンフン ボリムサ　장흥 보림사)

全羅南道長興郡有治面鳳徳里 45　전라남도 장흥군 유치면 봉덕리 45

長興市外バスターミナルから有治面行郡内バス利用。

宝林寺 鉄造毘盧舎那仏坐像

　迦智山の麓にあり、松広寺の末寺である。新羅憲安王(857〜860年)の時、普照禅師体澄が創建、禅宗の導入とともに最初に禅宗が定着した寺である。迦智山派の道場であり、インド迦智山の宝林寺、中国迦智山の宝林寺とともに3宝林と称えられた。三層石塔及び石灯(国宝第44号)、鉄造毘盧舎那仏坐像(国宝第117号)、東浮屠と西浮屠(宝物第155号、156号)、普照禅師の彰聖塔、彰聖塔碑(宝物第157号・158号)などがある。

　三層石塔及び石灯は、大寂光殿の前にある南北2塔と灯であり、北塔から発見された塔誌から870(新羅景文王10)年の建立であることが判明している。鉄造毘盧舎那仏坐像は左腕後面に「大中12年」の銘記があり、858(新羅憲安王2)年に造られたことがわかる。

　1950年朝鮮戦争の時、外護門と四天王門を除いて建物が全部焼失し、同年の秋、全南地域の共産軍遊撃隊が宝林寺で冬を過ごし、翌年の春に、軍警討伐隊は共産ゲリラたちの本拠地として宝林寺を燃やしてしまった。その後、少しずつ修復され現在は建物で外濠門と四天王門、大寂光殿、大雄殿などが復元されている。宝林寺の庭先の真ん中は常に決まった水量を維持する薬水があり、韓国自然保護協会が韓国の名水に指定している。

世界一の巨大な支石墓が圧巻
和順支石墓群   ユネスコ世界遺産
（ファスン コインドルグン　화순 고인돌군／史跡 第410号）

全羅南道和順郡道谷面孝山里・春陽面大薪里　전라남도 화순군 도곡면 효산리・춘양면 대신리

光州バスターミナルから郡内バスで月谷下車。

和順支石墓群

　和順支石墓群は光州から南東約17km、和順郡道谷面孝山里と春陽面大薪里を結ぶ峠一帯に多数の石材が点在し、その中で500基以上の支石墓が確認されている。支石墓の形態は蓋石式が主でテーブル式、碁盤式もある。近くで石切り場が確認された。100トンを超える巨大な支石墓も多く、大薪里のピンメバウィ支石墓は280トンあり世界一の大きさである。和順支石墓群は1995年に初めて学会に報告され、保存状態が良好である。大薪里支石墓の墓室から青銅器時代の遺物が出土し、約2,800〜2,500年前に作られたことがわかる。

　支石墓群の北の孝山里側入り口に観光案内所と和順コインドル先史文化体験場がある。南の大薪里側入り口には観光案内所と大薪里発掘保護閣があり、1999年に発掘調査した現場をそのまま見ることができる。2000年11月29日に高敞支石墓群、江華支石墓群とともにユネスコの世界文化遺産に登録された。

千仏千塔の寺
和順雲住寺
(ファスン ウンジュサ　화순 운주사／史跡第312号)

全羅南道和順郡道岩面大草里20　전라남도 화순군 도암면 대초리 20

光州バスターミナルから雲住寺行バスで雲住寺下車。

和順雲住寺

　光州市の南約28kmで羅州湖の東道岩面龍江里と大草里にまたがる渓谷に沿って石塔・石仏が点在し、その奥に堂舎があり、さらに周囲の尾根にも石塔・石仏が点在する。創建について諸説あるが、新羅末期の道詵国師創建説が最も広く知られている。1592(宣祖25)年壬辰倭乱の時、法堂と石仏、石塔が多く破壊されて廃寺となったが、1918年に再建された。
　16世紀初めに編纂された地理志『新増東國興地勝覧』には、1,000体の仏像と1,000基の仏塔があると記されており、

239

雲住寺 臥形石造如来仏　　　　　　　　　　　　　　雲住寺 円形多層石塔

千仏千塔として有名であったが、現在は70体の仏像と21基の仏塔が残っているだけである。その製作年代は12世紀、高麗中期頃で、技法的には拙く精巧さはないが素朴で、他に類例のない独自のものである。

まず目につくのは九層石塔(宝物第796号)である。雲住寺で一番高い石塔で、特に屋根石下面の斜線模様や塔身の幾何学的模様とその中の四葉花文様は他に類例のない独特のものである。

石造仏龕(宝物第797号)は、入母屋風の石造家屋の内部に2体の石仏が壁を間に背中合わせに安置されている。

さらにここには珍しい円形多層石塔(宝物第798号)がある。塔の地台石、基壇部から塔身部と屋蓋石に至るまで円形で基壇重石だけが10角だが、この10角も円に近いため円形多層石塔と呼ばれ、蓮華塔・トック(餅)塔等の異名を持つ。もともと何層であったかは不明で、現在は6層しか残っていない。類例としては他に慶州南山茸長手背跡の三層蓮台石仏があるだけである。

また、九層石塔の手前から西側の山に登る遊歩道があり、歩道の丘頂部に近い中腹に2体の「臥形石造如来仏(夫婦臥仏)」や侍衛仏(石仏立像)などを見ることができる。この臥仏は涅槃像とは異なり座仏と立像が自然石の上に彫刻されたまま横になっていて、このような形態は世界で唯一である。座仏は約13m毘盧舎那仏で、立像は約10m釈迦牟尼仏である。臥仏が立ち上がれば世の中が変わって1,000年間の太平聖代が来るという伝説がある。

和順双峰寺

(ファスン サンボンサ　화순 쌍봉사)

全羅南道和順郡梨陽面甑里 741　전라남도 화순군 이양면 증리 741

和順邑バスターミナルより車利用。

双峰寺 澈鑒禅師塔

　新羅 景文王(キョンムンワン)(861〜875年)の時、澈鑒(チョル ガン)禅師が中国から帰ってきて創建。禅師の道号に従って双峰寺と名づけられた。澈鑒禅師はここで山門9山の一つの獅子(サジャ)山門(サンムン)の基盤を築き、彼の宗風を受け継いだ澄曉が寧越 興寧寺(ヨンウォルフンニンサ)で獅子山門を開山した。

　双峰寺には澈鑒禅師塔(国宝第57号)と澈鑒禅師塔碑(宝物第170号)がある。澈鑒禅師塔は9世紀中葉の作品で、韓国で一番美しい塔である。澈鑒禅師塔碑は新羅末の作品で碑身はなくて亀趺(きふ)と螭首(ちしゅ)だけが残っている。

国立公園第1号 智異山の山裾にある寺

求礼華厳寺
（クレ ファオムサ　구례 화엄사／史跡第505号）

全羅南道求礼郡馬山面華厳寺路539　전라남도 구례군 마산면 화엄사로 539

求礼バスターミナルから華厳寺行きバスで20分。

華厳寺 覚皇殿

　韓国の名山智異山(チリサン)は新羅時代5岳中の一つで、山裾には華厳寺を含めて泉隠寺(サヨンゴクサ)、燕谷寺、双磎寺(サンゲサ)、法界寺(ポプゲサ)、大源寺(デウォンサ)、碧松寺(ピョクソンサ)などの寺刹が散在している。智異山は全羅北道南原市、全羅南道求礼郡、慶尚南道咸陽郡・山清郡・河東郡など3道5市郡にまたがり、国立公園第1号に指定されている。

　華厳寺は754（新羅景徳王13）年縁起(ヨンギ)祖師の発願で建立されて新羅末期に道詵(ソン)国師が修理し、高麗時代に何回も重修を経て壬辰倭乱（1592〜1598年）の時焼失し、梵鍾は日本軍が略奪して蟾津江(ソムジンガン)を渡る途中船が転覆して川に落ちたと伝えられる。

　伽藍配置は大雄殿と桜門を結ぶ中心軸と覚皇殿(カクファンジョン)と石灯を接続する東西軸が直交している独特の伽藍配置で毘盧遮那仏を主仏としている。

　主な文化財は石灯（国宝第12号）、四獅子三層石塔（国宝第35号）、覚皇殿（国宝第67号）、東・西五層石塔（宝物第132号）、円通殿前獅子塔（宝物第300号）などがある。

壬辰乱と朝鮮戦争で2度焼かれた寺
求礼燕谷寺
(クレ ヨンゴクサ 구례 연곡사)

全羅南道求礼郡土旨面ビアコル路774　전라남도 구례군 토지면 피아골로 774

求礼バスターミナルから燕谷寺行きバスで終点燕谷寺駐車場下車。

燕谷寺 玄覚禅師塔碑

　燕谷寺は544(新羅真興王5)年縁起祖師が創建して壬辰乱時(1592〜1598年)の兵禍によって焼かれたものを重建したが、朝鮮戦争の時また焼かれた。

　境内には東浮屠(国宝第53号)、西浮屠(宝物第154号)、北浮屠(国宝第54号)をはじめ、三層石塔、玄覚禅師塔碑などの文化財がある。ここは朝鮮末期数百人の義兵が日本軍と戦った所で当時戦死した高光洵の殉節碑が椿林にある。

僧宝の寺

順天松広寺

(スンチョン ソンクァンサ　순천 송광사／史跡第,506号)

全羅南道順天市松広面松広寺アンキル100　전라남도 순천시 송광면 송광사안길 100

光州バスターミナルから松広寺行バス終点下車。順天駅から松広寺行バスで90分。

順天松広寺

松広寺は昇平湖の西側曹渓山の西裾にある。

韓国の3大寺刹中の一つで、慶尚南道梁山通度寺は仏宝の寺、陝川海印寺は法宝の寺、松広寺は高僧を多く輩出したことから僧宝の寺といわれている。松広寺は「松広寺事蹟碑」と「普照国師碑銘」に新羅の末、体澄が創建し、当時は吉祥寺と呼んだとある。高麗時代に普照国師が定慧社を移して新しい規模の寺として発展した。その後壬辰倭乱(1592～1598年)、朝鮮戦争(1950～1953年)など戦争による被害を受けた。

松広寺には国師殿(国宝第56号)をはじめ多くの文化財がある。木造三尊仏龕(国宝第42号)、高麗高宗制書(国宝第43号)、修禅社形止記(宝物第572号)、華厳幀画(宝物第1366号)、チベット文法旨(宝物第1376号)や絵画、彫刻、典籍類文化財などは、松広寺博物館で見ることができる。

太古宗の本山
順天仙巖寺
（スンチョン ソンアムサ　순천 선암사／史跡第 507 号）

全羅南道順天市昇州邑仙巖寺キル450　전라남도 순천시 승주읍 선암사 길450

順天バスターミナルから仙巖寺行バスで終点下車。

順天仙巖寺 昇仙橋

　光州広域市から81km、順天市から27kmの距離にある。松広寺とは曹渓山頂上 将 軍峰（海抜844m）を間に置いて東向かいにある。529（百済聖王7）年阿道和尚が建て、毘廬庵を861（新羅景徳王元）年道詵が再建したものである。以後1092（高麗成宗9）年大覚国師義天（テガク）（ウィチョン）（1055～1101年）によって大きく改築された。仙巖寺には義天の金襴袈裟、大覚国師影幀、義天の浮屠が残っている。1597年丁酉再乱で寺がほぼ全焼し、以後再建された。現在韓国仏教太古宗の本寺である。

　仙巖寺では特に昇仙橋（宝物第400号）は谷に沿って歩いて上る道に置かれ、アーチ橋の美しい風景を演出し、季節ごとに咲いて散る梅、椿、山茱萸（さんしゅゆ）など多くの花木が絶景をなしている。小さな池の三印堂（地方記念物第46号）は道詵国師が862年に造った諸行無常印、諸法無我印、涅槃寂静印の仏教思想を表したものである。

　一柱門（地方有形文化財第96号）をくぐると大雄殿前庭には2基の三層石塔（宝物第395号）がある。寺に滞在して修行などを体験できるテンプルスティもある。入山券売り場の右に入って橋を渡ると食堂街がありチヂミや山菜ビビンバなどの食事を楽しむことができる。

韓国農村の風景を残す家屋

楽安邑城と民俗村
（ナガン ウプソンとミンソクマウル　낙안읍성 과 민속마을／史跡第302号）

全羅南道順天市楽安面忠愍キル30　전라남도 순천시 낙안면 충민길 30

順天駅から市内バス乗車、総合バスターミナル経由で落安（邑城）下車。

楽安邑城

　順天楽安邑城は朝鮮時代の代表的な地方都市であり世界文化遺産暫定リストに記載されている。1397（太祖6）年、倭寇に対処するために、この地出身の金贇吉（キムビンギル）将軍が土城を築き、300年後の1626（仁祖4）年に林慶業（イムギョンオプ）将軍が楽安郡守として赴任し、現在の石城を築いた。邑城城郭周囲は1,410mで面積22万3,108㎡あり、城中に120世帯288人が居住している。建物の現況は官衙94棟、民家218棟があり、重要民俗資料に指定された家屋は9棟である。

　楽安邑城の中はかつての韓国農村風景である。藁葺き屋根の家が一団となって集まっている風景には情緒があり、昔の庶民の生活がそのままの姿で残されている。民宿もあり伝統工芸、染め付けなど韓国伝統文化を体験して楽しむことができる所である。

小西行長の順天倭城

（スンチョン ウェソン　코니시유키나가의 순천 왜성／全羅南道記念物第 171 号）

全羅南道順天市海龍面チェンゴルキル一帯　전라남도 순천시 해룡면 신쟁골길, 일대

順天駅から新城浦行市バスで新城浦下車。

順天倭城

ので海と接した地域だったが、現在は城の東南側の海を埋め立てて産業団地が造成されている。

　順天倭城は小西行長が率いる1万4,000余名の倭兵が1年以上駐屯して朝・明水陸連合軍と2度にわたって激戦を繰り広げたことでも知られる。

　明の将軍 劉 綖（りゅうてい）と朝鮮陸軍都元帥 権 慄（クォン ユル）が率いる陸軍3万6,000人余り、明提督陳璘（ちんりん）と朝鮮の李舜臣（イ スンシン）が率いる水軍1万5,000余人が順天倭城をはじめ猫島（チャンド）などを行き来して倭軍を撃退し、李舜臣が小西を露梁（ノ リャン）沖合に誘引して大勝をおさめたが、この戦闘で李舜臣が戦死した。

　当時明軍に参戦した従軍画家が描いた『壬辰征倭図』には、1598年10月頃の朝・明連合軍の順天倭城攻撃場面がよく示されている。

　麗水（ヨス）半島の付け根、光陽湾に位置する順天倭城は、丁酉再乱時の1597年に日本軍が湖南地域を攻撃する前哨基地として、先鋒宇喜多秀家、藤堂高虎が主導して3ヵ月間で築いた土石城である。城壁は外城3城と内城3城を築き、城周囲には剣丹山城側の陸地部を掘り海水を引き入れて島状に造り連結橋が水に浮くようにした。これを曳橋や倭橋城と呼び、日本人は順天城と呼んでいた。石垣は比較的大きい石を使用し、外城の周囲は2,502m、内城の周囲は1,342mある。海沿いの低い山々を城壁で囲んで築いたも

全羅左水軍本営（麗水鎮南館）

（チョルラ チョスグン ポンヨン〈ヨス チンナムグァン〉）
전라 좌수군 본영〈여수 진남관〉／国宝第304号）

全羅南道麗水市東門路11　전라남도 여수시 동문로 11

麗水EXPO駅から車で7分。

麗水鎮南館

　全羅左水軍本営（全羅左水営）は、全羅道地域に倭寇の侵犯が頻繁になると全羅左道水軍を強化するために1479（成宗10）年、内礼浦（現麗水）にさらに新たな水営を設置し、海南にあった全羅右道水軍節度使営と分離したものである。全羅左水営には鎮南館（国宝第304号）がある。

　鎮南館は1598（宣祖31）年、全羅左水営客舎に建設し、1716年火災で消失したものを1718年節度使李載冕が再建したものである。建物の規模は正面15間（長さ53m）、側面5間、建物面積600㎡で、現存する地方官衙建物としては最大規模である。

　鎮南館の平面は68個の柱で構成されたがミンフリム柱（先細の形の柱）に、多包系手法を見せている。また建物の内部空間を大きくするために建物両側の柱である高柱を後に移す手法を使って空間の効率性を生かし建物の壮大さを増している。

Column

李舜臣と亀甲船

　ソウルの中心にある王宮景福宮の前を通る世宗大路に、ハングルを創ったことで著名な世宗大王とともに李舜臣の銅像がある。
　李舜臣(1545〜1598年)は豊臣秀吉の朝鮮出兵時に水軍を率いて活躍したことで、「救国の英雄」として広く認識されており、韓国人の間では最もよく知られた歴史上の人物の一人であり、李舜臣が題材の小説やノンフィクションが刊行され、テレビドラマが制作されたりしている。小学校に李舜臣の銅像が建立されていることも珍しくない。
　李舜臣は朝鮮の都漢城(現ソウル)で生まれ、武科の科挙に合格し北方防衛などに従事した後、壬辰倭乱の前年1591年に朝鮮半島南西全羅道地方の水軍の指揮官である全羅左道水軍節度使(全羅左水使)となった。
　1592年4月、秀吉の命を受けた日本軍が釜山に大挙して押し寄せると、日本軍を防ぐべき慶尚道の水軍は指揮官が逃亡するなどして壊滅し、上陸した日本軍は漢城を目指して北上を開始した。李舜臣は玉浦や閑山島など、釜山南西の巨済島周辺の海域で日本水軍を攻撃して、これを次々と打ち破った。8月には日本軍の拠点であった釜山浦に停泊する日本水軍に

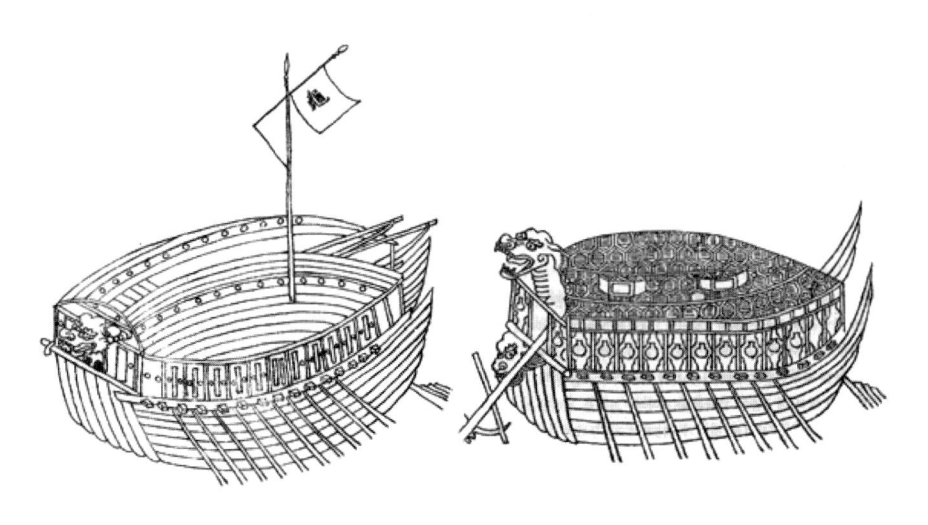

『李忠武公全書』(1795)に見える統制営亀甲船(左)と全羅左水営亀甲船(右)

対し、直接攻撃を仕掛けたりもしている。

　この李舜臣が率いた朝鮮水軍の船に亀甲船（亀船）がある。竜の頭のような船首に、甲板を亀の甲羅のように鉄板で覆い槍を刺のように突き立てた特異な姿から、日本でもよく知られている。全長30mほどで、砲手や漕ぎ手を含めて150人前後が乗船し、側面には大砲が十数門備えられていた。当時は竜頭からも銃砲を放ったが、後に硫黄などの煙を出すように改修されている。李舜臣は全羅左水使として赴任した直後から亀甲船の開発に着手し、日本軍が襲来すると実戦に動員して各地で戦果をあげた。

　亀甲船については、大船団として描かれた絵なども残っているがこれらは後世のものであり、文禄・慶長の役当時は3隻しか建造されていなかった。その役割は緒戦で敵陣に突入して攪乱するという遊軍的なものであった。それまでの日本水軍の戦い方は、敵船に接近して横付けし、兵士が乗り移ってその船を捕獲するというものであった。しかし、亀甲船をはじめとする朝鮮の軍船は大砲で武装しており、接近して乗り移ろうとする日本の軍船に大砲を撃ち込み、破壊・撃沈した。その運用にあたっては、海流等の地理的条件を熟知した李舜臣の戦略があった。日本軍が大砲のような大型火器を備えていなかったことも、朝鮮水軍に有利となった。

　日本軍は海戦における緒戦での敗戦以降、秀吉の指示によって戦略を転換して朝鮮水軍との直接的な海戦を避け、港湾に日本式の城・倭城を築いた。寄港地

李舜臣銅像（釜山龍頭山公園）

が日本軍によって掌握されたことで、朝鮮水軍は長距離の移動が困難となり、また港湾に停泊する日本水軍を攻撃しようにも倭城から迎撃され、大きな戦果をあげることができなくなった。

　その後、李舜臣は壬辰乱時の鳴梁海戦や日本水軍との最後の戦いである露梁海戦で名を馳せるが、これらの戦いに亀甲船が参加していた記録は確認できていない。亀甲船についてはまだまだ謎が多く、今後の研究が待たれるところである。

見学の手引き

1. 光州・和順コース

順路： 光州駅→国立光州博物館→光州月桂洞古墳→瀟灑園→和順支石墓群→雲住寺→光州駅

2. 羅州～木浦コース

順路： 羅州駅→伏岩里古墳群→潘南古墳群・国立羅州博物館→道岬寺→王仁博士遺跡→国立海洋文化財研究所→木浦駅

3. 羅州～康津コース(1泊2日)

順路： 羅州駅→潘南古墳群・国立羅州博物館→無為寺→康津兵営城・ハメル記念館→康津(泊)
康津→緑雨堂→海南恐竜博物館→鳴梁大捷碑・右水営国民観光地→国立海洋文化財研究所→木浦駅

第3節 済州道

耽羅国の面影を訪ねて

済州道(チェジュド)の概要

　正式名称は済州特別自治道、道庁所在地は済州市で、済州島とその周囲の小島を合わせて構成されている。

　済州島は東西約80km、南北約50km、面積は約18万km²で韓国最大の島であり、朝鮮半島の南端から南約80km、最南端に位置する。東シナ海と黄海そして対馬海峡に面し、沿岸を暖流(対馬海流)が流れるため温暖な気候である。島の中央に韓国の最高峰漢拏山(ハルラ)(標高1,950m)をいただく火山島で、火山特有の景勝地が多く、2007年に漢拏山天然保護区域や溶岩洞窟などが「済州火山島と溶岩洞窟」としてユネスコの世界自然遺産に登録された。

　南斜面は、北斜面よりも常に気温がやや高く、標高によって局地的気候は多様で植生や土地利用形態も変化に富んでいる。温暖な気候を利用した柑橘類などの農業と観光業が基幹産業である。

　古代には耽羅国(タムナ)として自立していたが、10世紀以降高麗の支配下に入り、一時期元の直轄領となる。その後、再び高麗に帰属し、朝鮮時代には朝鮮八道の全羅道に組み込まれ、第二次大戦後の米軍統治下に全羅南道から分割されて済州道となった。1948年南朝鮮の単独選挙に反対する南朝鮮労働党が組織した済州島四・三蜂起が発生し1950年代半ばまで混乱が続き、人口が減少したが、その後観光事業の発展と共に、人口増が続いている。2006年より高度な自治権を付与された特別自治道に昇格した。

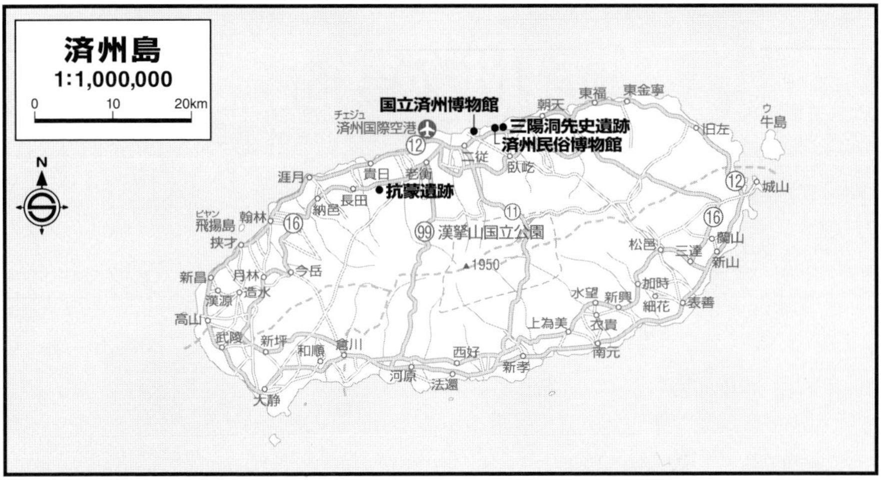
済州島
1:1,000,000
0
10
20km
N
国立済州博物館
チェジュ
済州国際空港
三陽洞先史遺跡
済州民俗博物館
東福
東金寧
朝天
旧左
ウ
牛島
二徒
臥屹
12
城山
涯月
貢日
老衡
抗蒙遺跡
長田
納邑
11
16
ビヤン
飛揚島
翰林
16
99
漢拏山国立公園
挟才
松邑
三達
蘭山
新山
今岳
新昌
月林
造水
▲1950
加時
漢源
水望
新興
細花
表善
高山
上為美
衣貴
武陵
新坪
和順
倉川
西好
南元
新孝
河原
法還
大静

済州海上公園
チョンヘジン海運(仁川航路)
シーワールド高速フェリー(木浦航路)
ハニル高速(莞島航路)
山地港
ラマダプラザ済州
済州旅客船
ターミナル
塔洞
西埠頭
塔洞路
龍頭岩
竜華寺
山地路
竜潭公園
三徒2洞
龍淵
済州牧官衙
沙羅峰公園
済州東小学校
漢川
中央地下商店街
観徳亭
東門ロータリー
観徳路
東門路
済州中学校
ロベロ
現代劇場
西門路
東門市場
一徒2洞
竜門路
済州パシフィックホテル
済州市
済州医療院
新山路
龍潭ロータリー
五賢壇
南門ロータリー
セハン病院
一徒小学校
聖母病院
市民会館
二徒1洞
中央路
漢川国校
済州特別自治道民俗自然史博物館
三徒1洞
済州KALホテル
新山公園
中央女中校
典農路
萬丈窟
11
三姓穴
国立済州博物館
旧済州
1:18,000
0
200m
西沙路
小竜川
三姓小学校
東光路

済州島の中心官衙
済州牧官衙
(チェジュ モククァナ 제주 목관아／史跡第380号)

済州特別自治道済州市観徳路 25　제주특별자치도 제주시 관덕로 25
済州国際空港からリムジンバスでロベロホテル済州下車。車で10分。

済州牧官衙

　済州牧官衙は旧済州(クチェジュ)の中心部に位置し、ロベロホテル済州、海沿いのラマダプラザ済州ホテル、済州オリエンタルホテルからも徒歩15分と見学に便利な所にある。
　朝鮮時代済州地方統治の中心地だった済州牧官衙は現在の観徳亭の周辺にあり、耽羅(タムナ)国時代から星主庁などの主要官衙施設があった場所と推定されていた。官衙施設は1434 (世宗16)年の官府の火事で焼失し、すぐに再建されたが日本支配期にはほとんどの建物が壊され

た。

　済州牧官衙を復元するために1991年〜1998年まで4回にわたる発掘調査が行われ、中心的な建物である延曦閣・友蓮堂・橘林堂などの遺構が確認され、多数の遺物が出土した。調査結果や文献を基に1999年から復元工事を行い2002年12月に完了した。瓦は済州市民の寄付で賄われた。

　官衙内の主要な建物のうち、観徳亭（宝物第322号）は済州で最も古い木造建築で、1448年に兵士の訓練と武芸修練場として創建された。前庭では、立春に民俗行事が行われたり、科挙が実施されたりした。観徳亭前のトルハルバン（済州の守神石像）は済州城の門前にあったものである。

　外大門（鎮海楼）は1435年に創建された2階建ての済州牧官衙官門で、鐘楼でもあり鐘が鳴らされ城門の開閉が行われたという。外大門左側の回廊は、元々は一間一間が部屋として使用されていた。壁際には各建物の復元過程が紹介されて

いる。蓮池は1526年防火用に造成されたもの。池後方の友蓮堂は宴会場・貢物を捧げる場所として使用された。弘化閣は節制使（牧使と軍人の兼役職）が執務を行う場所で1435年に創建された。瀛州協堂は軍官が勤務する官庁で創建年度は不明で1832年に再建された。橘林堂は牧使の休息所である。望京楼は王の恩徳に感謝し礼を捧げる場所であった。1階は展示館となり、済州の村々を記録した朝鮮時代の画集「耽羅巡歴図」（宝物第652〜6号）が展示されている。2階からは官衙の全景を一望できる。

　発掘調査では済州島の古代国家、耽羅国の遺物も出土し、既に古代よりこの場所には官庁施設が置かれていたと推定されている。施設内に済州牧歴史館がある。済州牧官衙のすぐ近くには、済州中央地下商店街への入り口がある。地下商店街を歩いていくとその先には済州島民の台所ともいえる東門在来市場もあり、ショッピングスポットとなっている。

五賢壇

(オヒョンダン　오현단／道記念物１号)

済州特別自治道済州市五賢キル61　　제주특별자치도 오현길61

済州国際空港から済州城跡へ車で10分。

五賢壇

　済州旧市内の中央路を南下し南門交差点のロータリーを左折し100mほど東進すると道路左脇に170mほど復元された済州邑城の城壁がある。この城壁の北側の林の東端に五賢壇がある。五賢壇とは、朝鮮時代に済州島に配流された金浄、鄭蘊、宋時烈と官吏として赴任した宋麟寿、金尚憲の五人を祀った旧跡である。

　彼らは、島の儒生たちに朱子学を教え、また金浄が『済州風土録』、金尚憲が『南槎録』を著し島を広く紹介し島民に慕われた人たちであった。

　その始まりは金浄で、彼が刑死して約60年後の1578（宣祖11）年謫居跡に冲菴廟が建てられ奉祀された。廟は1667（顕宗8）年今の場所に移されて橘林書院と改められ、その後ここに宋麟寿、金尚憲、鄭蘊、宋時烈らも奉祀された。

　1868（高宗5）年興宣大院君の書院撤廃令により橘林書院は毀損されたが、1892（高宗29）年島の儒生たちが跡地に壇を築いて五人の霊を奉祀し、五賢壇と呼ばれるようになった。

Column

流刑謫居の地

　流刑先の島としては、江華島などもあるが、多くは全羅道、慶尚道、平安道沿海の諸島であり、そのうちでも特に済州島が圧倒的多数をしめており、流刑の島ともいわれる所以である。

　仁祖反正で王位を追われた光海君、昭顕世子の３人の子供と２人の孫、五賢壇に祀られている金浄、鄭蘊、宋時烈、秋史体という独自の書体を完成させ朝鮮第一の書聖とまでいわれた金正喜(キムジョンヒ)、また悪女として名高い張禧嬪の兄張希載(チャンヒジェ)など政治犯や政争に敗れたり巻き込まれたりした王族や両班、宣祖の七男仁城君の謀反に連座したその家族や七庶の獄に連座して刑死した宣祖の国舅金悌男の夫人盧氏（仁穆大妃の母）など謀反罪や冤罪に連座したそれらの家族、辛酉邪獄や黄嗣永の帛書事件などキリスト教徒への弾圧事件で配流された権日身や黄嗣永の妻丁召志など、数え切れない人々が済州三邑（済州牧、擲義県、大静県）に配流されている。

　済州島に流された者は、終身刑の者が圧倒的に多かったが、政治状況の変化や恩赦などで許され、中央政界に復帰した者もいる。また逆にさらに罪が加重され賜死や処刑された者もいる。島で一生過ごした者の中には、信川康氏の入島祖といわれる康永（太祖李成桂の継妃神徳王后の従兄）のように島の女性を妻とし、子供をもうけ子孫が現在まで続いている者もいる。

　配所での生活は、特に重罪人の場合は囲籬安置といって家の周りをいばらで囲んで監禁したが、他は役所で決めた家か舎主人を定めて寄宿させ、配所内であれば拘束されない生活が許された。付近の子弟に読み書きや詩文を教えて稼ぎとしたり、島民の情けにすがる乞食暮らしをせざるを得ない者もいた。金悌男の妻盧氏が飢えを凌ぐため酒粕を買ってきて、水に溶かしそれを濾して濁酒を造り売ったという説話が伝えられており、島民もそれを飲んで「母酒」といったという「母酒」の名の由来話も伝わっている。

　現在、謫居の跡を残すのは、西帰浦市大静邑にある復元住居と「秋史金先生謫廬遺墟地」の石碑、同じく大静邑にある「桐渓鄭蘊遺墟碑」、そして済州市の五賢壇、さらには城邑民俗村にある謫居の復元家屋などである。

済州特別自治道民俗自然史博物館
（チェジュトゥクビョルチャチド ミンソク ジャヨンサ パンムルグァン　제주특별자치도 민속자연사박물관）

済州特別自治道済州市三姓路40　제주특별자치도 제주시 삼성로 40

済州国際空港からバスで市民会館下車約20分、徒歩5分。

済州特別自治道民俗自然史博物館

　1984年に開設した済州島独特の民俗・自然を学ぶことができる博物館として人気を集めている。展示は自然史展示、民俗展示、岩石展示の3つに大きく分けられ、実物資料と模型等を利用した立体的な展示が特徴である。自然史展示は、済州島の海洋生物、地質岩石、陸上生物の標本展示の各コーナーに分かれる。

　済州島沿海の海底模型や生息する魚介類、火山島である済州島の形成過程や観光地として知られる萬丈窟の縮小模型、済州島の生態系を示す動植物標本の展示により、済州島の自然環境を説明している。民俗展示では、2つの展示室で済州島の人々の昔からの生活様式・習俗を蠟人形や模型を用いて紹介している。第1民俗展示室では習俗・行事・食文化などを紹介し、済州島固有の生活文化に触れることができる。

　第2民俗展示室では漁をする海女、農作業の様子など、生業について知ることができる。野外展示場では、さまざまな岩石に加え、石で作られた臼や水瓶などの生活用品が展示されている。また、昔の建物が復元展示されており、済州島伝統の黒豚の飼育の様子なども見ることができる。三姓穴がすぐ隣にある。

国立済州博物館

(クンニプ チェジュ バンムルグァン　국립 제주 박물관)

済州特別自治道済州市一周東路17　제주특별자치도 제주시 일주동로 17

済州国際空港から車で20分。

国立済州博物館

　2001年に開館した済州市内にある考古・歴史専門の博物館で、済州島の遺跡から出土した遺物と歴史的な文化財を中心として、通史を展示している。常設展示室は中央ホール、先史室、耽羅室、高麗室、耽羅巡歴図室、朝鮮室、寄贈室の6つの常時展示室と1つの企画展示室に分かれており、各遺跡・遺物の歴史的、文化的な意義を解説している。

　中央ホールには済州邑城のジオラマと耽羅の開国神話を表現したステンドグラスがある。ジオラマは1702 (粛宗28) 年「耽羅巡歴図」に描かれた済州邑城の様子と1990年以後の済州牧官衙跡の発掘調査をもとに再現されている。ステンドグラスは済州の漢拏山と耽羅の開国神話である三姓神話、三多 (石・風・女性) といわれる島の特徴を表現し済州固有の歴史をシンボリックに紹介している。

　先史室、耽羅室、高麗室では、火山島である済州島の旧石器時代から耽羅国誕生直前まで、済州文化が花開いた耽羅時代の誕生と成長、高麗と耽羅が一つの国となり激変した姿を出土品とジオラマで知ることができる。先史室の高山里遺跡出土の隆起文土器は、新石器時代の日本との関係を知る重要な資料である。耽羅巡歴図室では、朝鮮時代の済州の様子を表した「耽羅巡歴図」を通して済州人の暮らしと、その学術的な価値について紹介している。さらに、古文書や生活用具を通して中央政府の直接統治下の済州の政治・社会と文化的な変化を知ることができる。朝鮮室では済州牧官衙、流配と漂流を通した新しい文化の創造が特異なものである。寄贈室では寄贈された数千点の遺物を定期的に展示替えしている。

濟州島の庶民用品と巫俗信仰資料を展示

済州民俗博物館
(チェジュ ミンソク パンムルグァン　제주 민속박물관)

済州特別自治道済州市一周東路293-1　제주특별자치도 제주시 일주동로 293-1

済州バスターミナルから朝天行きバスで禾北住公アパート下車後、徒歩5分。

済州民俗博物館

　済州道の庶民が実際に使用していた遺物を展示している。済州島民俗研究者の秦聖麒（チンソンギ）氏の私立博物館である。建物の1階は特別展示場、2・3階は常設展示場として使われ、1万点余りの遺物が保管されている。

　展示品は3,000点程で竹・藁、石などで作られた庶民用品である。海女が使っていた道具、水着、石臼をも見ることができる。また、巫俗信仰や固有風俗に関連したもの、藁屋も観覧できる。済州道特有の衣装の「カロッ」、ゆりかご、5種類の鏡で作った巫俗楽器である「ウルスェ」、草で作られた雨着の「トロンイ」などがある。携帯用日時計も珍しい。

　野外展示場には済州に伝えられてきた143個の巫神像が並ぶ済州巫神宮がある。巫神は済州島の人々に幸福をもたらすと信仰されていた巫俗神である。この済州巫神宮は世界的な芸術資料とも評価され、今でも地域住民たちが訪れて実際に祈りを捧げている。

> 原三国時代（耽羅形成期）の済州初の大規模集落

三陽洞先史遺跡
（サムヤンドン ソンサ ユジョク　삼양동 선사유적／史跡416号）

済州特別自治道済州市先史路2キル13　제주특별자치도 제주시 선사로2길13

済州市外バスターミナル発一周道路東回り路線で三陽洞役場前下車。

三陽洞先史遺跡

　済州市の旧市街から一周道路を6kmほど東、三陽洞の黒砂海水浴場交差点を左折し、2つ目の交差点を右折すると左側が三陽洞先史遺跡である。
　この遺跡は、青銅器時代から初期鉄器時代にかけての大規模な村落遺跡である。遺跡地は東西1.2〜1.5km、南北0.5〜0.6kmの約10万㎡の範囲に広がり、大部分は畑地であったが周辺部は住宅地となり、そのうち1万3,000㎡が国指定の史跡に指定された。
　1973年に遺跡の南で支石墓3基が発見され、1986年済州大学博物館による指標調査が行われ、原三国時代の赤褐色土器や石斧などが出土した。1996年開発の際に住居跡が確認され1996年か

三陽洞遺跡展示館

ら1999年まで済州大学博物館による発掘調査が行われ、230余基の住居跡が確認された。大半は竪穴住居で、円形住居跡が173基と最も多く長方形住居跡が17基、不定形住居跡が18基、その他平地式住居跡が20基、掘立柱建物跡が8基確認された。

その結果、大小の竪穴住居跡、平地倉庫（掘立柱住居地）、貯蔵庫、土器窯址、調理場所、路跡、村を区画した境界石築と排水路、廃棄場、貝塚、支石墓などが確認された。

円形住居跡は内部中央に楕円形の穴を掘り、内部両端に中心柱穴が配置される韓国本土の松菊里型の住居跡である。

10余基前後を単位として住居が円形に配置され、真ん中に屋外カマドが配置されている。住居の内部からは、三角粘土帯土器や三陽洞式土器と呼ばれる赤茶色の外反口縁壺形土器や鉢形土器が出土した。他に磨製石剣、磨製石鏃、有溝手斧、石斧、石鑿、砥石、石棒、碾石などの石器、三角形銅鏃、鋳造鉄斧の金属器、そしてガラスビーズ、管玉などの装身具、麦、大豆、米が出土した。

さらに2007年に遺跡の東周辺の元堂峰麓の住宅建築予定地から、14基の住居跡が発見され、2008年5月までこの付近の発掘調査が行われた。その結果47基の平地式住居跡、甕棺墓5基、土壙墓4基、竪穴遺構540基、多数の土器、石器類、紡錘車や豆の炭化穀物、獣骨などが確認され遺跡範囲がさらに広がっていることが確認された。また、長方形住居跡を円形住居跡が切っており、円形→長方形住居跡という通説は再検討が必要になった。

現在、遺跡は史跡公園として整備され竪穴住居が復元され資料館が建設された。出土品を見ることができ映像による説明も行われている。また、発掘当時の住居跡をガラスで覆い、その上から見ることもできるようになっている。周辺には、東の元堂峰北側に高麗時代の仏塔寺五層石塔（元堂寺五層石塔／宝物第1187号）がある。

三別抄軍最後の抵抗の地
抗蒙遺跡
（ハンモン ユジョク　항몽 유적）

済州特別自治道済州市涯月邑缸坡頭里路 50　제주특별자치도 제주시 애월읍 항파두리로 50

済州市外バスターミナル発、一周道路西回り線で古城里下車、約20分。

抗蒙遺跡　缸坡頭里土城城壁

の北済州郡涯月邑に缸坡頭城を構築して2年間、麗蒙連合軍と抗戦したが1273年に壊滅し耽羅総管府が設置された。三別抄軍も連合軍も1271年に、文永の役（蒙古襲来）など予想もしていなかった鎌倉幕府に対して援軍を求めている。

　高麗は1231年から元による侵攻を6回受けた。1232年に首都を開城（ケソン）から江華島へ遷都し、宮城（高麗宮跡）を三重の城壁で囲んで元軍に対抗した。しかし、1270年高麗は元に降伏、講和し開城へ還都したが、これに反対する首都警備の三別抄軍は、1270年に王温を擁して全羅南道の珍島へ南下、龍蔵山城（ヨンジャンサンソン）を築いて高麗と元の連合軍に抵抗した。

　1271年に珍島が陥落すると金通精（キムトンジョン）将軍は済州島の耽羅国に逃走し、現在

　缸坡頭城跡（ハンパドゥソン）（史跡第396号）の城壁は周囲6kmあり、内城と外城からなら二重の城壁で内城は石積み、外城は土塁で、その一部が復元され「抗蒙殉義碑」、展示館がある。沖縄県の浦添グスクの高麗系軒丸瓦は軒平瓦の紀年銘から1273年製造の可能性があり、文様は龍蔵城跡のものと類似するので、陥落後に琉球へ敗走した集団が関係した可能性が指摘されている。

> 韓国最古級の土器文化

高山里遺跡

(コサンリ ユジョク　고산리 유적／史跡 第412号)

済州特別自治道済州市翰京面高山里3628番地　제주특별자치도 제주시 한경면 고산리 3628 번지

済州市外バスターミナル発西回り線で高山農協バス停下車し徒歩。

高山里遺跡

　1996年に済州特別自治道北済州郡翰京面で高山里遺跡の発掘調査が行われ、細石刃核や細石刃、有柄石鏃(有舌尖頭器)と共に土器片が発見された。剥片尖頭器は存在しない。細石刃核は非削片系の楔形であるが、野岳・休場型に類似する錐柱形細石刃核は存在しない。それらは石鏃を除外するならば、九州北部の無柄石鏃であり九州南部の縄文草創期の遺物を想起させたことから、最古級の土器であるという見解が示された。

　土器は赤褐色の無文であり、胎土に植物繊維を含んでいるが、同様の土器は九州の縄文時代草創期(隆線・帯文土器)には存在しない。

　有柄石鏃は縄文時代草創期の有舌尖頭器も想起させるが、これも九州には存在しない。さらに、これらの遺物が共伴するか否かも問題として残されている。全羅南道光州広域市の新村遺跡では非削片系楔形細石刃核の未完成品と有柄石鏃(有舌尖頭器)が、江原道東海市のギコク遺跡では細石刃と無柄石鏃が共伴したが、土器は未検出であった。土器出現期の文化の確定には、まだ証拠が必要である。

Column

朝鮮をヨーロッパに紹介した男

オランダ人 ヘンドリック・ハメル

　ヘンドリック・ハメルは1630年オランダ南西部のホルクムに生まれ、1651年オランダ東インド会社の砲手としてバタビア（インドネシア）に来航、後に書記となり、1653年デ・スペルウェール号で台湾を経由して長崎に赴任する途中、2度の暴風雨に遭い8月16日済州島の南西岸に漂着した。生存者は乗組員64名のうちハメルら36名であった。

　その13年後の1666年9月ハメルら8名は密かに購入した漁船で麗水から脱出し、五島付近で村民に発見されて長崎奉行所に送られた。取り調べの上、オランダ商館に引き渡され翌年11月バタビアに到着、ハメルを除く7名は1668年7月本国に到着した。朝鮮に残っていた7名はオランダ商館長の要請で、日本から朝鮮に働きかけ帰国を実現させた。

　済州牧に滞在すること9ヵ月、この間に2度脱出しようとしたが失敗した。都に移送され1年9ヵ月訓練都監の砲手に配属された。移送中に霊岩で1人死亡した。都では清の使臣が来るたびに南漢山城に移されたり、宿舎に軟禁されたりしたが、1655年3月来訪した清使臣が帰国する際、2名が行列の馬にすがって本国送還を要請したが失敗し、捕らえられて牢中で亡くなった。朝鮮側は清の使節に多額の賄賂を贈ってこの事件をもみ消した。その後1656年になると処置に窮した宮廷は、全羅道康津の全羅兵営で兵士として使用することになった。ここで待遇の悪化と熱病の流行、さらに1660〜1662年にかけて全羅道一帯がひどい飢饉で11名が亡くなっている。そのため1662（顕宗3）年2月に麗水の左水営で12名、順天に5名、南原に5名と3ヵ所に分置されハメルは左水営に配属された。

　1666年頃には左水営に6名、順天に5名、南原に3名の14名になり、3ヵ所のオランダ人たちは互いに往来し協力し合い、左水営に住むハメルらは小舟を入手して周囲の島々へ綿花を手に入れるために航海し怪しまれなくなった。そこで脱出計画を立て船を購入し8月3日の夜に8名で脱出した。

　ハメルは長崎滞在中に報告書を2通作成して、1通は出島商館長に提出し、これがバタビアに送られ総督に示され、他の1通はハメルより先に帰国した7人の一行が持参しアムステルダムで17人委員会（重役会）に提出されたと思われ拘留中の給与の支給が行われたという。

　これをもとに数種の出版物が現れ、ヨーロッパ各国で翻訳本が出版された。

それとともにハメルは朝鮮をヨーロッパに紹介した男として有名になった。韓国では『ハメル漂流記』として知られ、日本では『朝鮮幽囚記』として知られている。

ハメルらの漂着推定地の一つ山房山の南西麓龍頭海岸にはハメル記念碑とハメル商船展示館が造られている。また、2002年のサッカーワールドカップにおいて韓国チームがオランダ人ヒディンク監督の指揮下で4強となり、翌2003年はハメルが韓国の地を踏んで350周年であったため、韓国ではハメルとオランダに大きな関心を持つようになった。康津郡は1998年ホルクム市と姉妹都市提携をし、2007年全羅兵営城にハメル記念館を開館した。

Column

見学の手引き

●**済州市内**

順路： 空港→済州牧官衙・観徳亭→五賢壇→済州城跡→三姓穴→済州特別自治道民俗自然史博物館→国立済州博物館→済州民俗博物館→三陽洞先史遺跡・展示館

なお、博物館が多いコースなので、いずれかを外して三陽洞先史遺跡・展示館の後、元堂寺五層石塔→恋北亭へというコースも考えられる。

第4節　このエリアの主な博物館

全羅北道

弥勒寺跡 遺物展示館（ミルクサジョク ユムルジョンシグァン）

미륵사적 유물전시관

全羅北道益山市金馬面弥勒寺址路362
전라북도 익산시 금마면 미륵사지로 362

益山市内バス利用弥勒寺跡下車。
+82-63-290-6799

　百済最大の寺院であった弥勒寺跡（史跡第150号）から、1980年以降に発掘調査で出土した遺物が展示されている。展示室は中央ホール、概要室、遺物室、仏教美術室に分かれ、弥勒寺跡石塔（国宝第11号）、弥勒寺跡幢竿支柱（宝物第236号）などがある。

宝石博物館（ポソクパンムルグァン）

보석 박물관

全羅北道益山市王宮面湖畔路8
전라북도 익산시 왕궁면 호반로 8

益山駅下車、益山I.C方面の市内バスを利用。
+82-63-859-4641

　宝石と貴金属加工で有名な益山のジュエリー専門販売センター「ジュエルパレス」に隣接する博物館で、近くには化石展示館、体験館がある。宝石博物館は宝石の原石を11万点余り所蔵し、化石展示館では翼竜、首長竜などの実物大の骨格恐竜が展示され地質時代の歴史が一目で見られる。

王宮里遺跡（ワングンニユジョク）

왕궁리 유적

全羅北道益山市宮城路666
전라북도 익산시 궁성로 666

益山市外バスターミナルから市内バス65番利用。遺跡展示館 +82-63-859-4631～2

　1989年から実施した発掘調査の結果、百済武王の代に王宮として建築され、後に寺院となった王宮里遺跡の紹介と出土品を展示している。正殿や百済最高の庭園遺跡、陶磁器工房の跡、大型便所遺跡など王宮の築造過程や王宮での生活を知る資料である。

慶基殿（キョンギジョン）

경기전

全羅北道全州市完山区韓紙ギル102
전라북도 전주시 완산구 한지길 102

南部市場方面の市内バスを利用。+82-63-281-2790

　朝鮮王朝の始祖、李成桂の肖像画を安置するために1410（太宗10）年に建てられた。慶基殿（史跡第339号）内には、李成桂の肖像画（宝物第931号）、肇慶廟（有形文化財第16号）がある。

全州殿洞聖堂 (チョンジュチョンドンソンダン)

전주전동성당 / 史跡第 288 号

全羅北道全州市完山区太祖路 51
전라북도 전주시 완산구 태조로 51

全州駅から市内バス利用。+82-63-284-3222、286-3222

　朝鮮時代にカトリック教徒が殉教した跡地に建てられた教会。建物の外観は、ソウルの明洞聖堂と似ており、ビサンチン様式とロマネスク様式が併用されている。湖南地域で最初に建てられたロマネスク様式の建物で、使用されたレンガの一部は、全州邑城を壊した土を焼いて作られたものだとされている。

全州伝統酒博物館 (ジョニトンスルパンムルグァン)

전주전통술박물관

全羅北道全州市完山区韓紙ギル 74
전라북도 전주시 완산구 한지길 74

全州高速ターミナルからタクシーで約 15 分。+82-63-287-6305

　酒を醸し、客人を迎え、祭祀を執り行った家醸酒(カヤンジュ)の伝統を現代に伝えている。
　家で簡単に自家製酒を作る方法を研究し普及させている。祖先の飲酒文化を現代に継承し、「郷飲酒礼(健全で美しい飲酒文化)」の教育を行っている。また、観光客を対象に韓国伝統酒の試飲を行ない伝統酒の大衆化にも努めている。

全州韓屋生活体験館(世化観) (ハノクセンファルチェホムクァン セファクァン)

전주한옥생활체험관 (세화관)

全羅北道全州市完山区御真ギル 29
전라북도 전주시 완산구 어진길 29

バス：全州駅から高速バスターミナル乗車、殿洞聖堂下車。+82-63-287-6300

　2002年にオープンした韓屋生活体験館は朝鮮時代の両班家屋を再現し、韓屋体験ができる。「世の調和を夢見る」という意味で世化観とも呼ばれる。居間兼客間(サランバン)、母屋(アンチェ)では昔のソンビの生活が体験できる。
　工芸や礼儀作法、音楽、料理体験など様々な体験プログラムを行っている。

全州工芸品展示館 全州名品館 (コンエブムジョンシグァン ミョンブムグァン)

전주공예전시관 전주명품관

全州市完山区太祖路 15
전라북도 전주시 완산구 태조로 15

市内バス：梧木台方面・教育大方面豊南門または梧木台(リベラルホテル)下車5分程。+82-63-285-0002

　2002年開館。伝統韓屋で全羅北道の工芸品が見られる工芸展示博物館。工芸館、企画館、体験館があり、名匠工芸館、生活工芸店で購入することもできる。

全州韓紙博物館 (ハンジパンムルグヮン)

진주한지박물관

全羅北道全州市徳津区八福路59
전라북도 전주시 덕진구 팔복로 59

全州高速ターミナルからバスで全州韓紙博物館下車。+82-63-210-8103

　2007年にパンアジア紙博物館から全州韓紙博物館に名称を変更した。韓紙工芸品や韓紙製作道具、古文書、古書籍など韓紙関連の遺物が展示され、韓国伝統の韓紙文化と現在の韓紙の姿を見ることができる。

鎮浦海洋テーマ公園 (チンポヘヤァン)

진포해양테마공원

全羅北道群山市内港1キル12
전라북도 군산시 내항 1길 12

+82-63-445-4472

　高麗時代末の崔茂宣将軍が日本軍の船を撃退した鎮浦対戦を記念し2008年に開園した海洋公園である。軍艦、海軍艦艇、装甲車、自走砲、戦闘機など陸・海・空軍の装備が展示されている。ウィボンハムには鎮浦対戦の模型と武器、崔茂宣将軍が作った火砲、軍艦兵営の生活体験などが展示されている。

南原春香テーマパーク (ナムウォンチュニャン)

남원춘향테마파크

全羅北道南原市楊林キル14-9
전라북도 남원시 양림길 14-9

南原市外バスターミナルからタクシーで3分（徒歩10分）。+82-63-620-6180

　春香伝の映画のロケ地や南原郷土博物館、伝統文化体験館などがある。「出会いの場」には総合案内所など、「誓いの場」には玉指環や石塔などがある。「愛と別れの場」には映画春香伝のロケ地などがあり、「試練の場」には春香の獄中生活を再現した場所がある。「祭りの場」は公演場や休憩広場となっている。

国立民俗国楽院 (クンニブミンソククガクォン)

국립민속국악원

全羅北道南原市楊林キル55
전라북도 남원시 양림길 55

市内バス利用、天主教会前下車。春香橋を渡り徒歩10分。+82-63-620-2324

　韓国伝統音楽の保存と継承を目的に設立された施設で、パンソリやサムルノリなどレベルの高い演奏が楽しめる。国楽器展示室には、約60種の楽器や有名な国楽器などの写真が展示され、民俗楽資料室には、国立民俗国楽院の公演資料が保管されている。

碧骨堤農耕文化博物館 (ピョッコルジェノンギョンムンファパンムルグヮン)

벽골제 농경문화 박물관

全羅北道金堤市扶梁面新用里119-1
전라북도 김제시 부량면 신용리 119-1

+82-63-540-4094、4993

　碧骨堤を誕生させた農耕文化と朝鮮

半島最古の穀倉地帯である金堤地域の歴史と文化を見ることができる。1つの企画展示室と3つの常設展示室で構成され、第1室は、農耕の起源と歴史、第2室は農耕の基本や歳時、風俗や日常の生活、民間信仰、第3室では碧骨堤発掘の現状と碧骨堤の伝説などを模型で解説している。

村の前にある醬類博物館は、コチュジャンやテンジャンなどの醬類を展示した常設展示場と郷土文化遺産を展示した企画展示室、屋外広場で構成されている。常設展示場には醬類の歴史や醬を作る方法、醬類容器の展示や、発酵過程観察室などがある。野外広場には醬類甕を並べて置く高台や、臼を引く水車や百済時代の古墳がある。

高敞支石墓博物館 (コチャンコインドルパンムルグァン)

고창고인돌박물관

全羅北道高敞郡高敞邑コインドル公園キル74
전라북도 고창군 고창읍 고인돌공원길 74

本文「高敞支石墓遺跡」参照。
+82-63-560-8666

　常設展示室では青銅器時代の出土品や世界の支石墓文化を一目で見ることができる。企画展示室、立体映像館があり、3階の体験空間では岩刻画描き支石墓作りなどができる。外部展示の体験広場では支石墓の石を運ぶ石曳き体験コーナーもある。

扶安映像テーマパーク (プアンヨンサン)

부안영상테마파크

全羅北道扶安郡辺山面格浦里375番地
전라북도 부안군 변산면 격포리 375 번지

扶安バスターミナルから「辺山格浦」行きバスで辺山格浦下車。+82-63-583-0975

　民俗村とサンセットパラダイスを備えた映像テーマパークである。民俗村は考証を徹底的に行い景福宮を再現し、瓦屋根の村や平民村(陶窯村、韓方村、木工・韓紙工芸村)などを作り城郭などを建立し、映画『不滅の李舜臣』『王の男』などの撮影地としても有名である。

淳昌醬類博物館 (スンチャンジャンリュパンムルグァン)

순창장류박물관

全羅北道淳昌郡淳昌邑醬類路43
전라북도 순창군 순창읍 장류로 43

淳昌ターミナルからコチュジャン村へバスまたはタクシー。+82-63-650-5432

　淳昌邑白山里の伝統コチュジャン民俗

〈以下は本文参照〉

国立全州博物館 (クンニプチョンジュパンムルグァン)

국립전주박물관

全羅南道

霊岩陶器博物館
영암도기박물관

全羅南道霊岩郡郡西面西湖亭キル5
전라남도 영암군 군서면 서호정길 5

霊岩市外バス停留所から木浦行きのバスで鳩林交差点・王仁博士遺跡地入り口下車、15分所要。+82-61-470-2764、2765

　鳩林村入り口にあり陶器文化センターを改装して2008年再オープンした。常設展示場には、土器と陶棺、統一新羅時代の鳩林陶器、朝鮮時代窯跡の出土品陶器が時代別に展示され、霊岩陶器の変遷を見ることができる。陶器作り体験もでき、陶器ショップもある。館の入り口に梨花女子大学博物館の発掘調査による韓国最初の施釉陶器の窯跡(施釉陶器、史跡第338号)が目を引く。毎年、土と陶器をテーマにした企画・特別展示会が開かれる。

莞島漁村民俗展示館
완도어촌민속전시관

全羅南道莞島郡莞島邑程道里960番地
전라남도 완도군 완도읍 정도리 960 번지

上鳳バスターミナルからタクシーで10分。+82-61-550-6911〜4

　展示室は地下1階、地上2階で、象徴ホールには魚の剥製、張保皐大将の貿易船の模型が展示されている。第1室には漁村と各種漁具があり漁法の変遷を見ることができる。第2室は船舶の模型を展示し、第3室では貝類や珊瑚などが展示され魚の剥製の大型水族館がある。その他、企画展示室、映像館、船舶体験コーナーがある。

張保皐記念館
장보고기념관

全羅南道莞島郡莞島邑清海鎮路1455
전라남도 완도군 완도읍 청해진로 1455

セントラルシティターミナルから莞島共用バスターミナル、所要時間約5時間。+82-61-550-6930〜6

　1200年前の統一新羅期に北東アジアの海上貿易を主導した張保皐の記念館。2008年に張保皐の清海鎮の跡地に開館した。中央ホールには貿易船の模型。第1展示室には法華寺跡、清海鎮遺跡出土遺物がある。第2展示室には中国や日本との貿易を紹介している。他に映像室、特別展示室がある。

韓国茶博物館
ハングクチャバンムルグァン

한국차박물관

全羅南道宝城郡宝城邑緑茶路775
전라남도 보성군 보성읍 녹차로 775

宝城郡農魚村バスで循環方向、約20分所要。
+82-61-852-0918

　全国最大の茶畑を誇る宝城に造られたお茶の博物館。3階建てで1階にあるお茶の文化室はお茶の生産過程を、2階のお茶の歴史室はお茶の歴史を展示し、各時代のお茶の道具がある。3階のお茶の生活室は韓国、中国、日本、ヨーロッパのお茶文化を体験でき、世界のお茶の道具が展示している。お茶の製造工房では実際にお茶作りができる。

〈以下は本文参照〉

国立羅州博物館
クンニプ ナ ジュバンムルグァン

국립 나주 박물관

国立海洋文化財研究所（旧国立海洋遺物展示館）
クンニプ ヘ ヤンムンファジェヨン グ ソ

국립해양문화재연구소(구, 국립해양유물전시관)

海南恐竜博物館
ヘ ナムゴンリョンバンムルグァン

해남공룡박물관

康津青磁博物館
カンジンチョンジャバンムルグァン

강진청자박물관

済州道

　済州島には驚くほど多くの博物館がある。テディベア博物館から民俗村博物館、アフリカ博物館まで100以上はあるといわれる。しかし、その中にはこれが博物館かと首をかしげる施設も混在している。これは10年前には年間400万人弱だった観光客が近年1,000万人に増え、特に増加が著しい中国人観光客を呼ぶために韓国政府が博物館の建設費調達を支援しオーナーに優遇税制を認めたことによる。

　このためデベロッパーが簡単に現金を集めるためだけに博物館を利用しているとの非難を呼んでいる。

　済州島民俗自然史博物館の自然史部門責任者は、「博物館を開くのは、非常に低い金利で資金を調達できるからだ。純粋な博物館は7つしかない。残りは観光客向けのアトラクションと化している」と指摘している。

　ここでは、博物館はテーマパークやお土産屋とは異なる次元のものであることを基準に主要な博物館のみ紹介したい。同じような名前の施設が多いので見学の際には、行き先の確認に注意が必要である。

済州戦争歴史平和博物館（日本軍要塞）

제주 평화박물관　登録文化財 308 号
(일본군요새)

済州特別自治道済州市翰京面チョンス西5キル63
제주특별자치도 제주시 한경면 청수서 5 길 63

済州国際空港より車で約1時間。
+82-064-772-2500

　済州島の西部地区にある旧日本軍要塞であったカマオルム洞窟を整備保存し、第1洞窟の中で300mを公開し当時の様子を再現している。1階建ての建物には映像資料や遺品などが展示され、図書資料1万5,000点、遺品5,000点が保存されている。父親が要塞建設に動員された李英根氏（イ・ヨングン）が設置した私立博物館である。ドラマ『チャングムの誓い』のラストシーンの松岳山洞窟もその中の一つである。2013年3月に文化財庁が洞窟陣地を購入したが、2013年7月現在、洞窟陣地の見学は国有文化財のため、独自の設備をつけるまで公開中断となり、平和博物館側が館内の通行を許可しないと洞窟に入れない事態となった。

済州海女博物館

제주 해녀박물관

済州特別自治道済州市旧左邑海女博物館キル26
제주특별자치도 제주시 구좌읍 해녀박물관길 26

済州国際空港から車で1時間半。+82-64-782-9898

　空港から車で1132号線を1時間30分程行った、細花海辺の済州海女抗日記念公園に2006年に開館した。海女の歴史や生活・技術の伝統、社会的貢献を伝える展示が行われている。3つの展示室があり第1室では海女の伝統的な生活、第2室は海女の仕事場、出稼ぎ労働。第3室は済州島の伝統船「テウ」、漁師の生活が展示されている。同館は鳥羽市浦村町の「海の博物館」と連携し、日韓共同で「海女文化」のユネスコ無形文化遺産への登録を目指している。

オソルロクミュージアム

오설록뮤지엄

済州特別自治道西帰浦市安徳面西広里1235-3
제주특별자치도 서귀포시 안덕면 서광리 1235-3

済州国際空港から車で50分。+82-064-794-5312

　韓国の緑茶ブランド雪緑茶（ソルロクチャ）が運営するお茶の総合博物館である。済州島は韓国でもっともおいしいお茶が栽培されている場所とされ、博物館の前には広大な美しい茶畑が広がっている。韓国お茶文化の変遷を見ることができ、国内外の80種類余りの緑茶をはじめ、緑茶を使った食べ物なども展示されている。また、世界の土器、茶器類を展示している。韓国初の緑茶博物館として人気が高い。

ハメル商船展示館
サンソンジョンシグァン

하멜상선전시관

済州特別自治道西帰浦市安徳面
제주특별자치도 서귀포시 안덕면

西帰浦市市外ターミナル乗車、龍頭海岸下車40分。+82-64-794-2940

　西帰海岸の山房窟寺がある龍頭海岸の丘に設置されている。朝鮮を初めて西洋に紹介したオランダ東インド会社の船員ハメル（Hendrick Harmel）の展示館。1653年8月16日商船デ・スペルウェールは長崎に向かって航海し済州道付近海域で遭難し漂流した。大静県摹瑟浦付近に上陸したといわれる。大洋航海用の帆船であるバタヴィア号をモデルに再現された船の2階と3階が展示室になっている。隣接してハメルの功績を称えるハメル記念碑がある。なお、龍頭海岸への入場は有料である。ハメル展示館と龍頭海岸・山房窟寺は1枚のチケットで有効である。

済州民俗村博物館
チェジュミンソクチョンパンムルグァン

제주민속촌박물관

済州特別自治道西帰浦市表善面民俗海岸路631-34
제주특별자치도 서귀포시 표선면 민속해안로 631-34

済州国際空港から車で約50分。+82-064-787-4501

　島の南東海岸の表普海水浴場の近くに位置する。伝統家屋が100棟以上展示され、自然環境が厳しい中で独自に生まれた生活や風俗を1890年代の姿で総合的に再現している。展示場は山村、中山間村、漁村、植物園、市場、漁具展示場、官庁、無形文化財の家屋、済州の藁屋とエリア別に見学できる。展示施設も充実していて7つの展示室がある。馬毛工芸展示館、漁具展示館などは済州島の特徴的な歴史を知ることができる。民俗芸能の公演も行われ、食堂などの施設もあり楽しめる。また、ドラマ『チャングムの誓い』のロケ地としても知られ、その関連紹介展示も見ることができる。

〈以下は本文参照〉

済州特別自治道民俗自然史博物館博物館
チェジュットゥッピョルチャチド　ミンソクジョヨンサパンムルガンパンムルグァン

제주특별자치도 민속자연사 박물관

済州民俗博物館博物館
チュジュミンソクパンムルガンパンムルグァン

제주민속박물관

国立済州博物館
クンニプチェジュパンムルグァン

국립제주박물관

資料編

韓国史跡探訪のための基礎知識

1 韓国の国号及び風土と気候

国号の由来

　韓という名称は古代の三韓(馬韓、辰韓、弁韓)に始まった。国際的にはKoreaまたはCoreaと称されるが、それは中国を通して西洋と交易を始めた当時の国名の高麗に由来する。これは古代三国時代の「高句麗」を継承したとされる統一王朝高麗または高句麗に対する中国側が呼称した「高麗」に由来する。高麗の本来の意味は「真ん中」、韓国固有語では「世界の中心」という意味である。

　また、「朝鮮」という名称は、『戦国策』『山海経』『史記』など中国古典に早くから見え「朝鮮」には「東方と光明」の意味が含まれており、「土地が東の方にあり日が昇る所の姿」を形容したと、また鮮は「鮮卑山」の略で「鮮卑山東方の国」を指すともいう。この他にも東国、海東、大東、青丘(東方の星名前)、槿域(槿は、無窮花(ムクゲ)を指す)などの別称がある。

風土

　半島は南北に細長く、東側は日本海(東海)、西側は黄海(西海)、南側は東シナ海(東中国海)と対馬海峡(大韓海峡)で囲まれている。北側は鴨緑江と豆満江を境界として中国、ロシア連邦と接している。済州島をはじめ約4,000の島を包含し、総面積は22万1,366km²である。海岸線の総延長は約8,693km、島嶼を含んだ総延長は約1万7,269kmにもなり、面積のわりにこのように長い海岸線を持つ国は少ない。

　東海岸は地盤が隆起し太白山脈が海岸に沿ってのび、単調で潮水干満の差が小さいが、寒流と暖流が交わり回遊性魚類が豊富である。西海岸は半島と湾が多くて水深が浅く干潟地が発達している。南海岸は海岸線の屈曲が激しく、典型的なリアス式海岸で美しい多島海である。

　韓国は山地が国土面積の約80%を占めるが、高さが1,000m以上の山は約10%に過ぎず、200～500mの低い山々が40%以上を占める老年期の山地である。朝鮮半島の北側には白頭山、蓋馬高原、狼林山脈など一連の高山地帯がそびえ、中東部の太白山脈

が脊梁山脈を成し小白山脈、車嶺山脈などに分かれる。
　太白山脈東側は急傾斜をなすが、西・南側方は穏やかで大同江、漢江、錦江、栄山江、洛東江などが流れ平野を形成している。多くの河川は老年谷と準平原上を流れて傾斜が極度に緩やかな平衡河川をなし、長期にわたる浸蝕で中流と下流に侵蝕盆地と汎濫原、自然堤防などが発達し、上流には河岸段丘を形成するところが多い。

気候

　韓国は北緯33～43度のアジア大陸東岸に位置し、四季の区分が明確であり温帯ないし冷温帯気候地域に属する。また半島に沿って脊梁部をなす太白山脈が位置するため気候が多様である。
　冬は大陸性気候の影響で寒冷乾燥し三寒四温で推移する。夏は海洋性亜熱帯高気圧の影響で温暖湿潤と全国的に降雨が集中して梅雨という独特の現象を見せる。冬と夏の気温差が大きく30℃程度の平均気温差があり、北部に行くほど差が大きく大陸性気候の特徴が目立つ。最も寒いのは中江鎮で最低－43.6度、最も暑いのは大邱で最高40℃の気温が記録されたことがある。明確な性格の冬と夏に比べて春と秋は、短いが清々しく快晴な天気が続く。年平均降水量は1,000㎜程度であるが、降水量の季節的な偏重が大きい。年降水量の約70％が6～9月の4ヵ月間に集中し、なかでも7月の降水量が全体の約28％を占める。夏の降水量は梅雨の時期の降水量と8月の台風及び局地的な集中豪雨によって決まる。降水の形態は内陸地方の地形的要因、梅雨前線とジェット気流（jet stream）が合わさると、熱帯性低気圧の通過等で突発的な多量で強い集中豪雨となることもある。

2 韓国の歴史

先史文化

　朝鮮半島とその周辺地域に旧石器時代人が住み始めたのは、約70万年前からとされている。最近の考古学の発達によって継続的に先史時代遺跡の発掘調査がされるようになり、先史文化の様相が次第に明らかになってきた。
　旧石器時代の代表的遺跡としては平南祥原黒隅里洞窟(ピョンナムサンウォンコムンモル)(北朝鮮平壌郊外)、京畿道漣川全谷里(ヨンチョンチョンゴンニ)、忠北丹陽金窟(クムグル)、忠南公州石荘里(ソクチャンニ)などがあり、これらの遺跡では石器と一緒に人と動物の骨化石、動物の骨で作られた道具などが出土して、旧石器時代の生活相が明らかになってきた。
　紀元前8000年頃から農耕と牧畜が始まり、石器の他に土器を製作し使用する新石器時代にさしかかった。新石器時代の代表的土器は櫛目文土器であるが、これより先行する時期の土器も発見されている。これらは原始無文土器、隆起文土器、押印文土器と呼ばれている。櫛目文土器の代表的遺跡は、漢江・洛東江など河川の下流と海岸地帯に主に分布している。
　石器は磨製石器が登場して、狩猟・漁労用道具の他に鋤・鍬・鎌などの農耕道具を作り、使用する原始農業が始まっていたことがわかる。櫛目文土器に続き無文土器が登場した。石器と一緒に青銅器も使われるようになり、農耕が発達して紀元前8世紀頃には一部地域で稲作も行われるようになった。
　生産活動の進展によって貧富の差が生じ、階級分化も進み権力者も登場した。支石墓の出現はこの社会的変化を知ることができる遺構である。支石墓は支石を立てその上に巨大な蓋石を乗せる形態のため多大な人力を必要とし、支石墓は当時の支配層が持つ政治権力と経済力をよく反映している。
　紀元前5世紀頃には鉄器が普及して、青銅器と一緒に使われながら土器も無文土器の他に粘土帯土器、黒色磨研土器など多様化した。このような青銅器・初期鉄器時代の文化が日本に大きな影響を与え、九州北部に弥生文化が発生し東方へ普及していった。

古朝鮮の時代

　支石墓の出現にもわかるように、社会の富を占有する支配者階級が各地に現れ、そうした支配者達は互いに周辺の部族等を力によって統一しながら部族連合体を形成、それが城邑国家へと発展していった。

　そうした城邑国家の先駆けとなるのが、韓国の古代の歴史・伝承を記した『三国遺事』に「紀元前2333年に韓民族の始祖とされる檀君王俔(タングンワンゴム)が建国した」とある檀君朝鮮や、司馬遷の『史記』にある箕子(キジャ)朝鮮、衛氏(ウィシ)朝鮮の3つの「朝鮮」である。これらは14世紀末に成立した朝鮮(李朝)と区別するために古朝鮮と称している。このうち、檀君朝鮮は建国神話の中に現れる王朝とされるものである。箕子朝鮮は周の武王が殷を滅ぼすと、半島に逃れた殷の遺民箕子によって建国されたという。

　衛氏朝鮮は燕国から亡命した衛満(ウィマン)が建てた実在した中国遺民による政権で、その位置は平壌周辺とされている。

　なお箕子朝鮮の成立は不詳であるが、衛氏朝鮮は『史記』によれば、衛満が紀元前195年に箕子朝鮮の最後の王である箕準(キジュン)を滅ぼして建国し、前漢の外臣となって帰順したが、三世衛右渠(ウィウゴ)が紀元前108年に前漢の武帝により征伐されて滅亡した。武帝はその後楽浪(ナンナン)・真番(チンボン)・臨屯(イムドン)・玄菟(ヒョンド)の4郡を設置して半島の直接支配を目指した。しかし、抵抗にあい楽浪以外の3郡が撤退、楽浪郡も漢の衰退と共に衰微し、3〜4世紀頃に楽浪郡南方に帯方郡(テバングン)を設置するが4世紀初頭に北方の新興国高句麗(コグリョ)によって滅ぼされた。

三国の分立

　高句麗は佟佳江(トンガガン)流域と鴨緑江(アムノクカン)中流地域の通溝(トング)一帯で最初に成長し、太祖大王(53〜145年)の時東海岸地域に進出して清川江(チョンチョンガン)上流地域を確保し、引続き遼東地方をおびやかした。4世紀初には楽浪郡を追い出し南方進出の足場を築いた。4世期末、広開土王(ゲトワン)は遼東方面を含む満洲の大部分(現中国東北地方)、南では百済(ペクチェ)を圧迫して漢江

281

流域まで進出した。その後長寿王は平壌に首都を遷して百済と新羅(シルラ)の領域にまで領土を拡張した。

　百済は漢江流域に位置する馬韓(マハン)の一つの小国から出発し、漢江流域の土着勢力と高句麗系の遺民勢力を集めて成立した。漢江流域時代の百済は、漢江流域で漢の郡県化を防ぎながら成長し、古爾王時には漢江流域を掌握して統治組織を揃えて、中央集権国家の土台を形成した。4世紀中葉、近肖古王の時には馬韓勢力を征服し全羅道南海岸に至り、北方は黄海道地域を賭けて高句麗と対決した。また洛東江流域の伽耶に対しても支配権を行使した。

　新羅は辰韓の小国の斯盧国(チナン サロ)から出発した。斯盧国は3世紀初めから伽耶などの周辺勢力と対抗する連盟体を形成していた。そうして楽浪郡と繋がる一族、伽耶と倭、漢江上流地域を開拓していた百済等としばしば衝突しながら成長した。新羅が大きな発展をしたのは法興王と真興王の時の60年間であった。新羅は突厥族の侵略を防御しようとして、高句麗の軍事力が北西地域に集中した隙を見て百済と共に漢江流域を高句麗から奪い、続いて百済を討ち南陽湾を通して中国と直接交通することができる海路を確保した。続いて、海岸に北上して咸鏡南道利原まで進出し、洛東江流域の伽耶地域を完全併合し、これで新羅の国力は百済より優位を占めるようになった。

　洛東江下流の弁韓(ピョナン)では3世紀頃金海の金官伽耶(キメ)が中心となって、連盟王国として発展した。伽耶の小国らは早くから農耕文化が発達し、豊富な鉄を生産し海上交通を利用して楽浪と倭の九州地方と連結する中継貿易が発達した。4世紀初からは百済と新羅の膨脹に押されて勢力が縮小し6世紀初には百済と新羅によって分割占領された。

統一新羅

　6世紀末南北朝を統一した隋は、高句麗に侵攻したが高句麗の頑強な抵抗で失敗した(乙支文徳(ウルジ ムンドク)の薩水大捷、612年)。　隋の後を継いだ唐も、高句麗へ侵攻したが失敗した。

高句麗が隋・唐の侵略を防いでいたその間、新羅は百済と対決していた。新羅は高句麗と同盟を試みたが失敗、その後、唐と連合し660年百済を滅した。百済遺民は、各地方で復興運動を展開したが新羅・唐連合軍によって挫折した。この時倭の水軍が百済復興軍を支援するために出兵したが白村江の戦いで大敗した。

百済を討ち滅ぼした新羅はまた唐と連合し668年に高句麗を滅し、これによって三国分立の形勢は終止符を打った。唐は百済と高句麗を滅ぼした後、朝鮮半島全体を支配しようとしたが、これに対して新羅は百済の故地を掌握し、高句麗遺民達と連合し、朝鮮半島から唐軍を追い出すことで三国統一を成し遂げた。

高句麗滅亡以後、遼東地方を中心に唐に抵抗する高句麗遺民が土着の靺鞨族を統合して698年渤海を建国した。建国後、渤海は唐の文物を取り入れて制度を整備し新羅・日本と通交するなど発展を重ね海東の盛国と呼ばれた。

統一後、新羅は首都の金城(慶州)を中心として華麗な仏教文化を花咲かせた。今でも慶州市内と南山には当時の仏教遺跡が数多く残っている。このなかで石窟庵と仏国寺はユネスコの世界文化遺産に登録された。石造美術だけでなく金属工芸も優れており、美しい金銅仏像と銅鐘などがそれである。特に新羅の銅鐘は神秘な音と鐘の表面に彫刻された飛天像などは新羅金属工芸の水準を示している。感恩寺西三層石塔中の舎利荘厳具は青銅工芸の傑作品で、神将像、奏楽像、童子像などは新羅仏像彫刻の美しさを具現化している。仏教文化の他にも華麗な貴族文化が発達した。新羅古墳出土の金冠や金銅冠などの優れた製作技法の装身具等がたくさんある。

高麗王朝の成立

新羅は9世紀末に至って社会的矛盾が大きく現れはじめた。中央貴族間の権力争いが激化し、続く自然災害・苛酷な収奪で農民達は没落し各地で農民の反乱が起きた。社会が混乱したため地方では豪族と呼ばれる新しい勢力が成長した。彼らは自身の根拠地に城を築き軍隊を保有して自ら城主または将軍と称しながら、その地方の行政権と軍事

権を掌握した。10世紀に入ると地方で成長した甄萱と弓裔は新羅末の混乱の隙を見て独自的な政権を樹立することによって後三国時代が展開した。甄萱は全州(全羅道)を中心として後百済を立て、弓裔は鉄原(江原道)を中心に大きな国を建てた。王建は松嶽(開城)地方の豪族として弓裔の部下で活動し、918年に民心を失った弓裔を追い出して高麗を建てた。王建は、935年新羅の帰服を受けて、翌年後百済を滅亡させついに後三国を統一した。

　王建は高句麗の後継者と自任し、国号を高麗とし継続的に北方を開拓して高麗の領域は鴨緑江にまで達した。高麗王朝は中央権力を強化するために各地に割拠していた豪族の軍隊を整理し、国家の地方軍に改編し豪族勢力を国家組織中へ取り込んだ。また新羅骨品制の組織原理とは異なる儒教的政治理念を基本とした。そうして儒教的倫理に基づいた政治・社会秩序を作り、統治体制の強化のために教育と科挙制度を整備した。また仏教を崇尚し首都の開京をはじめ全国に雄壮な寺院がたくさん建立された。仏教が国家または個人の現世生活に幸福と利益を与えると信じ、王室、貴族だけでなく庶民に至るまで広く信奉し仏教が国教となった。仏教の隆盛で仏教美術は大きく発達した。寺院の建築と仏像・仏塔と、僧侶達の廟塔である浮屠(高僧の骨を祭る石塔)など優れた作品が作られた。また、貴族社会の発達は豪華な芸術文化を生み、その代表が高麗青磁である。後に象嵌技法を活用した象嵌青磁は高麗の独自の技法で高麗磁器の精髄をなした。高麗青磁と金属工芸などの貴族芸術が豪華で、精巧なのに対して建築、彫刻等の仏教芸術は新羅時代に比べて劣り高麗時代の石塔は新羅を模倣しそのまま継承したが、芸術性は退歩した。一方、印刷術の発達は刮目すべきである。最初は大蔵経のような固定式の木板印刷であったが、13世紀には世界最初の金属活字を発明し使用した。これは西洋のそれより200余年も先立ったとされている。文臣中心の貴族社会は1170年武臣政変で崩れ、100余年間の武臣政権が続いた。

　この時北方から侵入した契丹との戦争もあったが、高麗を塗炭の苦しみに落としたのは蒙古の侵入だった。蒙古の侵入は1231(高宗18)年から高麗侵略を始めて以来、40余年の間に延べ7回の侵略軍を送って高麗を蹂躙した。武臣政権は首都を江華島に遷

して、住民を山城と島へ避難させた後、抗戦と外交を並行しながら抵抗した。しかし戦争の長期化で国土は荒廃し民衆は疲弊した。大蔵経をはじめ貴重な文化財が多く焼失した。戦争中に蒙古の侵略で焼失した初雕大蔵経に代わり大蔵経をまた作り直した。大蔵経の刊行は仏教の力で外敵の侵入を防ごうという意志が反映されているものである。16年ぶりに成し遂げた再雕大蔵経は、現在慶尚南道陜川海印寺(ヘインサ)に保存されている。8万枚を超える木板のため八万大蔵経と呼ばれている。

　戦争にともなう弊害が大きくなり始め、蒙古との講和を結ぼうとする主和派が優勢となり崔氏政権が崩壊し戦争は終わった。蒙古との講和後高麗は2回元の日本遠征に軍隊と物資の提供を強要された。高麗国王は元の公主と結婚し元皇帝の駙馬(ふば)(婿)となり、官制も改編され格も低くなった。王室と高官は服装までも蒙古風を強要された。

　14世紀後半中国では元の支配に抗拒する反乱が各地で起こり、1368年に元が滅亡し新しく明が建国された。高麗恭愍王(コンミン)は元明交替期を利用して反元改革政治を推進したが失敗した。この時成長した改革勢力は改革を推進し、この過程で高麗が滅亡し朝鮮王朝が建国された。

朝鮮王朝(李朝)の成立

　高麗末政治、社会的混乱と異民族の侵入が継続するなかで、新しい社会を指向する李成桂(イソンゲ)一派は威化島回軍(いかとうかいぐん)を契機に政権を掌握し土地改革を基盤として新王朝を創建した。新しい王朝は国号を朝鮮として首都を漢陽(ハニャン)に遷し国家の面貌を一新した。儒教を政治理念に立て、中央集権的体制を確立し科挙制度を整備し両班官僚体制を揃えた。両班は文武班職を持った者ということであるがその家門や科挙準備をする学生層を含んで呼ぶようになった。安定した王権と経済力をもとに朝鮮前期には注目に値する民族文化の躍進を遂げた。ハングルが創り出されて歴史書をはじめとする各分野の書籍が出版される等、民族文化発展の基盤が形成された。また天文学、医学など科学技術においても大きな発展を成し遂げ、生活に応用されるようになり、芸術分野でも民族的特色が見栄え

する発展が見られた。士大夫両班の倹素と質素な生活が反映された絵と文字及び磁器工芸が目立った。

しかし15世紀末から朝鮮社会にはいろいろな面で変化が起こった。両班士大夫らによる土地兼併と農場の拡大は、農民の負担を加重させ経済的疲弊をもたらした。これによって社会病廃の解決と王朝の安定のための、性理学(朱子学)的理想政治を推す士林の進出が顕著となった。士林は勲旧派との政治的葛藤で何回かの士禍を経験しながらも、16世紀後半には士林が政権を取り朋党政治が展開されたが、16〜17世紀に周辺国の日本、清に関わる戦争(壬辰倭乱、丙子胡乱)によって国土は荒廃して、国家財政は枯渇し農民は悲惨な生活を強要された。

性理学を指導理念とした朝鮮は倭乱と胡乱を経てその指導理念の限界性が露呈され、自らの伝統に対する反省とその克服の方向が模索される。

朋党政治が変質しその弊害が深刻となり一党専制化の傾向が現れた。英祖(1694〜1776年)と正祖(1752〜1800年)は特定朋党の権力掌握を牽制するために蕩平政治を推進した。蕩平政治は特定の権力集団の抑制と王権強化という方向で進行し、ある程度の成果をあげたが朋党政治の弊害をすべてなくすことはできなかった。

さて、新羅以来の歴代王朝は、その力関係から中国の時の王朝を宗主国として敬い、冊封関係を結んでいた。高麗時代の元寇の主力にされたのも壬辰倭乱・丁酉再乱の折に明が援軍を送ったのもそうした両国の関係にあった。ところで、16世紀後半以降中国では明の勢力が衰退、17世紀初頭にはそれまで明の傘下にあった女真族が独立して後金国を建国、その勢力を拡大していった。朝鮮では当初それまでの明と後金の二極外交を進めていたが、仁祖反正により親明排金の外交方針に転換した。二極外交の破棄を受け、後金は1627年に侵入(丁卯胡乱)、一旦後金は撤退するものの、1636年国号を清と改めた後金は朝鮮に対しての服従と朝貢、及び明征伐への派兵を求めてきた。朝鮮側がこの条件を拒むと再度侵攻を進め(丙子胡乱)、朝鮮は絶対服従を強要され、そうした関係は日清戦争後の下関条約締結まで続くことになる。

19世紀に入って朝鮮では勢道政治と称される王の外戚である安東金一族の専制政

治が行われ政治は甚だしく混乱し、商工業の発達による庶民階級の台頭も相まって伝統的な身分制度が崩壊してきた。これに併せて国内では天主教(カソリック教)が次第に盛んになっていった。これに対して儒教を統治理念の基本とする政府は思想的な危機と捉えて徹底的な弾圧を行った。これが当時帝国主義によって東アジアで勢力拡大を狙った欧州列強国と軋轢を生むことになる。そうした中でも朝鮮政権内では政争が続き、内憂外患に直面し有効な対策がとれなかった。1875年の江華島事件と1876年の日朝修好条規により開国すると、政権内部では近代的改革を主張する開化派と守旧派が対立、1882年の壬午軍乱、1884年の甲申政変等の混乱が続き、さらには宗主国である清や開国後進出してきた日本や欧州列強と結んで勢力を拡大しようとする派閥が対立、朝鮮の利権をめぐる列強各国を巻き込んだ抗争が続くことになる。

　こうした中、半島の利権をめぐり対立を深めた日本と清は、1894年の甲午農民戦争(東学党の乱)を契機に日清戦争が勃発する。戦争に先立ち親日的政権を擁立した日本は日清戦争に勝利すると清の勢力を排除し、清との冊封関係を絶つと共に日本の利権を優先した内政改革に乗り出した。これに対して同じく半島の利権を狙っていたロシアは三国干渉等により日本を牽制し、1904年の日露戦争へと発展することになるが、両戦争ともに朝鮮が主な戦場となったため国内は混乱が続き、清からは独立したが主権回復には至らなかった。

大韓帝国と韓国併合

　そうした中、日清戦争後の日本の勢力拡大を懸念した閔妃(ミンビ)(第26代高宗(コジョン)の妃)の勢力は同じく半島の利権を狙っていたロシアと結び日本を牽制するが、乙未(いつみ)事変で閔妃が暗殺され、身の危険を感じた高宗はロシア公使館に避難する一幕もあった。1897年に宗主国であった清からの独立を宣言して国号を大韓(テハン)帝国と改め、自らが初代皇帝に就任、年号を光武(クァンム)として自主国家であることを国内外に宣布した。

　しかしロシアの内政干渉と西洋列強の利権侵奪が激しくなった。これを見据えていた

日本は日露戦争を準備し始め、1904年2月、日露戦争が勃発した頃に日韓議定書と日韓協約を強制に締結し、外交、財政などの各分野に顧問を置いて大韓帝国の内政に干渉した。日露戦争を勝利した日本は1905年11月乙巳(いっし)保護条約(第二次日韓協約)を締結して外交権を剥奪し、統監府を設置して保護国とした。続いて韓国政府の各府に日本人次官2、3人を配し内政を掌握し、軍隊まで解散し実質的に韓国を支配した(1907年)。1910年韓国併合条約により大韓帝国は機能を停止し、大東亜戦争の終結した1945年までの約35年間は日本の植民地時代となる。

大韓民国の成立

1945年8月日本の敗戦で解放を迎えたが、米国とソ連両国によって北緯38度線が設定され国土は分断された。1948年8月15日南韓では大韓民国の成立が宣言され、9月9日には北朝鮮で朝鮮民主主義人民共和国の成立が宣布された。同族の2つの国家は米ソの対立の中で異なる政治体制でスタートしなければならなかった。

結局1950年6月25日、朝鮮戦争が起こり政治、経済のすべてが混乱に陥った。朝鮮戦争以後、李承晩(イスンマン)政府の長期政権による不正と腐敗で1960年4月、4.19革命に至り李承晩政府が崩壊した。これを契機に民主党の張勉(チャンミョン)内閣が成立したが安定化に果たす以前に5.16軍事クーデターで軍政が敷かれた。

軍政に続き成立した朴正熙(パクチョンヒ)政府は急速な経済成長を成し遂げたが、維新体制の成立で民主憲政体制から離脱し、これに対し国民の抵抗と民主化要求が強く現れるようになった。維新体制から始まった権威主義的統治体制は結局6月民主抗争で崩れかかった。逆境の中で出帆した大韓民国は1960年代から経済開発政策を段階的に推進し、持続的経済成長を成し遂げた。韓国はいまや世界的な経済大国に変貌している。文化面でも民主化と共に文化の多様化が促進され、半導体などの科学技術分野も世界的水準にまで到達した。

韓国の歴史

3 韓国博物館事情

　韓国の博物館の歴史は、2009年に100周年を迎えた。その間に設置された博物館のうち登録博物館はおよそ500館を数える。

　博物館に関わる法律は、1982年に「文化振興法」、1984年には「博物館法」が制定され、この文化政策が国家発展の手立ての一つとして位置づけられた。1991年には博物館法が廃止され、「博物館及び美術館振興法」が制定された。この法が1999年に全面改正、2000年に一部改正され、これが現行法となっている。

　2008年に文化体育観光部は、毎月1回「博物館に行く日」を設け、博物館に行くことを奨励した。学校では校外教育の一貫として博物館学習の機会を設け、レポートなどの課題を与えることが多い。そのため韓国の博物館は子どもたちでいつも賑わっている。

　韓国の近代博物館は、1908年、純宗(スンジョン)が昌慶宮内に李王家博物館「皇室所蔵遺物収蔵庫」を整備し、1909年に「帝室博物館」として一般公開したのが始まりとされている。

　1915年、朝鮮総督府が9月〜10月に景福宮内で行った施政5周年記念物産共進会で、全国から収集された考古資料と古美術品を展示した。同年12月1日その場所に総督府博物館が開設された。次いで慶州、公州、扶余の3地域で独自に運営してきた地方博物館を段階的に総督府博物館の分館体制に改編し、朝鮮総督府による博物館の再編が進められた。日本の敗戦により朝鮮総督府博物館は国立博物館へと改編され、慶州、公州、扶余などの地方博物館は国立博物館の分館となっていった。

　現在は文化観光部長官所属の国立中央博物館のもとに、12の国立博物館(慶州・光州・全州・公州・扶余・大邱・清州・金海・済州・春川・晋州・羅州)が設置され、国内の文化財行政にあたり、韓国博物館協会が設置されている。これとは別に私立博物館協会、私立美術館協会がある。

　韓国では地域に博物館施設が設置されていなかったため、大学が地域文化の拠点となり文化財行政に深く関わっていた。そのため韓国の大学博物館は一定の地位を与えられ、日本の博物館とは異なる実態がある。

　韓国での大学付属博物館は1934年の高麗大学校博物館、1935年に梨花女子大学校博物館に始まった。1955年の大学設置基準令の制定で韓国のすべての総合大学に

博物館(美術館)登録の設置規定が定められ、1961年には「韓国大学博物館協会」が結成され、1967年の「大学設置基準令の義務的設置」の規定によって、総合大学に博物館の設立が義務化され大学付属博物館はその質量においても急速に成長した。当初は図書館の付属施設のような形態を取っていたが、1964年以降は独立した活動するようになった。

1961年に「韓国大学博物館協会」が設立され90会員校ではじまり、2012年現在は100を超える大学が加入し、大学博物館及び大学美術館の保護と権利と利益の促進に取り組んでいる。一方、日本では大学博物館等協議会に、2012年現在で40館が加入しているが、ほとんどが国立大学の付属博物館で、その他の大学付属博物館を支援する組織となっていないのが現状である。

また、韓国の地方大学には専門的特性を活かした大学博物館が多い。国公立博物館の数が少ない韓国博物館の実情から考えると、国公立博物館の役割を大学付属博物館が果たしてきたため、大学付属博物館のうち「韓国大学博物館協会」に加入している会員校は、さらに増えると予想されている。

大学付属博物館は、国立博物館が設置される以前より文化遺産の調査と発掘に積極的に参加し、韓国の文化遺産の保護にも大きく貢献してきた。地域住民のための教育講座を開設して社会教育機関としてその役割をも担い、各地域の調査、資料の保存、研究報告書刊行など、地域文化の中枢機関としての役割を果たしてきた。また、研究者や専門職員の育成にも尽力してきた。1982年に大学付属博物館の法的設置の義務がなくなり、さらに各地域に発掘調査機関や財団の設立も進み、大学付属博物館による発掘調査は徐々に少なくなっている。

しかし、「博物館及び美術館振興法」第14条では大学付属博物館を大学の重要な「教育支援施設」として位置付け、大学による新しい生涯学習拠点としての活動も盛んとなり、大学での専門研究をわかりやすく紹介する取り組みが増えている。このように地域博物館と共通する機能を有するが、国公立博物館や美術館との協力体制や交流と促進を求めるもので、同法第14条は実情を反映した規定となっている。

4 主な大学博物館

ソウル

ソウル大学校博物館
서울대학교 박물관

ソウル特別市冠岳区冠岳路1
서울특별시 관악구 관악로 1

地下鉄2号線ソウル大入口(228)駅から南へ3km、車で7分、徒歩45分。ソウル大シャトルバス乗車、校内の目的地に近い場所に下車できる。

　946年の大学設立と共にソウル大学校付属博物館として開館。1941年創立の京城帝国大学時代の建物と遺物を継承している。1975年の移転に伴い名称をソウル大学校博物館に変更し、1993年に現在の建物に移転した。1階は考古、歴史と現代美術及び企画物、2階は人類・民俗と伝統美術を展示している。

　所蔵品は京城帝国大学時期から韓半島及び満州一帯で収集された多くの埋蔵文化財遺物と寄贈品がある。先史時代遺物には全谷里遺跡出土の前期旧石器、鷲山里遺跡出土の櫛目文土器がある。三国時代から統一新羅・高麗時代の遺物は瓦当、各種瓦類と土器、金属器がある。国内では唯一の渤海都城出土の各種遺物を所蔵している。

　所蔵遺物は歴史遺物4,400点余、民俗遺物2,500点余、その他発掘品などが数万点ありこの中から一部を定期的に展示している。大学博物館の中で所蔵品の質、量において最高を誇り、渤海の遺物、書画類、民俗遺物の中には国立博物館にもない優れたものがある。

+82-2-880-8091～8094
FAX：+82-2-874-3999

東国大学校博物館
동국대학교 박물관

ソウル特別市中区筆洞路1キル30
서울특별시 중구 필동로 1 길 30

地下鉄3号線東大入口(332)駅下車6番出口徒歩2分。坂を上ったすぐ目の前にある。

　南山東北嶺、奨中公園西側の丘陵上にある。1963年に開館した仏教総合博物館で、主として仏教関連の遺跡、遺物を調査研究している。国宝2点を含む韓国仏教文化関係の資料を多数収蔵している。5つのカテゴリーで1,500点以上の作品があり、彫刻、絵画、応用美術、建築、書道作品だけでなく考古学的な出土品もある。建物としては正覚院(ソウル市地方有形文化財)があり東国大学の真髄法堂となっている。

+82-2-2260-3722
FAX：+82-2-2260-8783

徳成女子大学校博物館

トクソン ヨ ザ デ ハクキョバンムルグァン

덕성여자대학교 박물관

ソウル特別市道峰区三陽路144キル33
徳成女子大学校図書館4階
서울 특별시 도봉구 삼양로 144 길 33
덕성여자대학교 도서관 4 층

地下鉄線4号線の水踰(414)駅からバス6、6-1、19番10分、徒歩46分。

　1971年に開館した考古学資料と芸術作品と民俗資料を保存する包括的な博物館であったが、特に女性関連資料に焦点を当てた収集をしている。2005年初めから民俗芸術作品の大規模なコレクションを活かすために、朝鮮時代の生活を展示する博物館に切り替えた。

　展示は芸術と民間伝承室にわかれている。芸術室では執筆、描画、磁器と金属工芸品などを展示し、民間伝承室は家庭用品(朝鮮時代の木製家具)、衣料品(衣類、アクセサリー等)、料理の項目、社会生活のアイテム(切手、マスク、籠やハーネス等)を展示している。朝鮮時代の女性の礼服、ノリゲなどを通して朝鮮時代の女性のライフスタイルや女性史を見ることができる。京都に所在する高麗美術館と共催特別展などの交流が行われている。
+82-2-901-8132
FAX：+82-2-901-8133

梨花女子大学校歴史博物館

イ ファ ヨ ジャ デ ハクキョヨク サ バンムルグァン

이화여자대학교 역사 박물관

ソウル特別市西大門区梨花女大キル52
梨花女子大学校内
서울특별시 서대문구 이화여대길 52
이화여자대학교내

地下鉄2号線梨大(241)駅2番出口を出て、進行方向約230m直進、梨花女子大学の正門に到着、徒歩10分。

　1935年に開館したが朝鮮戦争で所蔵品の多くを失った。朝鮮戦争中には金活蘭総長が民族文化財の歴史と伝統を紹介する臨時展示室を設けて展示を続けた。

　その後金総長の収集品や寄付により1960年に新しい博物館建物が開かれ、1990年に創立100周年を記念して体育館東側に建設された記念館の中に造られた。正門を入り右へ進むと朝鮮時代初期の石造の虎を左右に置いた博物館がある。

　国宝1点、重要有形文化財8点、重要民俗資料3点を保有し、陶磁器、木工、書画、金属、服飾など2万点余の所蔵品がある。展示室には500点余を選定して公開している。主要収蔵品としては紺紙に銀で書かれた法華経。18世紀朝鮮の最高品とされる白磁鉄画葡萄文壺(宝物第107号)は文人画を連想させる大胆な構図は見る者を引きつける。陶磁器、服飾に特化した展示室などは見応えがある。

年に数回の特別展を実施している。また、陶磁研究専門機関として窯跡調査研究を継続し、韓国各地の窯跡調査を実施し図録・調査報告書の発刊を行っている。1999年、2000年、2003年の3回最優秀大学博物館に選ばれた。正門を入って右側に広へ約200m上っていったところには自然史博物館がある。
+82-2-3277-3152、4696
FAX：+82-2-3277-3153
《自然史博物館》
+82-2-3277-3426
FAX：+82-2-3277-2566

漢陽大学校博物館
ハニャン デ ハクキョパンムルグァン

한양대학교 박물관

ソウル特別市城東区往十里路222
서울특별시 성동구 왕십리로 222

地下鉄4号線 漢陽大入口（419）駅2番出口東側。駅から車イスでそのまま大学校内へ入ることができる。

　1980年に開館し歴史、文化、芸術、民俗学を含めた全分野の資料を収集、展示している。また、発掘調査の研究者養成機関としての役割を果たしている。2003年には新装開館し古代史展示室、アート・工芸展示室、特別展示室で構成されている。古代史展示室は旧石器から朝鮮時代までの遺跡や遺物を展示している。旧石器時代室では漣川郡全谷里遺跡と金坡里出土旧石器が展示されている。新石器時代室では忠清南道安眠島の古南貝塚出土遺物、河南市渼沙里遺跡の櫛目文土器。青銅器時代室は安眠島古南里貝塚遺物、明市の古泰洞、富川市の駕鶴洞のドルメン文化を展示している。初期鉄器時代の古代三国時代室は坡州市舟月里と河南市渼沙里遺跡、抱川郡永松里遺跡出土物を展示している。三国時代の展示では屋根瓦、陶器などがある。主要な遺物としては、全谷里遺跡出土の3,000点以上の旧石器をあげることができる。
+82-2-2290-1392～4
FAX：+82-2-2290-1836

国民大学校博物館
クンミン デ ハクキョパンムルグァン

국민대학교 박물관

ソウル特別市城北区貞陵路77
서울특별시 성북구 정릉로 77

KTXソウル駅から北東11㎞、徒歩20分。

　展示は先史時代、古代、高麗、朝鮮、石彫刻、宗教芸術、特別展示室からなり、考古学、芸術、工芸、民俗学、歴史分野の教材を提供する総合的な教育博物館である。資料のデーターベースを構築予定である。大韓帝国の初代内閣総理大臣だった韓圭卨（한규설）の邸宅であった茗園民俗館が校内に移転保存されている。
ハンギュソル
+82-2-910-4212
FAX：+82-2-910-4215

高麗大学校博物館
고려대학교 박물관

ソウル特別市城北区安岩路145
서울특별시 성북구 안암로 145

地下鉄6号線安岩(639)駅と高麗大(640)駅の間。安岩駅から5分、高麗大駅1番出口から3分。

　1934年に設立された韓国大学で最初に設置された大学校博物館で、百周年記念三星館ビルの中にある。考古・歴史・民俗・書画・磁器・伝統産業用具・現代美術に及ぶ10万点の収蔵資料を有し、質量ともに韓国の大学博物館を代表する。高麗から朝鮮時代の書画、民具も多数収蔵されている。朝鮮時代の時代の代表的な地図である宮殿地図(国宝第249号)、粉青沙器瓶など貴重なものがある。考古遺物も貴重なものが多く江南区三洞出土の孔列無文土器、鎮海熊川出土の骨角器などがある。

+82-2-3290-1510〜4
FAX: +82-2-953-1528

慶煕大学校中央博物館
경희대학교 중앙 박물관

ソウル特別市東大門区慶煕大路26
서울특별시 동대문구 경희대로 26

地下鉄1号線の回基(124)駅1番出口から北へ徒歩15分。回基駅から慶煕大学正門前までマウルバス01番が約5分間隔で運行、5分。

　慶煕大学校中央図書館建物4階にある。博物館の壁には慶煕の歴史を描いている。

　1955年に開館した。先史室には旧石器時代から初期鉄器時代に至る各種遺物、特に新石器時代の岩寺洞遺跡出土遺物がある。三国室では三国時代の土器、金冠室は金・銀製品と複製品の一部、高麗時代室は銅製遺物。陶磁器室は高麗青磁から朝鮮後期白磁までの陶磁器。新羅室では仁王棟古墳出土の装身具と土器。瓦当室では高句麗瓦当を含む百済、新羅、統一新羅の瓦当を比較展示している。甕棺室では霊岩内東里の出土甕棺と共伴遺物が展示されている。民俗室には巫俗関連道具と武臣達を展示している。シベリア館、IAUP(世界大学総長協会)記念館がある。当大学には慶煕大学校自然史博物と他に慶煕大学校ヘジョン博物館(京畿道龍仁市所在)がある。大学はソウルの東北に位置し、近くには韓国外国語大、高麗大学、世宗大王記念博物館がある。

《中央博物館》
+82-2-961-0141
FAX: +82-2-961-9222
《自然史博物館》
+82-2-961-0143
FAX: +82-2-961-9221
《ヘジョン博物館》
+82-31-201-2014
FAX: +82-31-201-2015

祥明大学校博物館

상명대학교 박물관

ソウル特別市鍾路区洗剣亭路433
서울특별시 종로구 세검정로 433

地下鉄3号景福宮(327)駅の出口3番下車、7018、1020、0212バス利用10分。

　1965年に開館し、祥明女子大学教育学部の付属民俗展示館となり1995年に再開館した。2002年に一般ホールの4階に展示室を移動し、歴史、考古学、民俗学、芸術の分野で約5,000点の所蔵品がある。

　第1展示室は金属遺物や儀式用の高さ50cmの青銅製九層塔がある。第2展示室には寄贈された西洋磁器と高麗時代の磁器、陶器があり中国陶磁器が充実している。

+82-2-781-7920、7922～7924
FAX：+82-2-781-7929

西江大学校博物館

서강대학교 박물관

ソウル特別市麻浦区白凡路32
서울 특별시 마포구 백범로 32

地下鉄2号線新村(240)駅6番出口徒歩5分。地下鉄大興(625)駅3番出口から正門まで10分、南門・後門まで5分。

　イエズス会によるミッション系大学で、1967年に教育学部に装着民俗展示館として始まった。1995年に再オープンし、寄贈品を中心として金属芸術作品、西洋磁器、高麗時代の磁器、中国磁器などを

所蔵している。
+82-2-705-8215
FAX：+82-2-705-8215

淑明女子大学校鄭英陽刺繍博物館

숙명여자대학교 정영양자수박물관

ソウル特別市龍山区孝昌園キル52
서울특별시 용산구 효창원길 52

地下鉄4号線淑大入口(427)駅1番出口から徒歩12分。淑明女子大学正門から徒歩10分。

　淑明女子大学構内に2004年に開館した織物・刺繍専門博物館である。刺繍芸術家・研究者として活躍してきた、鄭英陽館長が収集した約800点の東洋の刺繍作品を所蔵している。常設展示品は約60点以上で中国を中心に韓国や日本など東洋の刺繍作品が展示されている。

+82-2-710-9134
FAX：+82-2-710-9267

成均館大学校博物館

성균관대학교 박물관

ソウル特別市鍾路区成均館路25-2
서울 종로구 성균관로 25-2

地下鉄4号線恵化(420)駅4番出口より徒歩10分。成均館大学のシャトルバス乗車、600周年記念ビル下車。600周年記念館の地下にある。

　1964年設立以来、朝鮮時代の文化財を収集・展示している。刀子、書画、文房

四宝、楽器等多様な文化芸術品と生活用品、高麗時代以前の石器・青銅器・鉄器・土器等の遺物と韓国を代表する青磁器を器形別、模様別に集めて展示している。儒教文化室には、朝鮮時代の学者の日常生活を文房具、装身具類等を通して、学者の一生を時間的流れで再現している。また、1969年以来継続的に全国の碑文の拓本を集め670点の拓本があり韓国金石文の研究に貴重な資料となっている。
+82-2-760-1216
FAX: +82-2-760-1218

誠信女子大学校博物館
성신여자대학교 박물관
ソウル特別市城北区普門路34 ダギル2
서울특별시 성북구 보문로 34 다길 2

地下鉄4号線誠信女子大学（418）駅から徒歩10分。

　1996年に生命科学博物館として開館。1981年に総合大学博物館となる。3つの展示室よりなり第1室は地図や天文、第2室は書道や絵画、第3室は考古学成果物を展示している。主な所蔵品としては1861（哲宗12）年の木版画韓国古地図(宝物第850号)がある。
+82-2-920-7325
FAX: +82-2-920-2110

カトリック大学校博物館
가톨릭대학교 박물관
ソウル特別市鍾路区東小門路16-1
서울특별시 종로구 동소문로 16-1

地下鉄4号線漢城大入り口（419）駅4番出口下車西へ315m、徒歩5分。

　1989年5月韓国の民俗文化と韓国カトリック教会の遺物のコレクションがある。民間伝承遺品から土器、陶磁器、瓦や青銅器、朝鮮王朝の帳簿書類も所蔵している。カトリック大学典礼博物館は、韓国カトリック教会の儀式の遺品・衣類品を収集分類して保管している。
+82-2-740-9707
FAX: +82-2-741-2801

ソウル市立大学校博物館
서울시립대학교 박물관
ソウル特別市東大門区ソウル市立大路163
서울특별시 동대문구 서울시립대로 163

地下鉄1号線清涼里（124）駅4号出口、北東へ1.6km、車で7分。

　本校の前身である京城公立農業学校時代(1937年に竣工)の校内で最も古い建物を使用した博物館である。韓国内外の歴史、考古、美術史、民俗関係資料1,300点余りを所蔵。特にソウルの歴史と関係文化財を調査・収集し、100年前のソウルの模型などがある。
+82-2-2210-2232
FAX: +82-2-2210-2785

延世大学校博物館

연세대학교 박물관

ソウル特別市 西大門区延世路50
서울특별시 서대문구 연세로 50

地下鉄2号線新村(240)駅3番出口徒歩約10分。

　1885年に開校した大韓民国で一番長い歴史を持つプロテスタント系大学である。1924年の朝鮮戦争中に所蔵品を失い、1981年に扶余水石里で発見されたた旧石器遺物を核に再開した。現在は1988年に完成した100周年記念館の中に総合博物館として置かれている。民族室、美術室、先史時代室などの常設展示場を持ち高麗・朝鮮陶器・中国室、動物・植物室、地質室、屋外展示場よりなる。さらに特別展示室、マルチメディア室、芸術科学研究室があり、韓国最大級の大学博物館となっている。
+82-2-2123-3340
FAX：+82-2-2123-8667

建国大学校博物館

건국대학교 박물관

ソウル特別市広津区阿遮山路263
서울특별시 광진구 아차산로 263

+82-2-450-3881～2

ソウル教育大学校 教育博物館

서울교육대학교 교육박물관

ソウル特別市瑞草区瑞草洞1650
서울특별시 서초구 서초동 1650

+82-2-3475-2380

同徳女子大学校博物館

동덕여자대학교 박물관

ソウル特別市城北区回廊路13キル60
서울특별시 성북구 회랑로 13 길 60

+82-2-940-4231
FAX：+82-2-940-4669

世宗大学校博物館

세종대학교 박물관

ソウル特別市広津区君子洞98
서울특별시 광진구 군자동 98

+82-2-3408-3876
FAX：+82-2-3408-3075

三育大学校博物館
サムユック デ ハクキョパンムルグァン

삼육대학교 박물관

ソウル特別市蘆原区花郎路815
서울특별시 노원구 화랑로 815

+82-2-3399-3067
FAX：+82-2-3399-3097

淑明女子大学校博物館
スンミョンニョジャ デ ハクキョパンムルグァン

숙명여자대학교 박물관

ソウル特別市龍山区孝昌園キル52
서울특별시 용산구 효창원길 52

+82-2-2077-7211
FAX：+82-2-710-9267
※ 鄭英陽刺繡博物館（チョンヨンヤンチャス パンムルグァン）と別にある。

崇実大学校 韓国基督教博物館
スンシル デ ハクキョ パンムルグァン

숭실대학교 한국기독교 박물관

ソウル特別市銅雀区上道路369
서울특별시 동작구 상도로 369

+82-2-2077-7211
FAX：+82-2-710-9267

弘益大学校博物館
ホンイク デ ハクキョパンムルグァン

홍익대학교 박물관

ソウル特別市麻浦区臥牛山路94
서울특별시 마포구 와우산로 94

+82-2-320-1323
FAX：+82-2-320-1326

京畿道

檀国大学校石宙善記念博物館
タングク デ ハクキョソクチュソン キ ニョンパンムルグァン

단국대학교 석주선기념 박물관

京畿道龍仁市水枝区竹田路152
경기도 용인시 수지구 죽전로 152

地下鉄2号線江南（222）駅、3号線新沙（337）駅から広域バス1005-1・1005-2番で竹田キャンパス下車。または地下鉄盆唐線悟里（オリ）（k232）駅から無料シャトルバス利用。

　2007年にソウル特別市龍山区から京畿道龍仁市竹田キャンパスに移転した。仏教系大学ではないが仏教関係の資料とともに地表調査と発掘調査の遺物を多数蒐集している。石宙善女子が蒐集した高麗・朝鮮王朝時代の婦人装身具などが一括寄贈され、民俗服飾に関する展示品が9,000点ある。徳温公主唐衣（重要民俗資料第001号）、沈東臣金冠朝服（重要民俗資料第002号）などの優品がある。

+82-31-8005-2388～90
FAX：+82-31-8021-7157

京畿大学校博物館

경기대학교 박물관

京畿道水原市霊通区光教山路 154-42
경기도 수원시 영통구 광교산로 154-42

地下鉄1号線水原(p155)駅下車車で70分。

　1996年に開館、全羅道地方、慶尚道地域、および済州などの農業関連遺物と民俗遺物・絵画の大きなコレクションを持っている。2005年に新しい博物館が完成した。

+82-31-249-8901
FAX：+82-31-249-8902

明知大学校博物館

명지대학교 박물관

京畿道龍仁市処仁区南洞山 38-2
경기도 용인시 처인구 남동산 38-2

龍仁軽電鉄明知大駅から南へ2.3km、車で6分、徒歩34分。

　1979年に開館し約4,600点の資料を所蔵している。4展示室があり櫛目文土器や白磁器と高麗青磁の優品がある。また、初雕大蔵経の木版本が1巻所蔵されている。

+82-31-330-6744
FAX：+82-31-330-6674

亜州大学校博物館

아주대학교 박물관

京畿道水原市霊通区ワールドカップ路 206
경기도 수원시 영통구 월드컵로 206

+82-31-219-2907 〜 8
FAX：+82-31-219-2906

韓国外国語大学校 世界民俗博物館

한국외국어대학교 세계민속 박물관

京畿道龍仁市処仁区慕賢面王山里山 89
경기도 용인시 처인구 모현면 왕산리산 89

+82-31-2173-3981
FAX：+82-31-330-4588

龍仁大学校博物館

용인대학교 박물관

京畿道龍仁市処仁区龍仁大学路 134
경기도 용인시 처인구 용인대학로 134

+82-31-8020-3001 〜 2
FAX：+82-31-8020-3003

韓信大学校博物館

한신대학교 박물관

京畿道烏山市陽山洞 411
경기도 오산시 양산동 411

+82-31-379-0195
FAX：+82-31-372-1882

協成大学校聖書考古学博物館

협성대학교 성서고고학 박물관

京畿道華城市峰潭邑上里 14
경기도 화성시 봉담읍 상리 14

+82-31-299-0669
FAX：+82-31-227-5458

忠清南道

大田保健大学博物館
대전보건대학 박물관

大田広域市東区佳陽2洞77-3
대전광역시 동구 가양2동 77-3

KTX大田駅から東北へ4km、車で19分。徒歩60分。

1998年に開館した。歴史、芸術、絵画、民俗学、自然史の他に大学の特色を活かして健康科学機器の収集展示を行っている。
+82-42-670-9123
FAX：+82-42-670-9124

大田大学校博物館
대전대학교 박물관

大田広域市東区龍雲洞96-3
大田大学校ジサン図書館
대전광역시 동구 용운동 96-3
대전대학교 지산도서관

大田駅から市内バス828と829乗車、15分。車では大田駅から10分、高速バスターミナルから10分。

陶器室、磁器室、古代文書室、学校歴史室、絵画や文書室の5展示室からなり陶器、磁器、古絵画・文書、金属、民俗学、印刷物、自然史遺物など5,840点余の所蔵品がある。

梅泉黃玹と共に朝鮮王朝最後のトップクラスの学者だった艮齋田愚の作品を所有している。他に5世紀の有蓋壺、青磁象嵌菊花文瓶、白磁青画雲龍文壺などの優品もある。
+82-42-280-2691

公州大学校博物館
공주대학교 박물관

忠清南道公州市新官洞182
충청남도 공주시 신관동 182

公州バスターミナルから徒歩10分。

公州大学校は百済の都(475～538年)であった地域に位置しているため、主として百済の調査・研究を行っている。所蔵品の多くは百済に関わるもので、展示室は調査出土品を時系列に展示している。主要な展示品は龍院里出土中国陶磁器の黒釉鶏首壺、六谷里出土金銅龍鳳文環頭大刀、六谷里7号墓石室から出土した。銀製花形冠飾草廬先生遺品(有形文化財第104号)がある。
+82-41-850-8733
FAX：+82-41-854-2744

全羅北道

全北大学校博物館
チョンブク デ ハクキョパンムルグァン

전북대학교 박물관

全羅北道全州市徳津区百済大路567
전라북도 전주시 덕진구 백제대로 567

全州駅から3.6km、車で8分。湖南高速道路8.2km、全州IC(右折)ワールドカップ競技場(左折)から湖南第1ゲートをへて全北銀行本店を左折すると全北大学校正門に着く。

　旧正門から左へ行くと博物館がある。1961年に開館し全州の地域研究センターとしての役割を担っている。2011年に新築の博物館を開館した。考古資料や古文書、民族遺物を3,500点所蔵し、特に韓国大学の中で最大の、2万点以上の古文書を保有し、2004年から国の研究費を受け、湖南地域の古文書を集大成した「湖南記録文化システム」を構築している。

　常設展示の3階の古代文化室では先史時代〜高麗時代の歴史を大学の調査資料で展示している。生活文化室では朝鮮時代の生活と全州城・全羅監営の様子を映像と遺物で再現している。芸術文化室には書画、陶磁器。記録文化室は本館の特色である多量の古文書を展示している。2階は寄贈品が展示されている。1階は企画展示室でインターネットも利用できる。主要な所蔵品は、1812(純祖12)年の如来佛跡図(地域有形文化財第7号)、朝鮮時代(1840年)ころの全州府地図(地域有形文化財第80号)、百済時代の銀製冠飾、青磁陰刻蓮花紋瓜形酒子、1622(光海君14)年の継承文書(分給文記)などがある。
+81-63-270-2552
FAX：+81-63-270-3487

群山大学校博物館
クンソン デ ハクキョパンムルグァン

군산대학교 박물관

全羅北道群山市大学路558番
전라북도 군산시 대학로 558 번

群山駅から南西へ車で26分。群山市外バスターミナルから16分。

　1984年に開館して以来、古群山群島をはじめ、西海の図書、百済文化圏と全羅北道東部地域の伽耶文化圏の学術研究に力点を置いて研究を進めている。2007年10月の開校60周年を記念して郡山大学校歴史博物館として再開館した。展示は先史、三国室、高麗室、朝鮮室、現在室と野外展示場があり、4,000点余の所蔵品がある。
+82-63-469-4190〜1
FAX：+82-63-469-4194

全羅南道

順天大学校博物館
スンチョン デ ハクキョパンムルグァン

순천대학교 박물관
全羅南道順天市中央路413
전라남도순천시중앙로 413

車で西順天料金所を出て、約10km、7分。

　1987年に開館し全羅南道の中央博物館として全羅南道東北地域の古代史に照明をあてる役割を果たしている。全羅南道東北地域の唯一の総合博物館である。継続的な文化財の収集や寄付など1万点に達する文化財を所蔵している。2008年に新築して2010年に体験学習場などもある。考古歴史室では旧石器時代から朝鮮時代までの遺跡、特に全羅南道地域の4～6世紀にかけての伽耶文化の古墳、遺物の資料がある。順天云坪里古墳群の32つの遺構からの遺物や順天剣丹山城特別展示室がみものである。

　また、康耘崔昇孝前光州文化放送社長の寄贈室があり、朝鮮時代の著名な学者の書簡や遺墨、古文書、独立運動家の筆跡など多様な寄贈文化財から選別された作品が展示されている。

+82-61-750-5041
FAX: +82-61-753-1329

木浦大学校博物館
モッポ デ ハクキョパンムルグァン

목포대학교 박물관
全羅南道務安郡青渓面栄山路1666
전라남도 무안군 청계면 영산로 1666

　郷土史資料室を元に1982年に開館した。全羅南道の西南海岸地域と隣近島嶼地域の古代遺跡を調査研究して展示をしている。現在の建物は2000年に建て替えられ、常設展示室、企画展示室、特別展示室、および研究室などからなっている。常設展示室は、「栄山江流域における古代人の生活と死」というテーマで、新石器時代から三国時代までの百済文化を知ることができる。企画展示室には栄山江流域出土の甕棺が展示されている。系統的に陳列されている巨大な甕棺の数々は圧巻である。この流域では紀元前1世紀頃に甕棺墓が始まり、3世紀後半には甕棺埋葬の古墳が出現し、6世紀初めまで方墳に大型の甕棺を埋葬する。その頃、百済や加耶の地域では竪穴石室、横穴石室が普及していたが、栄山江流域は百済とは異なり甕棺埋葬方式を採用し、倭の五王の時代、南宋に使者を派遣した慕韓国の可能性が指摘されている。

+82-1-450-2934

全南大学校博物館

전남대학교 박물관

光州広域市北区龍鳳路77
광주광역시 북구 용봉로 77

　1957年に開館した。7つの常設展示と1つの企画展示など展示規模は600余点である。
　1階は発掘調査の模型展示と恐竜模型展示がある。陶磁室では11世紀から14世紀にわたる高麗青磁の象嵌青磁など代表的な作品が味わえる。仏教美術室では、雲住寺、龍泉寺、公林寺跡などからの出土遺物を中心にして全羅南道の仏教美術の流れが窺える。
+062-530-3585
FAX：+062-530-3589

朝鮮大学校博物館

조선대학교 박물관

光州広域市東区畢門大路365
광주광역시 동구 필문 대로 365

　光州駅からバス9番、21番乗車、朝鮮大学校リアゲートバス停で下車。光州バスターミナル88、77、1000番に乗車、朝鮮大学校ゲートバス停下車。

　1992年に開館した。湖南地域の伝統文化の資料収集と歴史研究を担っている。本館が調査した遺跡と各地の代表遺物、寄贈遺物などを旧石器時代から朝鮮時代に至るまで時代別に整理し、湖南地域に生きた人々の生活ぶりを展示している。
　旧石器遺跡では鎮安陣陰遺跡や、順天竹内里遺跡(全羅南道記念物172号)、順天月坪旧石器遺跡(史跡458号)、長興神北遺跡(全羅南道記念物238号)などの重要な旧石器遺跡を調査しているため、所蔵品には旧石器が多く、特に順天里遺跡出土のブレード(石刃)とコア(石核)は北東アジアの旧石器時代研究の標識となっている。
+82-62-230-6333
FAX：+82-62-232-4006

済州道

済州大学校博物館
チェジュ デ ハクキョパンムルグァン

제주대학교 박물관

済州特別自治道済州市済州大学路102
제주특별자치도 제주시 제주대학로 102

済州市外バスターミナルから南へ8.3km、車で16分。済州国際空港からは12.7km、車で25分。

　1967年に民俗博物館として開館した。常設展示室は済州の海、地、人、古文書を主題として以下の4つの展示室に500余点の遺物を展示している。

　「済州の海室」には済州人の交流を出土遺物で説明した漁労、海女にかかわる済州歴史年表がある。「済州の土室」では済州の住生活、農耕、牧畜、狩猟生活の遺物を展示している。「済州の人室」は済州人の信仰と文芸活動、各種武具と民話、済州を輝かせた碩学を展示している。「済州の古文書室」には済州人の歴史と文化、郷村社会を見せる古文書を展示している。主要な造品は、小作地情（ナムバンア／市道指定文化財第5号）、喪興（市道指定文化財第6号）、巫神図（市道指定文化財第7号）がある。3階の野外テラスにはひき臼、済州陶器を展示している。

+82-64- 754-2242～3
FAX：+82-064-702-0645

5 年表

時代	西暦	事象	主要遺跡	摘要(中国・日本の事項を含む)
先史時代	約70〜10万年前	旧石器時代	全谷里遺跡 垂楊介遺跡 屈浦里遺跡	岩宿遺跡
	B.C.8000年頃	新石器時代	西浦項遺跡	縄文時代
	B.C.3500年頃	隆起文土器　押捺文土器 櫛目文土器が広がる	高山里遺跡 智塔里遺跡 弓山里遺跡 岩寺洞遺跡 東三洞遺跡 鰲山里遺跡	轟B遺跡・曽畑式・船元Ⅱ式などの縄文系土器が東三洞遺跡などから出土。
	B.C.2500年頃	青銅器文化が始まる 無文土器	松菊里遺跡	初期農耕
	B.C.2300年頃	檀君朝鮮建国(伝説上)		『三国遺事』による
	B.C.1000年頃		新岩里遺跡 富近里支石墓	銅釦出土
	B.C.10〜8世紀頃	水稲栽培が始まる	琴川里遺跡 麻田遺跡	遼寧省南山根101号墓出土 遼寧式銅剣　細型銅剣
部族連合社会	B.C.8世紀頃	古朝鮮(箕子朝鮮)の実在が有力視される		
	B.C.400年頃	鉄器文化が普及する	南城里遺跡 槐亭洞遺跡 蓮花里遺跡 高敞支石墓	
	B.C.195年頃	衛満、箕子朝鮮を滅ぼし衛氏朝鮮王朝を建てる		
	B.C.108	前漢の武帝の朝鮮征伐により衛氏朝鮮が滅亡、前漢は楽浪郡以下四郡を設置		
	B.C.57	朴赫居世、新羅建国(伝説上)		『三国史記』による
	B.C.37	朱蒙、高句麗建国(伝説上)		『三国史記』による
	B.C.18	朱蒙の子温祚、百済建国(伝説上)		『三国史記』による
	A.D.57			光武帝から金印を送られる
	A.D.53	高句麗、太祖王即位(伝説上)		『三国史記』による
	150頃	南韓で馬韓・弁韓・辰韓(三韓)の勢力が大きくなる		
	184頃			倭国大乱　古墳の出現
	205	後漢が帯方郡を設置		
	209	高句麗、国内城を都に定める		
三国時代				卑弥呼魏に遣使 巨大古墳が盛んになる

時代	西暦	事象	主要遺跡	摘要(中国・日本の事項を含む)
三国時代	313	高句麗、楽浪郡・帯方郡を滅ぼす	石村洞古墳群 芳荑洞古墳群	
	346	百済、近肖古王即位	風納洞土城 夢村土城	
	356	新羅、奈勿王即位		
				倭国、百済へ初の使者を送る（『日本書紀』）
	371	百済、高句麗の平壌城を攻め、故国原王が戦死する 百済、漢山城に都を移す		
	372	百済、中国東晋王朝に使者を送る		百済より七枝刀を送られる（『日本書紀』）
	372頃	高句麗に仏教が公伝		
	384	百済に仏教伝来（東晋の僧摩難陀来朝）	伝灯寺(381)	
	391	高句麗、広開土王(好太王)即位する		
	400	高句麗、朝鮮南部に出兵して倭を討つ		
	414	高句麗、広開土王碑を建立		
	427	高句麗、平壌城へ遷都	甲寺(420、556年説も)	
	433	新羅・百済の同盟成立		
	475	高句麗南進、百済の漢山城を攻略、百済熊津へ遷都		
	503	新羅、国号と王号を定める	熊津城(500頃) 聖興山城(501)	
	520	新羅、国号と王号を定める律令を頒布、百官の公服の制を定める	武寧王陵(523)	
	525	百済、武寧王陵を造営する		
	527	新羅、仏教を公認	仙巌寺(529)	
	532	新羅、南伽耶の金官国を併合		
	538	百済、王都を泗沘城（扶余）に移す 百済聖明王、倭に仏像・経論を送る		『元興寺縁起』の仏教公伝
	545	新羅、『国史』編纂		
	552	百済の達率怒利斯致契が仏教を日本に伝える	燕谷寺(544)	『日本書紀』の仏教公伝
	562	新羅、大伽耶(高霊伽耶)を滅ぼす	軍守里寺跡(この頃)	
	586	高句麗、長安城に遷都	聖住寺跡(この頃) 金堤金山寺(599)	

時代	西暦	事象	主要遺跡	摘要(中国・日本の事項を含む)
三国時代	612	隋の煬帝、高句麗を攻撃(薩水の戦い)	瑞山磨崖如来三尊像(この頃)	
	624	高句麗へ唐より道教伝来		
	642	高句麗、淵蓋蘇文が権力掌握	白羊寺(632) 扶安来蘇寺(633) 王興寺(634) 益山弥勒寺(639)	
	644	唐、高句麗攻撃を宣布(〜648)	麻谷寺(640)	
	645	高句麗、安市城の戦いで唐に勝利		
	654	新羅、武烈王即位		
	660	新羅、唐と連合して百済を滅ぼす	定林寺五層石塔	
	663	新羅・唐の連合軍、白村江で百済遺民・日本軍を撃退		白村江の戦い
	668	新羅・唐の連合軍、高句麗を滅ぼす		
統一新羅時代	676	新羅、三国統一	南漢山城(672)	高句麗の北半分は唐の領土となる
	685	新羅、九州五京の郡県制を確立		
	698	高句麗の遺民大祚栄、震国(後の渤海)を建国	南原邑城(691)	
	713	震国、国号を渤海と改める		
	722	新羅、農民に丁田支給、官吏に官僚田支給し納税を課す	東鶴寺(724)	
	727			渤海使来朝(〜922)
	751	慶尚北道(慶州)仏国寺、石窟庵建立	高達寺跡(764)	
	802	慶尚南道に海印寺創建	無量寺(この頃)	
	828	新羅の張保皐、清海鎮設置、南海と黄海の交易を支配	実相寺(828)	
	892	甄萱、後百済を建国		これ以降高麗の半島統一まで後三国時代ともいう
	896	王建、弓裔の武将となる		
	901	弓裔、後高句麗を建国		
	918	王建、弓裔を退けて高麗を建国		
	926	契丹、渤海を滅ぼす		
	935	新羅の敬順王が高麗に降り、新羅滅亡		
高麗時代	936	高麗、後百済を滅ぼし半島を再統一	開泰寺(936)	
	956	奴婢按検法を実施		
	958	光宗、科挙制を実施	灌燭寺(968)	
	992	中央に国子監、地方に郷学を設置し儒学を強化		
	993	契丹、高麗に侵攻		
	1019	姜邯賛が契丹を破る(亀州の戦い)		刀伊(女真族)の入寇

時代	西暦	事象	主要遺跡	摘要(中国・日本の事項を含む)
高麗時代	1076	田柴科改定、官制改革、文武官僚の地位に従って柴地を支給	定林寺五層石塔	
	1087	『高麗大蔵経』完成		
	1097	鋳銭都監設置		
	1126	李資謙の乱起こる		
	1135	妙清の乱起こる		
	1145	金富軾『三国史記』を編纂		
	1147	同姓婚・近親婚を禁止		
	1170	鄭仲夫ら武臣が政権を奪取		
	1182	全州民乱勃発	普願寺(この頃)	
	1196	崔忠献、武臣政権を奪取(〜1258)		
	1198	万積の乱、公私奴隷解放を掲げて蜂起するも鎮圧される		
	1219	蒙古(モンゴル)と通交開始		
	1231	蒙古の使者殺害を機に蒙古が高麗に侵攻		
	1232	崔氏政権、江華島に王城を移す		
	1234	『詳定古今礼文』の印本(金属活字印刷)が刊行(現存せず)		
	1236	『高麗大蔵経』の刊本(木版印刷)制作が始まる(〜1251)		
	1258	崔氏政権が崩壊		
	1259	高麗王朝、蒙古に降伏し属国となる		
	1270	武臣政権が終わり、開城に再遷都。三別抄の戦いが開始		この頃、僧一然撰『三国遺事』が成立(1270〜'85)
	1274	蒙古軍と高麗軍が大挙して日本へ侵攻		文永の役
	1281	蒙古軍と高麗軍が再び日本へ侵攻		弘安の役
	1356	恭愍王、反元(蒙古)運動を開始		
	1363	文益漸、元から木綿を伝え、衣料革命を起こす		
	1364	高麗、倭寇対策で倭人万戸府設置		
	1376	崔瑩、倭寇征伐		
	1377	『直指心経』の印本刊行		世界初の金属活字本
	1380	李成桂、倭寇征伐		
	1388	李成桂、威化島で引き返して政権を奪う		
	1389	倭寇の拠点である対馬征伐 李成桂一派により昌王廃位し、恭譲王即位		

時代	西暦	事象	主要遺跡	摘要(中国・日本の事項を含む)
朝鮮時代	1392	李成桂、王位に就く （高麗王朝滅亡） 科田法実施、全国土地の大部分を国家の収租地とする		
	1393	国号を「朝鮮」とする		
	1394	都を漢陽に定める。 宗廟と景福宮完工	ソウル城郭(1396) 楽安邑城(1397)	
	1398	第一次王子の乱勃発、李成桂五男芳遠が世子冊封に不満を抱き反乱		
	1399	奴婢弁正都監を設置し、奴婢の戸籍を管理		
	1400	第二次王子の乱勃発		
	1402	号牌法を実施	昌徳宮(1405)	
	1408	李成桂死去	昌慶宮	
	1413	朝鮮八道の地方行政組織が完成し、中央集権体制が確立 『太祖実録』を編纂、以後歴代王朝の実録編纂が続く	慶基殿(1410)	
	1418	世宗が即位		
	1419	応永の外寇、倭寇の被害に対して対馬を攻撃		
	1423	『高麗史』編纂開始	海美邑城(1421)	
	1433	鴨緑江方面に四郡を設置、女真族の侵入を防ぐ		
	1442	朝鮮独自の暦書『七政算内編』を制作		
	1443	訓民正音(ハングル)を創製 癸亥約条制定、対馬の宗氏との間に通交貿易を認める		嘉吉条約
	1453	首陽大君の王位簒奪し、世祖となる		
	1466	職田法を実施し、現職官吏にのみ土地を支給する		
	1469	『経国大典』完成、朝鮮独自の法典を編纂、統治規制を成文化	全羅左水軍本営(1479)	
	1484	徐居正等撰『東国通鑑』成立		韓国の初の通史
	1506	中宗反正起こる		
	1510	三浦の乱起こる		
	1512	壬申約条締結		足利幕府との間で倭人の出入りを制限
	1536	迎恩門設置		
	1547	丁未約条締結、倭人との交易の規制強化		
	1575	東人派と西人派の対立(党争の始まり)	高敞邑城(1573) 五賢壇(1578)	

時代	西暦	事象	主要遺跡	摘要(中国・日本の事項を含む)
朝鮮時代	1590			豊臣秀吉の全国統一
	1592	壬辰倭乱起こる	幸州山城	文禄の役
	1597	丁酉再乱起こる	順天倭城(1597)	慶長の役
	1607	日本との国交が回復		朝鮮通信使開始(~1811)
	1608	光海君が即位、北人政権が成立 京畿道に大同法を実施		
	1609	日本と己酉約条締結、釜山浦に倭館設置		
	1616	琉球から煙草が輸入される		
	1627	丁卯胡乱(後金軍の侵入)		
	1636	丙子胡乱、清国への朝貢が始まる		世子を人質として清国へ送る
	1637	清国に国家使節として燕行使派遣(~1894)		
	1645	昭顕世子が清国からキリスト教(カトリック)の書や西洋の科学書を持ち帰る		
	1674	甲寅礼訟が起こり、南人政権が成立		
	1678	常平通宝鋳造、朝鮮後期の法貨誕生		
	1680	康申換局で西人政権が成立		
	1689	己巳換局で西人政権から再び南人政権が成立		
	1694	甲戌換局で西人が再び政権を掌握		
	1725	老論政権成立、蕩平策実施		
	1727	丁未換局、少論政権成立		
	1750	均役法実施		
	1759	『東史綱目』完成		正史の間違いを正す
	1784	李承薫、北京で洗礼を受けて帰国、キリスト教の伝道を行う		
	1786	西学が禁止される	水原華城(1796)	
	1801	辛酉迫害(辛酉邪獄)		
	1811	洪景来の乱		
	1863	高宗が即位、大院君が政権を掌握		
	1866	丙寅邪獄、フランス人神父9人と数千人の信者が処刑		
	1871	辛未洋擾、アメリカ艦隊江華島へ侵攻		
	1873	大院君政権が倒れ、閔氏政権が成立		
	1875	江華島事件勃発、日本艦『雲揚』が江華島へ侵攻		
	1876	江華条約調印、釜山港開港		日朝修好条規締結

時代	西暦	事象	主要遺跡	摘要（中国・日本の事項を含む）
朝鮮時代	1882	壬午軍乱起こる。米・英・独と通商条約を締結		
	1884	甲申政変起こる		
	1894	甲午農民戦争が始まる	旧ロシア公使館（1890）	日清戦争勃発（～1895）
	1895	乙未事変（閔妃殺害事件）起こる		
	1896	太陽暦採用 義兵運動起こる。露館播遷、独立協会設立		
大韓帝国	1897	国号を大韓帝国と改める。 迎恩門を廃し、独立門を設置	皇穹宇	
	1900	万国郵便連合加盟		義和団事件勃発
	1904	第一次日韓協約調印		日露戦争勃発（～1905）
	1905	第二次日韓協約調印		
	1906	日本、韓国統監府を設置		
	1907	ハーグ密使事件起きる 高宗退位 第三次日韓協約調印	旧西大門刑務所	
	1909	安重根がハルピン駅で伊藤博文を暗殺		
日本植民地時代	1910	「韓国併合ニ関スル条約」が調印され韓国併合、朝鮮総督府が設置される 会社令発令、朝鮮人会社の設立を抑制	徳寿宮	
	1919	三・一独立運動が広がる 大韓民国臨時政府設立		五・四運動起こる 孫文ら国民党を結成
	1924	京城帝国大学創立		
	1925	朝鮮共産党結党	ソウル駅	
	1926	六・一〇万歳運動起こる		
	1927	新幹会結成 京城放送局がラジオ放送開始		
	1928	上海で李東寧、金九等が韓国独立党結成		
	1929	元山労働者ゼネスト、光州学生運動起こる		
	1931	万宝山事件起こる		
	1936	孫基禎、ベルリンオリンピック大会マラソン優勝		西安事件起こる
	1938	朝鮮教育令改定		
	1941			太平洋戦争開始（～1945）
	1945	日本の植民地からの解放		終戦・ポツダム宣言受諾

時代	西暦	事象	主要遺跡	摘要(中国・日本の事項を含む)
大韓民国	1945	呂運亨等建国準備委員会を結成		
	1947	国連総会で国連監視下の朝鮮総選挙案採択		
	1948	済州島人民蜂起 大韓民国樹立 朝鮮民主主義人民共和国樹立		
	1950	朝鮮戦争勃発		
	1953	朝鮮戦争休戦協定調印		
	1965	日韓基本条約調印		
	1968	武装ゲリラソウルに侵入、プエブロ号事件		
	1970	セマウル(新しい村)運動始まる。農漁村の生活改善を図る		
	1972	南北共同声明、維新憲法成立		
	1973	六・二三平和統一宣言 金大中事件		
	1974	文世光事件		
	1979	YH労組事件、朴正熙大統領射殺事件		
	1980	光州事件		
	1983	離散家族運動 大韓航空機撃墜事件。 ラングーン事件発生		
	1985	南北経済会談・赤十字会談		
	1988	ソウルオリンピック開催		
	1990	韓国とソ連国交樹立		
	1991	大韓民国と朝鮮民主主義人民共和国が国連に同時加盟		
	1992	韓国、中国と国交樹立		
	1994	金日成主席死去		
	2002	日韓共催ワールドカップサッカー大会開催		
	2008	韓国国宝第一号「崇礼門(南大門)」放火で焼失		
	2011	金正日総書記死去、金正恩が継承		

6 王朝系図

高句麗

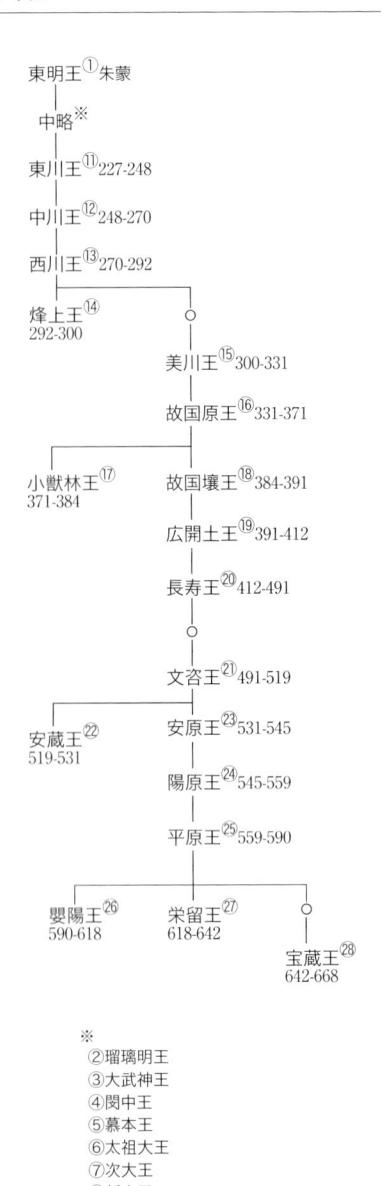

東明王① 朱蒙
中略※
東川王⑪ 227-248
中川王⑫ 248-270
西川王⑬ 270-292
烽上王⑭ 292-300
美川王⑮ 300-331
故国原王⑯ 331-371
小獣林王⑰ 371-384
故国壤王⑱ 384-391
広開土王⑲ 391-412
長寿王⑳ 412-491
文咨王㉑ 491-519
安蔵王㉒ 519-531
安原王㉓ 531-545
陽原王㉔ 545-559
平原王㉕ 559-590
嬰陽王㉖ 590-618
栄留王㉗ 618-642
宝蔵王㉘ 642-668

※
②瑠璃明王
③大武神王
④閔中王
⑤慕本王
⑥太祖大王
⑦次大王
⑧新大王
⑨故国川王
⑩山上王

百済

温祚王①
多婁王②
己婁王③
蓋婁王④
肖古王⑤ 166-214
仇首王⑥ 214-234
沙伴王⑦ 234
古爾王⑧ 234-286
責稽王⑨ 286-298
汾西王⑩ 298-304
比流王⑪ 304-344
契王⑫ 344-346
近肖古王⑬ 346-375
近仇首王⑭ 375-384
枕流王⑮ 384-385
辰斯王⑯ 385-392
阿莘王⑰ 392-405
腆支王⑱ 405-420
久爾辛王⑲ 420-427
毗有王⑳ 427-455
蓋鹵王㉑ 455-475
文周王㉒ 475-477
三斤王㉓ 477-479
東城王㉔ 479-501
武寧王㉕ 501-523
聖王(聖明王)㉖ 523-554
威徳王㉗ 554-598
恵王㉘ 598-599
法王㉙ 599-600
武王㉚ 600-641
義慈王㉛ 641-660

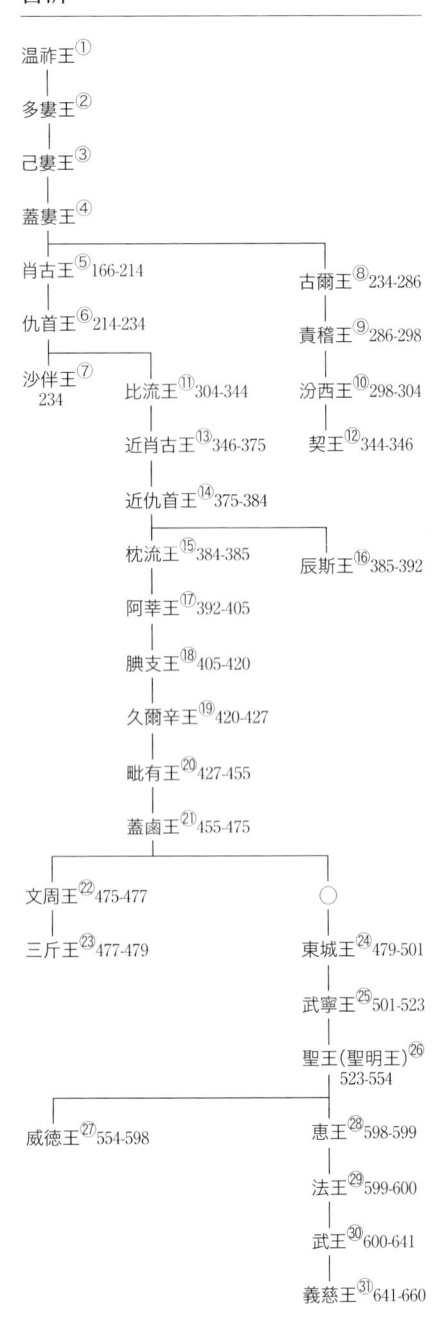

新羅

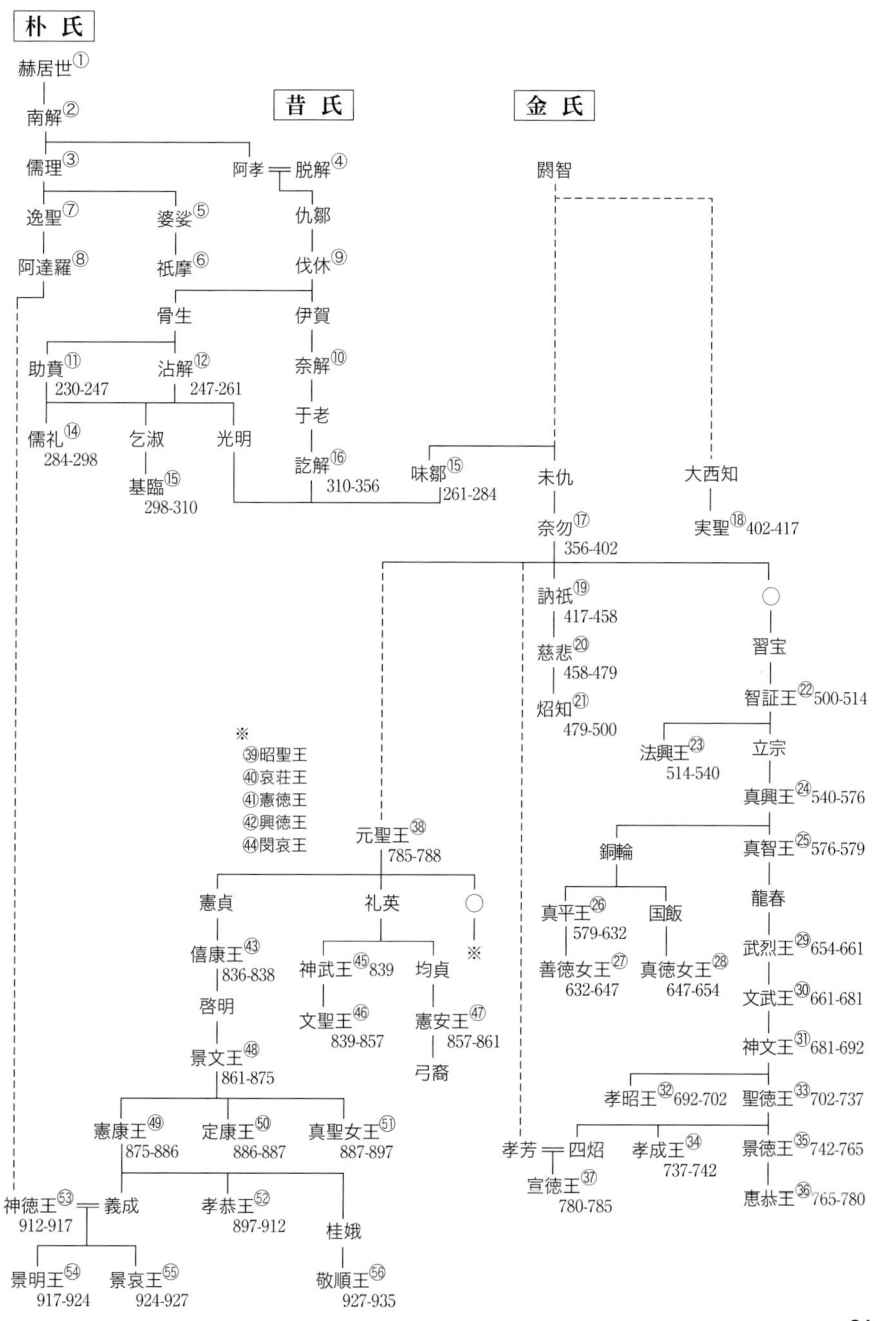

朴 氏

赫居世①
南解②
儒理③
逸聖⑦ 婆娑⑤
阿達羅⑧ 祇摩⑥
骨生
助賁⑪ 沾解⑫
230-247　247-261
儒礼⑭ 乞淑 光明
284-298
基臨⑮
298-310

昔 氏

阿孝━脱解④
仇鄒
伐休⑨
伊賀
奈解⑩
于老
訖解⑯
310-356

味鄒⑮
261-284

金 氏

閼智
未仇　大西知
奈勿⑰
356-402
実聖⑱ 402-417
訥祇⑲
417-458
慈悲⑳
458-479
炤知㉑
479-500
習宝
智証王㉒ 500-514
法興王㉓ 立宗
514-540
真興王㉔ 540-576
銅輪 真智王㉕ 576-579
真平王㉖ 国飯 龍春
579-632
善徳女王㉗ 真徳女王㉘ 武烈王㉙ 654-661
632-647　647-654
文武王㉚ 661-681
神文王㉛ 681-692
孝昭王㉜ 692-702 聖徳王㉝ 702-737
孝芳 四炤 孝成王㉞ 景徳王㉟ 742-765
宣徳王㊲ 737-742
780-785
恵恭王㊱ 765-780

※
㊴昭聖王
㊵哀荘王
㊶憲徳王
㊷興徳王
㊹閔哀王

元聖王㊳
785-788
憲貞　礼英　○
　　　　　　※
僖康王㊸ 神武王㊺ 839 均貞
836-838
啓明 文聖王㊻ 憲安王㊼
839-857　857-861
景文王㊽ 弓裔
861-875
憲康王㊾ 定康王㊿ 真聖女王㉛
875-886　886-887　887-897
神徳王㊼━義成 孝恭王㊺
912-917　　　897-912
桂娥
景明王㊻ 景哀王㊽ 敬順王㊾
917-924　924-927　927-935

315

高麗

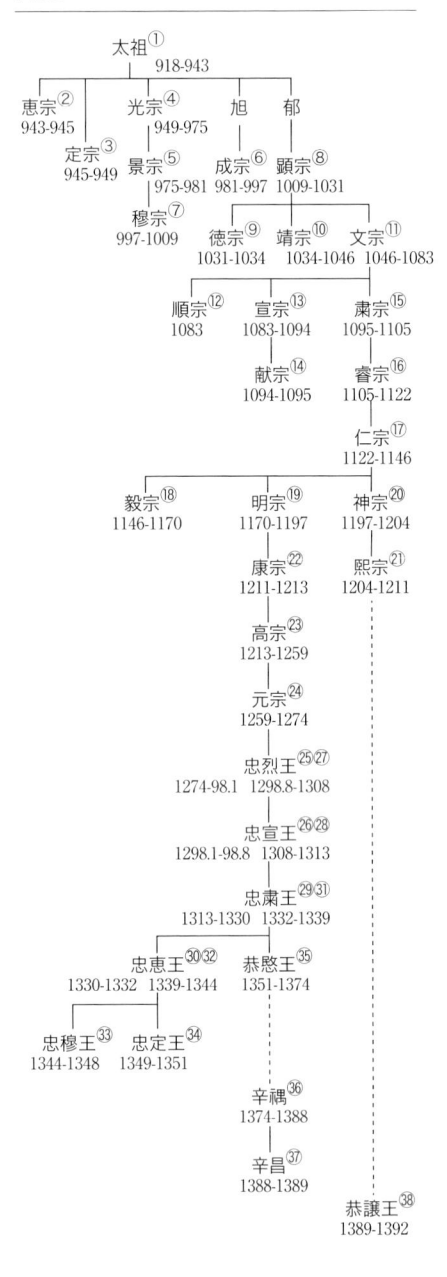

```
太祖①
918-943
├─ 惠宗②
│  943-945
│  └─ 定宗③
│     945-949
├─ 光宗④
│  949-975
│  └─ 景宗⑤
│     975-981
│     └─ 穆宗⑦
│        997-1009
├─ 旭
│  └─ 成宗⑥
│     981-997
└─ 郁
   └─ 顯宗⑧
      1009-1031
      ├─ 德宗⑨
      │  1031-1034
      ├─ 靖宗⑩
      │  1034-1046
      └─ 文宗⑪
         1046-1083
         ├─ 順宗⑫
         │  1083
         ├─ 宣宗⑬
         │  1083-1094
         │  └─ 獻宗⑭
         │     1094-1095
         └─ 肅宗⑮
            1095-1105
            └─ 睿宗⑯
               1105-1122
               └─ 仁宗⑰
                  1122-1146
                  ├─ 毅宗⑱
                  │  1146-1170
                  └─ 明宗⑲
                     1170-1197
                     └─ 康宗㉒
                        1211-1213
                        └─ 高宗㉓
                           1213-1259
                           └─ 元宗㉔
                              1259-1274
                              └─ 忠烈王㉕㉗
                                 1274-98.1 1298.8-1308
                                 └─ 忠宣王㉖㉘
                                    1298.1-98.8 1308-1313
                                    └─ 忠肅王㉙㉛
                                       1313-1330 1332-1339
                                       ├─ 忠惠王㉚㉜
                                       │  1330-1332 1339-1344
                                       │  ├─ 忠穆王㉝
                                       │  │  1344-1348
                                       │  └─ 忠定王㉞
                                       │     1349-1351
                                       └─ 恭愍王㉟
                                          1351-1374
                  └─ 神宗⑳
                     1197-1204
                     └─ 熙宗㉑
                        1204-1211

辛禑㊱
1374-1388
辛昌㊲
1388-1389
恭讓王㊳
1389-1392
```

朝鮮

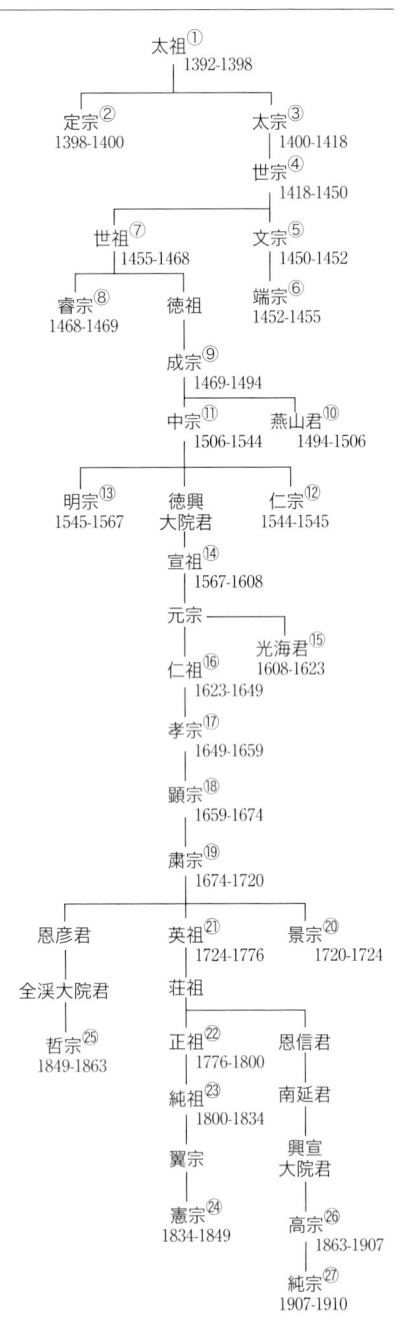

```
太祖①
1392-1398
├─ 定宗②
│  1398-1400
└─ 太宗③
   1400-1418
   └─ 世宗④
      1418-1450
      ├─ 世祖⑦
      │  1455-1468
      │  ├─ 睿宗⑧
      │  │  1468-1469
      │  └─ 德宗
      │     └─ 成宗⑨
      │        1469-1494
      │        ├─ 中宗⑪
      │        │  1506-1544
      │        │  ├─ 明宗⑬
      │        │  │  1545-1567
      │        │  ├─ 德興大院君
      │        │  │  └─ 宣祖⑭
      │        │  │     1567-1608
      │        │  │     └─ 元宗
      │        │  │        └─ 仁祖⑯
      │        │  │           1623-1649
      │        │  │           ├─ 光海君⑮
      │        │  │           │  1608-1623
      │        │  │           └─ 孝宗⑰
      │        │  │              1649-1659
      │        │  │              └─ 顯宗⑱
      │        │  │                 1659-1674
      │        │  │                 └─ 肅宗⑲
      │        │  │                    1674-1720
      │        │  │                    ├─ 恩彥君
      │        │  │                    │  └─ 全溪大院君
      │        │  │                    │     └─ 哲宗㉕
      │        │  │                    │        1849-1863
      │        │  │                    ├─ 英祖㉑
      │        │  │                    │  1724-1776
      │        │  │                    │  └─ 莊祖
      │        │  │                    │     ├─ 正祖㉒
      │        │  │                    │     │  1776-1800
      │        │  │                    │     │  └─ 純祖㉓
      │        │  │                    │     │     1800-1834
      │        │  │                    │     │     └─ 翼宗
      │        │  │                    │     │        └─ 憲宗㉔
      │        │  │                    │     │           1834-1849
      │        │  │                    │     └─ 恩信君
      │        │  │                    │        └─ 南延君
      │        │  │                    │           └─ 興宣大院君
      │        │  │                    │              └─ 高宗㉖
      │        │  │                    │                 1863-1907
      │        │  │                    │                 └─ 純宗㉗
      │        │  │                    │                    1907-1910
      │        │  │                    └─ 景宗⑳
      │        │  │                       1720-1724
      │        └─ 仁宗⑫
      │           1544-1545
      │        └─ 燕山君⑩
      │           1494-1506
      └─ 文宗⑤
         1450-1452
         └─ 端宗⑥
            1452-1455
```

316

●主要参考文献

書　名	著　者	出版年	出版社
東洋文庫132　朝鮮幽囚記	ヘンドリック・ハメル、生田滋 訳	1969	平凡社
韓国史跡の旅	横田健一 編	1972	創元社
百済の古墳	金基雄	1976	学生社
カラー韓国の焼き物　1新羅	沈寿官、李殷昌 久光良城	1977	淡交社
完訳 三国史記	金富軾、金思燁 訳	1980	六興出版
李朝陶磁の窯跡と出土品 　世界陶磁全集　19李朝	鄭良謨　香本不苦治	1980	小学館
済州流人伝	金奉鉉	1981	国書刊行会
韓国美術シリーズ 　8新羅の十二支像	姜友邦	1983	近藤出版社
韓国考古学概論	金元龍、西谷正 訳	1984	六興出版
韓国の前方後円墳 　－松鶴洞1号墳問題について	森浩一 編	1984	社会思想社
古代朝鮮史　NHK市民大学 　4－6月期	井上秀雄	1988	日本放送協会出版会
韓国史跡と美術の旅	高橋隆博	1988	創元社
韓国の古代遺跡　1新羅編（慶州）	森浩一 監修 東潮、田中俊明	1988	中央公論社
韓国の考古学	金元龍 編	1989	講談社
韓国の古代遺跡　2百済・伽耶編	森浩一 監修 東潮、田中俊明	1989	中央公論社
東北アジアの考古学	田村晃一 編	1990	六興出版
古代朝鮮と日本　古代史論集4	西谷 正	1990	名著出版
韓国の歴史散歩	井上秀雄、江坂輝彌、 山口修、李進熙	1991	山川出版社
韓国古寺巡礼　百済編・新羅編	鎌田茂雄	1991	日本放送出版協会
韓国の神話・伝説	黄浿江、宋貴英訳	1991	東方書店
巨大古墳と伽耶文化 　－空白の4世紀・5世紀を探る－ 　角川選書235	西嶋定生、申敬澈、 大塚初重 他	1992	角川書店
考古学ライブラリー55　肥前陶磁	大橋康二	1993	ニュー・サイエンス社

書　名	著　者	出版年	出版社
世界の歴史と文化　韓国	金両基	1993	新潮社
韓国建築史	尹張燮、柳沢俊彦 訳	1997	丸善株式会社
『完訳 三国史記』	金富軾、金思燁 訳	1997	明石書店
やきものの鑑賞基礎知識	矢部良明 編	1997	至文堂
観音山古墳と東アジア世界 －海を越えた鏡と水瓶の縁－	群馬県立歴史博物館	1999	群馬県立歴史博物館
世界の考古学 10 　朝鮮半島の考古学	早乙女雅博	2000	同成社
韓国の歴史散歩 　アジア歴史散歩シリーズ	井上秀雄、江坂輝彌 山口修、李進熙	2001	山川出版
世界の教科書シリーズ 　1 新版韓国の歴史 　国定韓国高等学校歴史教科書	大槻健、君島和彦、 申奎燮	2001	明石書店
古都慶州を歩く	中村欽哉	2001	拓殖書房新社
韓国陶磁器めぐり 　－ふだん使いの青磁、粉青、白磁を 　　訪ねて	親見寿美江 編 柳光烈 監修	2001	JTB
文化財探訪クラブ 10 　陶磁器の世界	吉岡康暢 監修	2001	山川出版社
韓国の古都を行く　増補新版	李進熙	2002	学生社
済州島 韓国楽園紀行	康煕奉	2003	スリーエーエッワーク
耽羅紀行　街道を行く 28	司馬遼太郎	2005	朝日新聞社
古代を考える　日本と朝鮮	武田幸男	2005	吉川弘文館
朝鮮の役と日朝城郭史の研究 　－異文化の遭遇・受容・変容	太田秀春	2006	清文社
韓国歴史地図	韓国教員大学歴史教育科、 吉田光男 監訳	2007	平凡社
古代日本と朝鮮の都城	中尾芳治、佐藤興治、 小笠原好彦	2007	ミネルヴァ書房
日韓歴史共通教材 　日韓交流の歴史	歴史教育研究会 歴史教科書研究会	2007	明石書店
韓国・伝統文化のたび 　地球発見叢書 13	岩鼻通明	2008	ナカニシヤ出版
近代の古蹟空間と日韓関係 　－倭城・顕彰・地域社会	太田秀春	2008	清文社

書　名	著　者	出版年	出版社
韓国歴史散歩	金容雲 監修 中山義幸、平井敏晴	2009	河出書房新社
図説ソウルの歴史 　　漢城・京城・そうる 　　都市と建築の600年	砂本文彦	2009	河出書房新社
新羅考古学研究	早乙女雅博	2010	同成社
韓国のやきもの 　　先史から近代、土器から青磁・白磁	姜敬淑	2010	淡交社
日本と朝鮮半島2000年　上・下	NHK日本と朝鮮半島 2000年プロジェクト	2010	日本放送出版協会
特集　日韓考古学の新潮流 　　季刊　考古学第113号	宮本一夫 他	2010	雄山閣
韓国歴史用語辞典	イ・ウンソク、 ファン・ピョンソク 三橋広夫、三橋尚子 訳	2011	明石書店
知れば知るほど面白い 　　朝鮮王朝の歴史と人物	康熙奉	2011	実業之日本社
朝鮮三国志 　　高句麗・百済・新羅の300年戦争	小和田泰経	2012	碧水社／ 新紀元編集部
韓国国立中央博物館の至宝	呉明淑、金安淑 訳 韓登 監修	2012	山川出版社
日本・中国・朝鮮　東アジア三国志	田中俊明	2012	日本実業出版社
韓国人も知らない朝鮮王朝史	成垈勲	2012	新星出版 ソンデフン
朝鮮王朝実録 改訂版	朴永圭、 神田聡、尹淑姫 訳	2012	キネマ旬報
韓国時代劇・歴史用語事典	金井孝利	2013	学研マーケティング
概説　韓国考古学	韓国考古学会 編監 武末純一 他 訳	2013	同成社
朝鮮王朝がわかる！	六反田豊	2013	成美堂出版
倭城を歩く	織豊期城郭研究会	2014	サンライズ出版株式会社
古代日本と朝鮮半島の交流史 　　市民の考古学13	西谷正	2014	同成社

題名	著者	出版年	出版社
全谷里発掘中間報告 　学術調査報告第5冊	鄭永和	1985	嶺南大学校博物館
韓国の神話・伝説	黃浿江 著、宋貴英 訳	1991	東方書店
踏史旅行　의 길잡이　慶州	韓国文化遺産踏史会	1994	트루페케
겨레의땅 부처님땅 경주남산	윤경렬	1996	불지사
感恩寺発掘調査報告書	国立慶州文化財研究所・慶州市	1997	国立慶州文化財研究所
古都慶州を歩く	中村欽哉	2001	柘植書房新社
統一新羅（特別展図録）	国立中央博物館	2003	国立中央博物館
고분 자료로 본 대가야 연구	김세기 지음	2003	학연문화사
韓国考古學專門事典 　青銅器時代編	国立文化財研究所	2004	国立文化財研究所
韓国考古学概説　第三版	金元龍	2005	一志社
한국의 문화유산 1　그림과 명칭으로 보는	박기석 . 김흥식	2005	시공테크	코리아비주얼스
철의 왕국 가야 국립중앙박물관 명품선집 07	김장완 . 이주헌	2006	国立中央博物館
新羅古墳基礎学術調査研究	国立慶州文化財研究所・慶州市	2007	国立慶州文化財研究所

― 歴史探訪　韓国の文化遺産　編集委員会 ―

＊所属先は2016年1月現在

■編集委員長
　渡邊 泰伸（わたなべ　たいしん）東北学院大学非常勤講師・古窯跡研究会代表

■編集副委員長
　車 勇杰（Cha　Yong-Geol）韓国忠北大学校教授・韓国城郭学会会長

■編　　集
　張 浩秀（Jang　Ho-Su）忠清南道歴史文化研究院長
　申 昌秀（Shin　Chang-Soo）前겨레文化遺産研究院院長・前韓国瓦学会会長
　禹 景準（Woo　Kyung-Joon）韓国文化財庁活用政策課長
　阿部 徹（あべ　とおる）仙台育英学園高等学校
　菅原 哲文（すがわら　てつぶみ）山形県埋蔵文化財センター
　山川 純一（やまかわ　じゅんいち）一関市教育委員会
　結城 慎一（ゆうき　しんいち）仙台市教育委員会・元地底の森ミュージアム館長

■執　　筆
　青木 敬（あおき　たかし）国立文化財機構奈良文化財研究所
　飯島 義雄（いいじま　よしお）ぐんま史跡維持支援団代表・前群馬県埋蔵文化財調査センター
　太田 秀春（おおた　ひではる）鹿児島国際大学教授
　大場 亜弥（おおば　あや）栗原市教育委員会
　木村 浩二（きむら　こうじ）仙台市教育委員会
　佐川 正敏（さがわ　まさとし）東北学院大学教授
　広瀬 真理子（ひろせ　まりこ）東京都教育委員会
　水沢 教子（みずさわ　きょうこ）長野県埋蔵文化財調査センター・東北大学非常勤講師
　渡邊 洋一（わたなべ　よういち）仙台市太白区中央市民センター

■翻訳指導
　朴 俌俓（Park　Bo-Kyung）東北大学大学院生
　金 容権（Kim　Yon-Guwong）翻訳家

歴史博物館　韓国の文化遺産 上

2016年3月1日　第1版第1刷印刷　　2016年3月10日　第1版第1刷発行

編　者　「歴史博物館　韓国の文化遺産」編集委員会
発行者　野澤伸平
発行所　株式会社　山川出版社
　　　　〒101-0047　東京都千代田区内神田1-13-13
　　　　電話 03-3293-8131（営業）　03-3293-1802（編集）
　　　　http://www.yamakawa.co.jp/
　　　　振替　00120-9-43993

印刷・製本　山川印刷株式会社
装　幀　菊地信義
組　版　ラップ
地　図　株式会社ぷれす
本文・装幀印刷　図書印刷株式会社

©山川出版社 2016　Printed in Japan　ISBN 978-4-634-15087-4 C0022

・造本には十分注意しておりますが、万一、落丁・乱丁などがありましたら、小社営業部宛にお送りください。送料小社負担にてお取り替えいたします。
・定価はカバー・帯に表示してあります。